注册估值师实务指南丛书

实用公司金融

从行业分析到投资决策的实操指南

注册估值师协会 ◎ 编写

中国财经出版传媒集团
中国财政经济出版社
·北 京·

图书在版编目（CIP）数据

实用公司金融 ：从行业分析到投资决策的实操指南 / 注册估值师协会编写. -- 北京 ：中国财政经济出版社，2025. 5. --（注册估值师实务指南丛书）. -- ISBN 978-7-5223-3575-9

Ⅰ. F276.6

中国国家版本馆CIP数据核字第2024NH4990号

责任编辑：贾延平　　　　责任校对：胡永立
封面设计：陈宇琰　　　　责任印制：党　辉

实用公司金融：从行业分析到投资决策的实操指南

SHIYONG GONGSI JINRONG：CONG HANGYE FENXI DAO TOUZI JUECE DE SHICAO ZHINAN

中国财政经济出版社 出版

URL：http：//www. cfeph. cn

E－mail：cfeph@ cfeph. cn

社址：北京市海淀区阜成路甲 28 号　邮政编码：100142

营销中心电话：010－88191522　编辑部电话：010－88190957

天猫网店：中国财政经济出版社旗舰店

网址：https：//zgczjjcbs. tmall. com

涿州汇美亿浓印刷有限公司印刷　各地新华书店经销

成品尺寸：170mm×240mm　16 开　20. 25 印张　223 000 字

2025 年 5 月第 1 版　2025 年 5 月河北第 1 次印刷

定价：82. 00 元

ISBN 978－7－5223－3575－9

（图书出现印装问题，本社负责调换，电话：010－88190548）

本社质量投诉电话：010－88190744

打击盗版举报热线：010－88191661　QQ：2242791300

构筑金融决策的底层逻辑
（代序）

自2017年习近平总书记提出“百年未有之大变局”这一重大论断以来，全球政治经济格局便处于深度调整与重塑之中，经济形势风云变幻，资本市场的波动日益加剧，企业面临的挑战与机遇并存。与此同时，AI技术迅猛发展，正逐步渗透到金融行业的各个角落。AI在数据处理、模式识别等方面展现出强大的能力，人工智能生成财务模型的速度以毫秒计，机器学习算法已能自动识别数千家企业的信用风险，且能快速分析海量的金融数据，但是，金融从业者应该清醒地认识到：工具革新解决的是计算效率，系统化知识体系锻造的才是价值判断的准绳，AI不可能完全取代人类在公司金融领域的专业判断。作为注册估值师协会会长，我郑重地向各位从业者推荐这本根植中国实践、直击行业痛点的《实用公司金融：从行业分析到投资决策的实操指南》。

在金融领域的广袤天地中，公司金融扮演着至关重要的角色，它是企业运作的血脉，是投资决策的指南针。注册估值师协会精心编写的这本书，犹如一把精准的手术刀，剖析了公司金融的各个层面，为从业者和学习者打开了一扇通往专业领域的大门。在复杂多变的金融市场中，掌握公司金融的底层逻辑才是立足之本。AI 虽然能够高效地处理数据，但它缺乏对金融市场本质的深刻理解，无法准确把握宏观经济环境、行业竞争格局以及企业战略决策等因素之间的微妙关系。例如，我们在进行行业分析和企业估值时，需要综合考虑多种定性和定量因素，这不仅要求从业者对财务数据能精准地解读，还要求从业者对行业发展趋势、企业核心竞争力等有敏锐的洞察力。这种基于深厚专业知识和丰富实践经验的判断，是 AI 难以企及的。2018 年开始的资本寒冬中，投资并购市场遇冷，投资并购金额大幅下降。这一现象警示我们，在金融投资中，不能再盲目跟风，而应回归本质，依靠扎实的专业知识进行决策。过往那种高估值、高业绩承诺和现金补偿的简单粗暴投资模式，只顾眼前利益，忽视了企业的长期价值，最终导致爆雷事件频发。而这些问题的根源，正是人们对公司金融底层逻辑的忽视。只有全面掌握公司金融知识，才能在复杂的市场环境中透过现象看本质，做出明智的决策，这也是 AI 无法替代的。

本书作为协会自编的考试教材和实务图书之一，具有鲜明的特色和不可替代的价值。从内容编排来看，它逻辑严谨、体系完整，涵盖了公司金融的方方面面。开篇导论部分，对公司金融的定义、重要性以及发展历史进行了全面梳理，使读者对这一领域的来龙去脉有了清晰的认识。随后，本书详细介绍了资本市场、货币的时间价值、公司及行业分析方法等基础知识，为后续深入学习打下坚实的基础。例如，在货币的时间价值章节，对现值、终值、利率、复利等概念进行了深入浅出的讲解，并通过大量实例帮助读者理解其在金融计算中的应用。在公司及行业分析方法板块，本书介绍了多种实用的分析工具，如 SWOT 分析、波特五力分析等。这些方法有助于从业者全面了解企业的内外部环境，准确评估企业的竞争优势和潜在风险，为投资决策提供有力依据。以战略型交易与分析章节为例，这部分不仅阐述了战略交易的概念、意义，还详细介绍了从战略依据、估值、财务影响到社会问题等多维度的分析方法，以引导读者进行全面、深入的思考。书中对公司盈利预测、项目投资决策、资本成本及预测等关键内容的讲解，尤其体现了本书的实务性和专业性。项目投资决策章节介绍了净现值、内部收益率、投资回收期等多种投资决策指标，并对它们的优缺点进行了对比分析，能帮助读者在实际工作中根据不同情况选择合适的指标进行决策，同时还探讨了财务杠杆、现金流与投资决策的关系，以及 ESG 因素对企业估值的影响，以紧跟行业发展趋势。

本书的编写团队汇聚了协会的众多专家学者，他们在公司金融领域拥有丰富的实践经验和深厚的理论功底。在编写过程中，编者充分考虑了注册估值师（CVA）考试的要求和金融行业的实际需求，将理论知识与实际案例紧密结合，为每个知识点匹配了生动的案例分析，使抽象的概念变得通俗易懂，便于读者理解和应用。例如，在讲解 SWOT 分析时，本书利用宁德时代的分析案例让读者迅速将理论和实际分析相结合。

对于参加 CVA 考试的考生而言，本书是备考的核心资料。它涵盖了考试大纲中公司金融的所有重要知识点，能够帮助考生系统地学习和复习，提升专业分析与操作技能。通过本书的学习，考生可以掌握公司金融的基础理论及实际应用，熟悉各种实际分析操作案例，顺利通过考试，并在金融领域开启职业生涯，奠定坚实的基础。

在实际工作中，本书还是从业者不可或缺的实用指南。无论是企业集团投资发展部、并购基金、产业投资基金的专业人士，还是私募股权投资、财务顾问、券商投行部门的从业者，都能从书中获取有价值的信息。本书可以帮助从业者在进行行业分析、投资决策、财务规划等工作时，厘清思路，避免盲目决策，降低投资风险，提高投资回报率。

金融行业的发展日新月异，对专业人才的要求也越来越高。注册估值师协会一直致力于建立估值行业标准，培养金融投资人才。本书的出版，是协会在人才培养道路上的又一重要成果。希望广大读者能够充分利用本书，深入学习公司金融知识，掌握其底层逻辑，不断提升自己的专业素养。本书不是简单的知识汇编，而是从业者的能力图谱，它提醒我们：当机器可以瞬间完成十万次蒙特卡洛模拟时，对 DCF 模型中核心关键假设的审慎判断才是专业价值的试金石。

最后，祝愿各位读者在 AI 时代可以凭借扎实的专业知识和独特的判断力，完成技术操作员向价值决策者的蜕变，用本书锻造的“不可自动化能力”，在智能时代构筑专业护城河，实现更好的职业发展，为推动我国金融行业的健康发展贡献自己的力量。

注册估值师协会会长　刘振山

2025 年 3 月于香港

关于注册估值师认证考试

▶注册估值师协会简介

注册估值师协会（Certified Valuation Analyst Association）是非营利性的专业机构，总部设于香港，致力于建立估值行业标准，培养金融投资人才，负责主理 CVA 考试认证、企业人才内训、第三方估值服务、出版发行投资专业书籍以及协会事务运营和会员管理。注册估值师协会于 2021 年起正式成为国际评估准则理事会（the International Valuation Standards Council，IVSC）的专业评估机构会员，其专业性已得到国际权威机构及金融业界人士的认可。

▶注册估值师（CVA）认证考试简介

注册估值师（Certified Valuation Analyst，CVA）认证考试由注册估值师协会组织考核并提供资质认证，旨在提高投融资及并购估值领域从业人员的专业分析与操作技能。CVA 认证考试从专业实务及实际估值建模等专业知识和岗位技能方面进行考核，主要涉及企业价值评估及项目投资决策。CVA 认证考试分为实务基础知识和 Excel 案例建模两个科目，内容包括会计与财务分析、公司金融、企业估值方法、并购分析、项目投资决策、私募股权投资、Excel 估值建模共七个部分。考生可针对各科重点、难点内容进行专题学习，掌握中外机构普遍使用的财务分析和企业估值方法，熟悉企业财务预测与估值建模、项目投资决策建模、私募股权投资、上市公司估值建模、并购与股权投资估值建模等实际分析操作案例，快速掌握投资估值基础知识和高效规范的建模技巧。

▶考试科目介绍

【科目一　实务基础知识】

题型：120 题单项选择题，考试时长 3 小时

考试语言：中文

分数设置：满分 120 分；获得 84 ~ 120 分为“通过”，83 分及以下为“未通过”

成绩有效期：单科有效期为 2 年

考试内容：专业综合知识考试主要考查投融资、并购估值领域的理论和实践知识及岗位综合能力，考查范围包括会计与财务分析、公司金融与财务管理、企业估值方法、并购分析、项目投资决策、私募股权、信用分析。

【科目二　Excel 案例建模】

题型：Excel 财务建模形式（Excel 2013 及以上），考试时长 3 小时

考试语言：中文

分数设置：满分 100 分；获得 A 级和 B 级为“通过”，C 级和 D 级为“未通过”

（A：85～100 分；B：75～84 分；C：60～74 分；D：60 分以下）

成绩有效期：单科有效期为 2 年

考试内容：财务估值建模与分析考试要求考生根据实际案例中的企业历史财务数据和假设条件，运用 Excel 搭建出标准、可靠、实用、高效的财务模型，完成企业未来财务报表预测、企业估值和相应的敏感性分析。

▶注册估值师持证人资质技能

注册估值师资格获得者已具备投资估值基础知识和高效规范的建模技巧，能够掌握中外机构普遍使用的财务分析和企业估值方法，并熟练进行企业财务预测与估值建模、项目投资决策建模、上市公司估值建模、并购与股权投资估值建模等实际分析操作。

▶注册估值师持证人职业前景

注册估值师（CVA）资格获得者已具备企业并购、项目投资决策

等投资岗位实务知识、高效规范的建模技巧，能够掌握中外机构普遍使用的财务分析和企业估值方法，可以熟练进行企业财务预测与估值建模、项目投资决策建模、上市公司估值建模、并购与股权投资估值建模等实际分析操作。

注册估值师可胜任企业集团投资发展部、并购基金、产业投资基金、私募股权投资、财务顾问、券商投行部门、银行信贷审批等金融投资机构的核心岗位工作。

▶注册估值师持证优势

职业发展与薪酬提升——注册估值师（CVA）持证人具备的投资估值实操及分析能力是金融行业广泛认可的专业技能和职场必备工具，符合市场需求并能得到雇主青睐，注册估值师证书已成为雇主和从业人员双向认可的投资估值实用资质证书，注册估值师在金融行业竞争中更具核心优势。

实操技能跨越式提升——注册估值师（CVA）考试内容紧密联系估值建模技能应用场景，掌握相关内容后能提高从业人员的实务技能并迅速应用到实际工作中，使持证人达到高效、系统和专业的职业水平，并使其在工作流程中遵循标准化估值体系，全面提高效率与专业化水平。

投资人际关系圈扩充——注册估值师持证人可入职企业集团投资发展部、基金、投行、私募股权、券商、银行等金融行业，在社群中的交流互动中，可增加业务往来与职业发展沟通。

知识体系与国际接轨——注册估值师（CVA）考试采用的教材是协会在吸收国际先进、实用、优秀教材基础上，与国内实践应用相结合，推出的更适合中国读者学习的本土化教材。协会推行高效标准的估值建模方法，以帮助学习者提高标准规范化的职业素养，为企业、客户与个人赋能，提高价值。

▶企业内训

紧密联系实际案例，侧重于提高从业人员的实务应用技能，使其具备高效专业的职业素养和优秀系统的分析能力。

■以客户为导向的人性化培训体验，为学员特别定制独一无二的课程体系。

■专业化投融资及并购估值方法相关的优质教学内容，行业经验丰富的超强师资。

■精选国内外优秀教材，提供科学的培训测评与运作体系。

▶考试安排

CVA 认证考试于每年 4 月、8 月、11 月的第三个周日举行，具体考试时间安排及考前报名，请访问协会官方网站 www. cncva. cn。

▶联系方式

官方网站：http：//www. cncva. cn

电　　话：4006－777－630

E－mail：contactus@ cncva. cn

微信公众号：CNCVA

▶教材推荐

CVA 考试参考书目	出版单位
科目一　实务基础知识	
《实用公司金融：从行业分析到投资决策的实操指南》	中国财政经济出版社
《会计学：企业决策的基础》（财务会计分册）	机械工业出版社
《财务报表分析与商业决策》	人民邮电出版社
《投资银行：估值、杠杆收购、兼并与收购、IPO》（第三版）	机械工业出版社
《精通私募股权》	清华大学出版社
《国际评估准则》（2022 年版本）	CVA 协会官网下载
《注册估值师（CVA）道德准则及行为规范》	CVA 协会官网下载
科目二　Excel 案例建模	
《财务模型与估值：投资银行和私募股权实践指南》（第二版）	机械工业出版社
《财务建模规范指南》（第三版）	CVA 协会官网下载
科目三　金融建模测评（FMT）	
《投资银行：估值、杠杆收购、兼并与收购、IPO》（第三版）	机械工业出版社
《杠杆收购：投资银行和私募股权实践指南》	机械工业出版社

目 录

第一章 导 论

第一节 公司金融的定义与重要性

公司金融（Corporate Finance）是金融学的一个分支，主要负责公司的投资决策、筹资决策、股利分配、风险管理以及日常营运资本管理的相关活动。公司金融主要研究企业如何有效地筹集和运用资金，做出正确的投资决策，通过合理分配和使用公司的财务资源，在控制风险的同时使公司的价值最大化。从学科来看，公司金融可以被视为金融学、经济学、管理学、会计学等各个学科的交叉。

筹集资金，就是我们平时说的融资，即企业通过各种融资方式（本书第九章介绍了公司融资工具如股权融资、债务融资等）获取经营所需资金，以确保筹集到必要的资金支持其业务发展和扩张。企业的融资决策直接影响其财务状况，如果企业选择了成本过高或风险过大的融资方式，其财务负担就会增加，负担过大就可能导致企业破产。此外，融资方式还决定了资本成本（本书第八章将介绍如何计算资本成本），如果资本成本过高，就会影响公司的投资决策。

运用资金，是指企业将这些资金投入生产、运营、投资等活动中，以期获得收益，同时确保资金的安全性和流动性。运用资金需要评估这些投资项目的可行性、新市场的风险和机会。错误的投资或融资决策可能会使企业陷入财务困境，甚至导致企业破产。企业的投资决策（本书第七章会介绍主要的投资决策指标）直接影响其财务状况和盈利能力。如果企业投资于回报低下或风险过高的项目，可能会使资金损失，甚至导致企业出现财务危机问题。

结合资金的筹集和运用，我们举一个例子。公司决定是否并购一个项目的时候会从几个方面考虑：一是用于并购的资金的来源，是从银行融资还是股东出资，这将决定这个项目的资金成本，或者说一个最低的项目回报率；二是项目是否处于一个发展前景较好的行业（本书的第四章将介绍公司及行业的分析方法）、项目未来的盈利能力（本书的第五章会介绍如何预测公司的盈利状况），在现金为王（即第三章介绍的货币的时间价值）的前提下，我们会着重考虑，在投资一定金额后，这个项目将来产生现金流的能力；三是考虑该项目的风险能否通过资金成本或者未来的现金流有所反映（例如第十章介绍的信用风险、第十一章介绍的国别风险及汇率风险）。就如图 1－1 所示，在接下来的章节中，我们将一步步更深入地探讨这些主题。

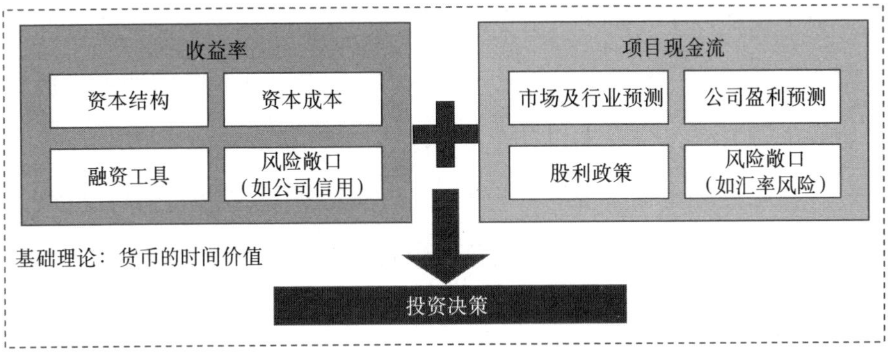

图1-1 投资决策

公司金融决策会影响企业的各个利益相关者，包括股东、员工、客户、社会等，公司金融是企业实现社会责任的重要途径。企业在追求经济效益的同时，也需要关注社会效益和环境效益。通过公司金融活动，企业可以优化资源配置，提高资源利用效率，减少环境污染和资源浪费，实现可持续发展。

第二节 公司金融的发展历史

公司金融作为现代经济体系中的重要组成部分，其发展历程与全球经济的演变、金融市场的创新以及企业经营模式的变革紧密相连。从早期的简单融资活动到现代复杂的金融工具和策略，公司金融逐渐发展成为一个专业化和系统化的领域。

一、 公司金融的起源

公司金融的发展历史可以追溯到工业革命时期，在工业革命之前，大多数企业都是小规模的，由个人或家族经营。这些企业通常通过个人储蓄或亲友资助的形式来筹集资金。然而，随着工业革命的到来，企业开始大规模生产，需要大量的资金来购买设备和原料，支付工人的工资。这就需要有效地管理和筹集资金，这就是公司金融的起源。在这个阶段，银行开始扮演更重要的角色。银行不仅能提供企业所需的贷款，还能提供一种新的筹资方式——银行信贷。这是一种短期的、有担保的贷款，可以帮助企业应对短期的资金需求。这种新的筹资方式极大地推动了公司金融的发展。那个时期的发明家，像贝尔和爱迪生，也是通过个人储蓄和银行贷款来筹集资金进行发明创造的。企业的经营决策也主要围绕生产和销售展开，对于资金的管理和运用尚未形成系统的理论和方法。在理论层面，公司金融理论的发端可以追溯至20世纪30年代费雪（Fisher）的完美资本市场下的储蓄和投资理论，完美资本市场下的储蓄和投资理论直接为公司金融中的资本预算等作出了理论和方法上的贡献。

随着工业革命的推进、铁路和工厂的快速发展，公司金融开始形成。企业需要筹集大量资金来建设基础设施，这促使了股票市场的发展。这是公司金融的第一个重要阶段。在这个阶段，公司开始通过公开发行股票来筹集资金，这是公司金融的一个重要创新。在这个阶段，像美国铁路公司这样的公司开始通过公开发行股票来筹集资金，促使了纽约股票交易所的发展。

在这一阶段，公司金融的理论和实践也开始逐渐丰富起来。投资组合理论由马科维茨（Markowitz）于1952年提出。该理论认为，投资者选择充分多元化投资组合的原因在于：他们是厌恶风险的投资者，厌恶风险者回避任何不必要的风险，比如某种股票的非系统风险。分散风险是设计合理投资组合的核心。莫迪利亚尼（Modigliani）和米勒（Miller）于1958年创建无税MM理论以来，资本结构理论逐渐成为公司金融领域中的核心内容之一。无套利均衡分析方法出自无税MM理论。因此，无税MM理论和投资组合理论的创建标志着现代金融学的诞生。资本资产定价理论由夏普（Sharpe）于1964年提出。该理论建立在投资组合理论的基础之上，并实现了理论突破。首先，他引入无风险资产，假设投资者可以按照无风险利率借入或贷出资金，则改变了投资组合有效集，投资组合有效集变成衡量风险和收益的斜线，即资本市场线。其次，他提出了单个证券期望收益率。投资组合的分散化效应仅消除了非系统风险，但保留了系统风险。夏普认为，在均衡条件下，单项资产的期望收益率应当与其和市场投资组合的期望收益的协方差（β）呈线性关系。有效资本市场假说由尤金·法玛（Fama）于1970年提出。他从统计上对有效市场进行了界定，有效市场是指资本市场将有关信息融入证券价格的速度和完全程度。尤金·法玛作了三种“有效”的定义，即弱式、半强式、强式，也就是说，作了三种程度的定义。净现值（NPV）和内部收益率（IRR）的概念也是在20世纪中期随着现代财务和投资理论的发展而出现的。

二、 20世纪——公司金融的全球化与现代化

随着公司规模的扩大和全球化的发展，公司金融在20世纪初进入一个新的发展阶段。企业开始通过发行债券和股票在国际市场上筹集资金。这一阶段的公司金融更加复杂，需要更高级的金融工具和策略。垃

圾债就产生于20世纪初，到了70年代末期，垃圾债逐渐成为投资者狂热追捧的投资工具。到了20世纪80年代中期，垃圾债市场急剧膨胀，迅速进入其鼎盛发展时期。这一时期的金融市场发展也为企业提供了更多投资机会，促进了资本的有效配置，公司开始使用期权和期货等衍生金融工具来管理风险。福特汽车公司这样的企业开始在国际市场上发行债券和股票来筹集资金，也开始使用期权和期货等衍生金融工具来管理风险。

20世纪后半叶，公司金融进入现代化阶段。随着计算机和互联网的发展，金融市场变得更加透明和高效。跨国公司的兴起使企业的融资和投资活动不再局限于国内市场，开始在全球范围内展开。与此同时，金融市场的创新也为公司金融带来了更多的机遇和挑战。新的金融工具、投资策略和风险管理方法的出现使企业可以更加灵活和有效地管理资金。例如，衍生品的出现为企业提供了更多的风险管理工具，而私募股权和风险投资等新型投资方式也为企业提供了更多的融资选择。在这个阶段，公司金融理论也得到了进一步发展，例如，现代投资理论和公司治理理论相继被提出。这个阶段的公司金融更加注重公司的内部管理和公司治理。IBM和微软这样的公司开始使用现代投资理论来指导其投资决策，同时，公司治理理论也开始影响公司的内部管理。

三、 21世纪——数字化的公司金融

进入21世纪后，公司金融面临新的挑战和机遇。科技的快速发展和数字化转型对公司金融产生了深远影响。互联网的普及使金融信息的获取和传播更加便捷，大数据、人工智能等技术的应用也为公司的财务

决策提供了强大的支持。一方面，全球化和技术的发展为公司提供了新的筹资渠道，如众筹和区块链。另一方面，金融危机和经济不确定性也给公司金融带来了新的挑战。这个阶段的公司金融需要更加灵活和创新，以便应对不断变化的环境。公司金融开始更加注重数据分析和预测，加强利用科技手段优化资金配置，提高投资效率并降低风险。同时，企业也开始积极探索数字化转型在金融领域的应用，如在线融资、智能投顾等新型金融服务模式的出现，进一步推动了公司金融的创新和发展。

第二章
资本市场

本章学习重点

◎ 理解资本市场的基本定义及其在经济中的作用，如资金的分配和风险的管理等。

◎ 了解不同类型的资本市场，如一级市场、二级市场、股票市场、债券市场和衍生品市场，以及资本市场的基本结构和运作方式。

◎ 理解资本市场投资分析中的基本面分析，了解如何通过分析公司的财务报告、行业趋势、宏观经济指标来评估投资机会。

第一节　资本市场概述

一、资本市场的定义与功能

（一）资本市场的定义

在理解资本市场之前，我们应该先了解什么是金融系统。金融系统包含资本市场和金融机构，金融机构是指为经济提供金融服务的公司，如商业银行、保险公司、养老基金和财务公司。金融机构从储蓄者那里收取小额资金，然后将这些资金聚集起来，再向消费者和企业发放大额贷款（见图 2－1）。而资本市场则可以帮助企业直接从投资人那里募集资金，省去了银行的中间环节。

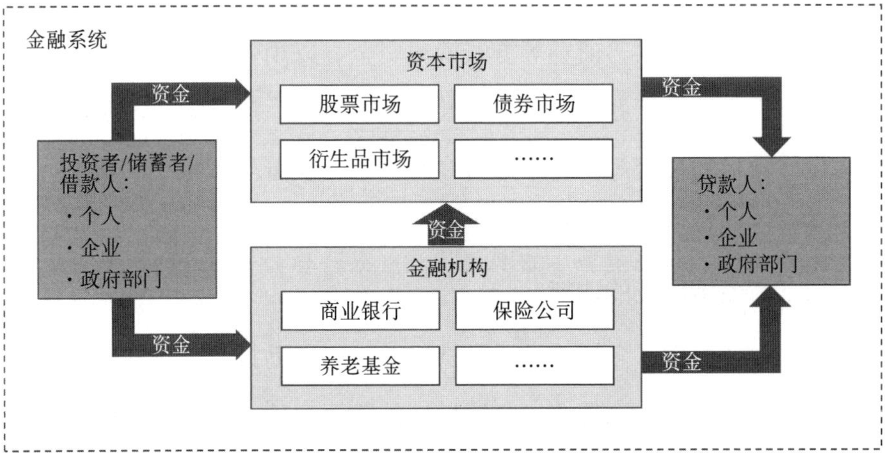

图 2－1　金融系统

资本市场涉及的金融工具包括股票、债券、中长期国债、中长期银行贷款、1 年以上的大额可转让存单、不动产抵押贷款以及金融衍生工具等，还包括集体投资基金等长期贷款，但不包括商品期货。资本市场并不指一个特定的物理地点（例如股票市场或外汇市场），而是涵盖了在这个市场上进行交易的所有人、机构以及他们之间的关系。根据证券发行的阶段，资本市场可以分一级市场和二级市场；按照证券的类型分类，资本市场包括股票市场、债券市场、衍生品市场等子市场。

资本市场的交易对象一般是期限较长的证券，具有资金期限长（如中长期债券的期限通常在 1 年以上；股票没有到期日，属于永久性证券；封闭式基金的存续期通常在 5 年以上，一般为 10 年或 15 年）、风险大（作为资本市场交易工具的有价证券，与短期金融工具相比，价格变动幅度大，收益较高但不确定，风险较大）、规模大（相比于过桥银行借贷筹措流动资金，企业在资本市场初始发行或增资发行的规模一般都比较大，因为资金一般用于中长期投资）等特点。资本市场的参与者通过发行股票、债券等方式筹集资金，以用于补充固定资本、扩大生产能力，例如开办新企业、更新改造或扩充厂房设备，以及国家长期建设性项目的投资等。资本市场在经济中扮演着至关重要的角色，促进了资金流动、风险分散和经济增长。

（二）资本市场的功能

资本市场提供了多样化的投资选择，可以帮助投资者分散风险。通过购买不同公司、不同行业、不同地区的股票和债券，投资者可以分散投资风险，降低单一资产价格变动对投资组合整体价值的影响。除此之外，投资者还可以选择金融衍生品，如期权和期货。投资者利用这些工具可能实现对冲风险，实现更稳健的投资回报，例如投资者可以利用期权来保护股票投资免受价格波动的影响。

另外，资本市场允许公司通过发行股票和债券来筹集资金，帮助企业融资。这些资金可以用于扩大业务、技术研发、投资新项目或进行并购。这也是公司金融主要的研究方向，即通过合理的资金配置，在控制风险的同时选择最适合企业的投资方向，使公司价值最大化。在学术研究中，科技创新与经济增长之间的关系由来已久，但无论是古典经济增长理论、创新理论，还是新经济增长理论，科技进步都是经济增长的重要动力。资本市场可以将资金引导至最有效的投资上。通过资本需求者之间的竞争，资金可以投向最有前景的项目，从而推动科技创新。资本市场正是经济社会中最有效、最市场化的资源配置场所。处于不同生命周期阶段的企业需要不同性质的融资，银行信贷等间接融资能很好地满足成熟企业长期的融资需求，而公募理财、私人银行、保险资管、信托等财富管理机构，可以通过股票、债券、风险投资等直接融资方式，更好地与企业的生命周期和生产周期匹配，为小微企业和创新企业提供必需的资金支持。

建立资本市场制度，可使资本市场中的企业有完善的法人治理结构，也可以在保护保障股东和企业各团体利益的同时，确保资本流向最有前景的投资，通过这种流动实现资源的最优化配置，推动社会的发展与进步。

二、 资本市场的主要类型与结构

我们从资本市场的定义可知，根据证券发行的阶段，资本市场可以分一级市场和二级市场。一级市场和二级市场在金融市场中相互依存、相互促进。一级市场为筹资者提供了筹集资金的渠道，同时也为投资者提供了参与新证券发行的机会；二级市场则为已发行证券的流通和交易提供了平台，使投资者能够灵活调整投资组合并获取投资收益。按照证券的类型分类，资本市场包括股票市场、债券市场、衍生品市场等子市场，它们各自有独特的结构和运作方式，但也相互关联，共同构成了复杂的金融市场体系。

（一）一级市场

一级市场也被称为发行市场或初级市场，是资本需求者（如公司或政府机构）将新发行的证券首次出售给公众的市场。这些证券包括股票和债券等。在一级市场中，主要参与者包括筹资者（即发行证券的公司或机构）、投资者（包括个人投资者和机构投资者）以及中介机构（如证券发行代理机构、投资银行、经纪人和证券自营商）。一级市场的发行方式有多种，包括公开发行和非公开发行，以及直接发行和间接发行（委托发行）等。在一级市场中，证券的价格通常由发行方和承销商根据市场情况共同确定。筹资者通过中介机构向投资者发售新证券，以筹集所需资金。这些证券在发行后便进入二级市场进行交易。

（二）二级市场

二级市场也被称为证券流通市场或证券交易市场，是对已经发行的证券进行买卖、转让和流通的市场。在二级市场中，投资者之间直接进行证券交易，证券的价格由市场供求关系决定。二级市场为证券发行后的所有权转移提供了便利，同时为投资者提供了灵活调整投资组合的机会。

二级市场包括场内市场和场外市场。场内市场主要是指证券交易所，如上海证券交易所和深圳证券交易所，它们为证券的集中交易提供了平台。场外市场则是指没有固定交易地点的市场，交易大多通过电话或其他电子通信方式完成。在二级市场中，投资者根据市场信息和自身投资策略，买卖已发行的证券。证券的价格受多种因素影响，包括公司业绩、宏观经济环境、市场情绪等。通过买卖证券，投资者可以实现投资收益或调整风险暴露。

（三） 股票市场

1. 股票市场的基本结构

股票市场是资本市场的重要组成部分，它为上市公司提供了筹集资金的重要渠道，也为投资者提供了多样化的投资选择。股票市场不仅反映了公司的经营状况和宏观经济形势，而且通过价格机制引导资金流向效益更好的企业和行业，从而实现社会资源的优化配置，所以，股票市场对整个社会的资源配置和经济发展起到了关键的推动作用。

股票市场的基本结构包括上市公司、投资者、证券公司和证券交易所。上市公司通过发行股票筹集资金，用于扩大经营、投资新项目等，这为企业提供了除银行贷款外的另一种重要的融资方式。投资者可以通过购买股票参与公司的利润分配，分享公司成长带来的收益。同时，股票市场的波动性也为投资者提供了赚取差价的机会。证券公司作为中介机构，为投资者提供买卖股票的服务。证券交易所是股票交易的平台，在交易所内，买卖双方通过竞价方式确定股票的交易价格，以保证交易的公开、公平、公正。

中国的股票市场主要包括表 2－1 中的几个交易市场。

表 2－1　　中国股票交易市场

中国股票的主要交易市场类型	交易市场概述
主板市场	包括上海证券交易所的主板（代码以 600、601、603、605 开头）和深圳证券交易所的主板（代码以 000、001、002、003、004 开头），主要面向成熟、稳定的大型企业，上市标准较为严格，具有较高的流动性和市场影响力
创业板市场	深圳证券交易所于 2009 年推出的板块，代码以 300、301 开头，主要服务于创新型、高成长性的中小企业，上市标准相对较低，更注重企业的成长潜力和创新能力
新三板市场	2013 年成立的非公开市场，代码通常以 400、430、830 开头，全称为全国中小企业股份转让系统，主要针对中小企业提供股权交易和融资服务，门槛较低，为众多中小企业提供了进入资本市场的机会
科创板市场	上海证券交易所于 2019 年推出的板块，代码以 688 开头，科创板的上市门槛相对较低，但需要企业满足一定的科技创新指标，旨在支持科技创新型企业的发展
北交所	全称北京证券交易所，成立于 2021 年，股票代码通常以 8 开头，主要服务创新型中小企业，重点支持先进制造业和现代服务业，北交所的上市门槛相对较低，适合中小型企业

2. 股票市场风险

股票市场存在市场风险。股票市场的运作方式基于供求关系。当公司业绩好、市场看好其未来发展时，投资者争相购买，公司股价上涨；反之，当公司业绩不佳或不被市场看好时，投资者抛售公司股票，股价下跌。股票市场的价格波动可能导致投资者面临损失的风险。市场风险是股票市场的基本特征之一，投资者需要具备一定的风险承受能力。

股票市场还存在监管风险。信息披露和监管政策是股票市场运作的重要保障。上市公司需要定期披露其财务状况和经营情况，监管机构需对市场进行严格监管，确保市场的公平和透明。此外，政府实施的股票市场的监管政策也可能对市场产生重大影响，监管政策的调整还可能导致市场波动加大，因此，投资者需要密切关注政策动向。

（四）债券市场

1. 债券市场的基本结构

债券市场是发行和交易债券的市场。债券是公司或政府为筹集资金而发行的一种债务凭证，即承诺在一定期限内还本付息的凭证。债券市场的结构包括发行主体（政府、企业等）、投资者、债券承销商和债券交易平台。政府通过发行国债筹集财政资金，用于公共基础设施建设、社会福利支出等；企业则通过发行企业债筹集运营资金或进行项目投资，各类企业发行的债券的信用等级和风险水平因企业而异。由金融机构发行的债券，如商业银行、保险公司等发行的债券，通常具有较高的信用等级和较低的风险水平。

债券的发行需要经过严格的审批和评估，确定发行规模、利率等条件。投资者购买债券后，享有定期的利息收入和到期时的本金回收。债券承销商负责债券的发行和推广，债券交易平台则提供债券的买卖服务。债券市场的运作方式相对稳健，债券价格受利率影响较大。当市场利率下降时，债券价格上涨；反之，当市场利率上升时，债券价格下跌。此外，债券市场的流动性较好，投资者可以较容易地买卖债券，实现资金的灵活配置。

2. 债券市场风险

债券市场存在信用风险、利率风险、流动性风险等。

信用风险：发行人可能因经营不善、违约等原因无法按时支付利息或偿还本金，从而给投资者带来损失。因此，投资者在购买债券时需要关注发行人的信用状况，评估其违约风险。

利率风险：市场利率的变动会影响债券的价格和收益率。当市场利率上升时，债券价格通常会下跌；反之，当市场利率下降时，债券价格会上涨。因此，投资者需要密切关注市场利率的变动，以制定合理的投资策略。

流动性风险：在某些情况下，债券市场可能出现流动性不足的情况，导致投资者难以在需要时以合理价格买卖债券。为应对这种风险，投资者需要保持足够的现金储备，并关注市场的流动性状况。

（五）衍生品市场

1. 衍生品市场的基本结构

衍生品是一种金融合约，其价值取决于一个或多个基础资产（如股票、债券、商品或货币）的价格变动。衍生品市场则是一种基于基础资产而衍生出来的金融市场。衍生品市场允许投资者买卖这些合约，从而实现对基础资产价格的间接投资。衍生品市场的交易活动通常具有高杠杆性，即投资者只需支付一小部分合约价值作为保证金，就可以控制较大规模的资产。衍生品包括期货、期权、互换等金融工具，用于风险管理和投机交易。

衍生品市场的基本结构包括衍生品交易所、期货公司、投资者等。衍生品交易所提供衍生品交易的平台，期货公司作为中介机构为投资者提供交易服务。衍生品市场的运作方式相对复杂，涉及保证金制度、结算机制等。投资者通过买卖衍生品进行风险管理或投机交易，衍生品价格受基础资产价格、市场利率、供求关系等多种因素影响。

跟股票市场和债券市场的投融资功能相比，衍生品市场还为投资者提供了有效的风险管理工具，投资者可以通过对冲策略降低投资组合的风险。例如，投资者可以购买股票期货合约来对冲股票价格下跌的风险。

2. 衍生品市场的分类

常见的衍生品包括以下几种。

期货市场：期货合约是在未来某一特定日期以特定价格交割特定数量基础资产的协议。期货市场为投资者提供了对冲价格风险和投机价格变动的机会。

期权市场：期权赋予持有者在未来某一日期以特定价格购买或出售基础资产的权利，但不强制要求执行该权利。期权市场为投资者提供了更加灵活的风险管理工具。

互换市场：互换是双方约定在未来某一期限内按照特定条件交换现金流的协议。互换市场为投资者提供了定制化的风险管理解决方案。

3. 衍生品市场风险

尽管衍生品市场为投资者提供了丰富的投资工具和风险管理手段，但也伴随着一定的风险和挑战。衍生品交易具有高杠杆性，可能导致投资者面临巨大的损失。此外，衍生品市场的价格波动可能会受到多种因素的影响，包括宏观经济形势、政策变化、市场情绪等。因此，投资者在参与衍生品市场时需要具备充分的风险意识和风险管理能力。

为了保障衍生品市场的稳定运行和投资者的合法权益，各国政府和相关监管机构通常会制定严格的监管政策和法规，规范衍生品市场的交易行为和风险管理。

第二节 资本市场投资分析

一、 基本面分析概述

基本面分析是一种评估公司价值的方法，投资者和交易者可通过深入研究内外部因素，确定相关资产或业务是被高估还是低估。这种分析关注公司的财务数据、运营模式、所在行业以及整体经济环境，从而确定公司的内在价值（Intrinsic Value）。基本面分析的结论可以为投资者和交易者提供恰当的投资建议，助其做出更有可能获得丰厚收益的决策。具体来说，基本面分析包括以下几个方面：

投资者应该先了解所选择股票的发行公司，弄清楚这家公司的经营情况。投资者可以通过公司的网站查询其基本信息，或者通过财经网站和股票经纪查询其年度报告。年报中的财务报告是基本面分析的基础，包括资产负债表、利润表、现金流量表等。这些报告有助于投资者了解公司的财务状况、经营成果和现金流量状况。

投资者可以利用资产负债表分析公司的资产、负债和所有者权益的结构和变化，通过计算流动比率、速动比率、资产负债率等指标，评估公司的偿债能力和资产运营效率；利用利润表分析公司的营业收入、成本和利润情况，了解公司的盈利能力，关注毛利率、净利率、总资产报酬率等指标，以评估公司的经营效率和盈利质量；利用现金流量表分析公司的现金流入和流出情况，了解公司的现金流状况，关注经营活动现金流量、投资活动现金流量和筹资活动现金流量，以评估公司的现金管理能力。投资者也可以将所选择的公司与其竞争对手进行比较，根据财务分析来判断在市场中所占的份额以及与竞争对手的财务比率。

通过计算公司以及行业的市盈率、市净率、现金流折现等，投资者可以对公司的内在价值进行估算，并与市场价格进行比较。这有助于投资者发现被低估或高估的股票，从而把握投资机会。

延伸阅读：市场价值、账面价值与内在价值

市场价值：是指一家公司或资产的经济价值，它反映了投资者愿意为该公司股票支付的价格。这个价值是动态的，随着金融市场的变化而变化，它考虑了公司每股的价值以及市场行情波动对其价值的影响。

账面价值：是按照会计核算的原理和方法反映计量的净资产价值，它体现在企业的资产负债表上，是企业全部资产（扣除折旧、损耗和摊销）与企业全部负债之间的差额。

内在价值：是指一个事物或行为所具有的固有价值，这种价值不依赖于外在因素，而由事物或行为本身决定。对于公司或股票，投资者可能需要基于公司未来的盈利潜力、资产价值、管理层能力等多种因素进行评估。

二、行业发展前景与潜力

分析公司的行业趋势来评估投资机会，是一个复杂而重要的过程。

这需要对行业有深入的了解，包括行业的历史、当前状况以及未来预测。

首先，投资者需要对行业的整体情况有清晰的认识，包括认识行业的规模、增长率、主要参与者、市场份额分布等。这些数据可以帮助投资者了解行业的竞争格局和主要玩家的实力。其次，投资者还要分析行业的发展趋势，这至关重要，分析行业的发展趋势主要是研究行业的技术进步、消费者需求变化、政策法规影响等因素。例如，新技术的出现可能会改变行业的竞争格局，消费者需求的变化可能会给行业带来新的增长机会，而政策法规的变化则可能对行业的盈利能力产生影响。

许多行业都有明显的周期性特征，如繁荣期、衰退期、复苏期等。了解行业所处的周期阶段，可以帮助投资者预测未来的市场变化和投资机会。在分析了行业趋势之后，投资者还需要将公司的状况与行业趋势进行对比。例如，公司是否具备应对行业变化的能力？公司在行业中的竞争优势如何？公司的财务状况是否稳健？这些问题的答案将有助于投资者更准确地评估公司的投资机会。

在进行分析时，投资者可以利用各种专业工具和资源，如行业报告、市场研究数据、专业分析软件等。这些工具和资源可以给投资者提供丰富的信息和数据支持，帮助投资者更全面地了解行业和公司。

三、 宏观经济分析

宏观经济指标是评估投资机会的基础。投资者需要关注的主要指标包括国内生产总值（GDP）增长率、通货膨胀率、利率水平、就业率等。这些指标能够反映整体经济的增长动力、物价水平、货币政策以及劳动力市场状况。通过对这些指标的分析，投资者可以了解经济的整体运行状况，以及可能存在的风险和机会。政策环境对宏观经济和投资机会有着深远影响。投资者需要关注政府的经济政策、产业政策以及监管政策等。这些政策可能涉及财政政策、货币政策、税收优惠、市场准入等方面，它们的变化可能直接影响某些行业或公司的盈利能力和发展前景。

经济周期是宏观经济分析中不可忽视的因素，经济周期通常包括四个阶段：繁荣、衰退、萧条和复苏，其特征如表 2－2 所示。

表 2－2　　经济周期

经济周期阶段	阶段特点
繁荣期	国民收入高于充分就业水平。生产、投资、信贷扩张迅速。价格水平上升，就业增加，公众对未来持乐观态度
衰退期	经济开始从繁荣阶段下滑，但尚未到达谷底。商品价格下跌，企业生产能力下降，大量失业。利率下降，居民消费预期下降
萧条期	国民收入低于充分就业水平。生产、投资、信贷紧缩，价格水平下降。严重失业，公众对未来的悲观情绪急剧下降
复苏期	经济开始从谷底回升，但尚未达到顶峰。政府通过调控措施刺激经济发展。需求开始释放，生产逐渐活跃，物价水平稳定

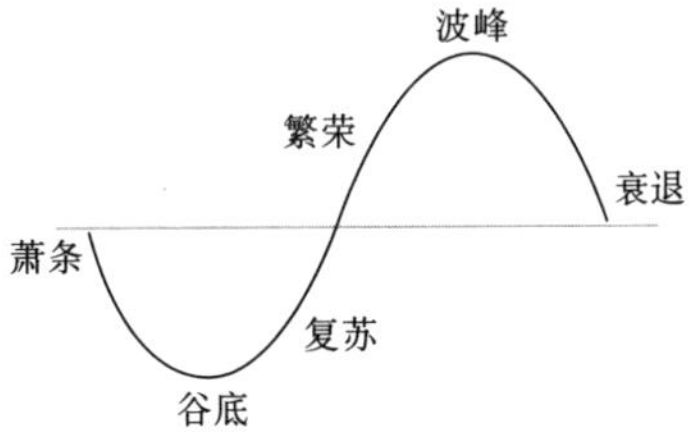

了解经济目前处于哪个阶段（如扩张期、衰退期、复苏期等），以及预测未来可能的走势，对于评估投资机会至关重要。在经济扩张期，

市场活跃，投资机会可能较多；在经济衰退期，则需要更加谨慎地选择投资标的。宏观经济状况往往会影响行业的发展趋势。投资者需要分析不同行业在宏观经济背景下的表现，以及它们未来的增长潜力和风险。例如，在经济增长放缓的时期，消费升级、科技创新以及环保等领域可能更具投资机会。

第三章
货币的时间价值

本章学习重点

◎ 理解货币的时间价值的基本概念，以及货币的时间价值的重要性，明确投资的定义，了解投资的基本类型和目的，掌握计算现值和终值的方法，理解两者在投资决策中的应用，以及如何根据利率和时间调整未来的现金流。

◎ 掌握折现率的计算，以及它如何影响资产的价值；理解复利的概念，区分名义利率和实际利率，理解它们之间的差异；掌握永续年金的计算。

◎ 了解不同类型的风险，理解风险与回报之间的基本关系；了解量化风险分析的基本概念及实际应用。

◎ 掌握债券的面值、利息支付、到期日等基本要素，理解债券的运作机制。学习如何使用现值概念计算债券的理论价值，理解市场利率变动如何影响债券价格。

第一节　货币的时间价值

一、货币的时间价值的基本概念

货币的时间价值（Time Value of Money，TVM）对于理解投资、财务决策以及资本市场至关重要。货币的时间价值指的是当前持有的一定量货币相对于未来获得的等量货币具有更高的价值。简单地说，货币的时间价值就是今天 1 元的价值要高于明天 1 元的价值，因为我们可以在今天用 1 元做投资，然后在明天得到超过 1 元的价值。

货币的时间价值必须要考虑风险与收益。投资者可以将持有的货币借出去，以换取未来的收益，但这笔收益必须补偿投资者为此而承担的风险。

案例 3－1

我们不妨设想一个高度简化的投资情景：假如投资者在今天持有 100 元的货币，投资者将这笔钱投资到一个每年支付 3% 利息的储蓄账户。1 年之后，投资者将获得 3 元的利息，这笔投资变成 103 元。在这个例子中，今天将 100 元存入银行，到第 2 年就得到 103 元。换句话说，凭借今天的 100 元，投资者在 1 年之后可以从银行获得 103 元，因此，这笔投资在 1 年后对投资者而言的价值为 103 元。

我们可以将简单的数学运算表述为如下公式（接下来我们还将深入讨论这个例子中使用的公式和数字）：

100 元按 3% 利率在第 2 年的价值 $=100\times1.03=103$（元）

103 元按 3% 利率在前 1 年的价值 $=103/1.03=100$（元）

这 3%（或 3 元）的收益来自一家银行，而且投资者完全可以确定，在 1 年之后，投资者会获得 103 元的总额，因为这家银行是一家信誉良好的金融机构，不太可能拖欠债务。因此，将资金投资给银行绝对是一种低风险投资，当然，低收益率和低风险是相互对应的。也就是说，银行之所以会支付给投资者 3% 的利息，就是希望投资者“借给”他们 100 元，因为这笔收益足够让投资者坚信可以随时收回这 100 元本金和相应的利息。考虑到投资风险非常低，与此相对应的是，投资者只能获得 3% 的低收益率。这就是风险与收益（Risk – Reward）的概念。

现在，我们再从银行的角度看看这个过程。银行只有向投资者支付利息后才能使用投资者的资金。3% 就是向投资者借钱需要付出的成本。但是，假如银行拿到这 100 元，并凭借这 100 元获得更高的收益（这就是银行发放贷款时的目的），比如说银行能获得 8% 的收益，那么，银行将获得 8 元的收益，而实现这个收益的成本却只有 3 元的利息，因此，在此过程中，银行取得的净利息差为 5 元（$8-3=5$）。这是风险与收益的另一个例子。

银行通过贷出这笔钱可额外赚取的这 5 元收益并非没有风险。银行需要承担这 100 元的借款人不能偿还贷款的风险。投资者将自己的资金投资于银行，而银行则通过贷款将这笔钱投资于需要资金实施购买行为的个人（如购置汽车或房产）或者需要资金创建工厂或收购其他公司的企业。

这些借款人不能向银行返还贷款的风险远大于银行不能向投资者返还存款及利息的风险。既然银行承担的风险高于投资者承担的风险，它们自然也应该取得更高的回报。这同样是一个体现风险和收益概念的例子。

二、 货币的时间价值的重要性

（一） 货币的时间价值非常重要的原因

1. 机会成本

货币可以用于投资，产生回报。因此，将货币闲置不用会带来机会成本。

在大多数投资中，我们都需要以预先支付的某种代价来换取未来的某种收益。对于未来得到的收益，既可能是定期支付的利息收入流和未来某个时点一次性返还的大笔收入（比如投资债券就属于这种情况），也可能体现为一系列不规则的现金流和投资期结束时一笔价值未知的金额（比如购买一家公司的股票、资产甚至是公司本身）。对于每一种投资，我们都会凭借今天的投资（或现金支付）而在未来得到某种收获。因此，我们必须了解如何考虑评估未来现金流的价值，以确定一笔投资在今天所具有的价值。

除了潜在投资者之外，我们还有可能在很多情况下借入资金，比如，为了购置新车或是房产借入资金。如果你借了钱，就必须了解贷款人收取利息的方式，否则，你就无从知悉自己的借款成本。只要认识货币的时间价值的概念，你才能知道银行或是你的投资者是如何向你收取借款利息的方式。

2. 通货膨胀

货币的购买力会随着通货膨胀的影响而改变。

通货膨胀是指在纸币流通条件下，因货币供给大于货币实际需求，导致货币贬值，物价普遍而持续上涨的现象。在通货膨胀的环境下，即使货币的名义价值保持不变，其实际价值也会因物价上涨而减少。因此，目前的一定数量货币的购买力在一年之后会下降，通货膨胀通过降低货币的实际价值来影响货币的时间价值。

3. 风险补偿

投资可能伴随风险，需要提供相应的风险补偿。

货币的时间价值之所以如此重要，还有另一方面的原因——它让不同类型的投资具有可比性。不同类型的投资有不同的期限范围，而且每笔投资都有各自的风险特征，但只要计算出一笔投资的现值，我们即可对两种不同类型的投资进行比较，因为它们的价值都建立在风险调整基础之上，而且都表现为同一时点的价值。

（二） 现金流和风险的重要性

现金流（一定时间内收到的现金数量）和收到这笔现金流的风险（用数字表示为折现率）是投资决策中最重要的两个组成部分。风险是你将来获得现金流的可能性。此外，投资期限和支付频率等其他因素也是重要因素，但最关键的还是要认识未来现金流和风险的重要性。

三、 什么是投资

投资是指以现金购买任何资产（通常为建筑物或汽车之类的实物投资）或有价证券（代表未来对某个实物的利益或有关利益索取权的纸面投资），并以此换取对该资产享有的索取权及其他权利，或是取得由该有价证券带来的现金流。可以用图 3－1 描述投资的概念。

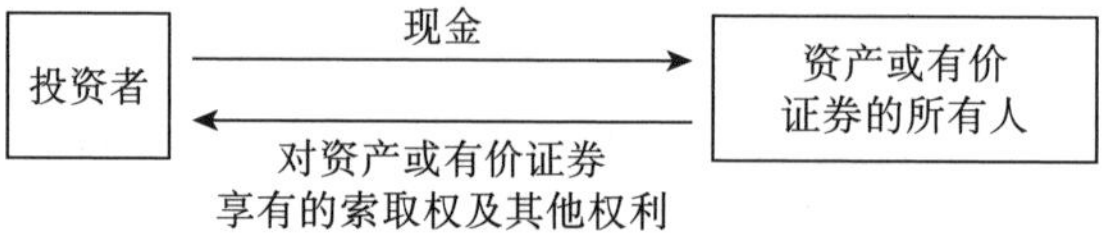

图 3－1　投资的概念

资产可以是有形的，如建筑物或制造厂，也可以是无形资产，如知识产权或专利权。有价证券可能代表了公司对外承担的负债。公司需要对债务支付固定的利息成本，并在债务到期时偿还本金或最初投入的金额。有价证券也代表对公司享有的一定比例的股权。譬如，在一家拥有100股的公司中，1股股票就代表了对公司拥有1%的所有权。与债务不同的是，公司对股权无须支付利息，甚至不需要归还原始投资，但持有股权可以为投资者带来股利以及股权价值的升值。有价证券还可以是衍生品，如利率锁定或远期外汇等。

简而言之，投资就是我们通过一笔资产或有价证券换取的对该实物资产本身的权利、该资产或有价证券创造的现金流或者兼而有之。比如说，我们不妨考虑以下的资产和有价证券，并注意我们通过每一种投资所能获得的回报（见表3－1）。

表 3－1　　日常生活中投资的案例

资产或有价证券	对投资者而言所拥有的价值
汽车	汽车的使用权以及对汽车的直接所有权（除非汽车为租赁所得）
未来可用于出租的房屋	出租收入以及对房屋的所有权
共有的度假别墅	在一年内对该度假屋的使用权
一家公司的股票	享有公司一定比例的所有权的权益、股息以及出售股票的权利
对一位朋友的贷款	利息以及在未来某个时点收回的本金还款
制造厂	运行工厂创造的现金流以及对工厂直接享有的所有权

投资的目的主要是实现财务增长和财务安全，投资者可以将资金转化为资本，并期望这些资本在未来实现价值增长；或是利用投资来分散风险，通过将资金分散于不同的资产类别、行业和地区，可以降低特定投资的风险。

我们要将价值与融资方式区别开来。如何确定为购买一笔资产或有价证券而“支付”的方式，并非决定投资价值的因素。我们以何种方式为取得资产或有价证券支付对价（或者说，如何为实施购买而“融资”），与这笔资产或有价证券的内在价值无关。资产或有价证券的价值取决于我们通过投资取得的收益以及取得或是未取得这些收益的可能性（即风险）。

案例 3－2

假设你在自己喜欢的鞋店里购物，那么不管你准备用现金付款还是使用信用卡付款，你的选择都不会改变这双鞋的总成本，或者说这双鞋价值。你的付款方式会影响付款的成本（如果采用信用卡付款，你可能还需要支付利息），却不会影响鞋的价值。

四、现值与终值

在考虑数值示例和公式之前，有必要回顾一下最基本的概念。首先，我们看看两个密不可分的概念——当前价值和未来价值，或者说现值（Present Value）或终值（Future Value）。现值，又称当前价值，是指未来某一时点上的一定量现金折合到现在的价值。换句话说，它是对未来现金流量以恰当的折现率进行折现后的价值。终值，通常被称为未来价值，是指现在某一时点上的一定量现金折合到未来的价值，即未来某一特定时点的价值。

案例 3－3

假设一笔投资在 5 年之后到期。这个时间范围被人们称为投资期间、投资时段或投资期限，如表 3－2 所示。

表 3－2　投资期间（投资时段或期限）

今天	明天				
第 0 年度	第 1 年度	第 2 年度	第 3 年度	第 4 年度	第 5 年度

其中，第 0 年度代表“今天”。它标志着讨论投资期间的时间起点。一般来说，如果要进行一笔投资，我们就必须在“今天”支付一笔钱，以换取“明天”的某种价值。

第 1 年度至第 5 年度则代表“明天”。它们代表了投资期间内的一段时间。对某些投资来说，我们可以凭借在今天进行的投资换取未来定期实现的回款。

第 5 年度（见表 3－2 的时间表）代表投资期的结束。对某些投资而言，我们会凭借今天的投资在投资期结束时收回一笔大额的总回款。

有些投资是永久性的，也就是说，它们会无限期地持续下去，或者说，至少可以延续到你决定出售投资为止。

现在，我们需要为这些概念命名。

表 3－3　现值与终值的概念

指标	今天	明天				
	第 0 年度	第 1 年度	第 2 年度	第 3 年度	第 4 年度	第 5 年度
	现值	第 1 年终值	第 2 年终值	第 3 年终值	第 4 年终值	第 5 年终值

时间点0的价值为现值，也就是一笔投资在今天所具有的价值。它代表了投资者在投资期限开始时为换取未来对资产或有价证券在一定期限内的收益权所需要支付的金额。

在时间点0之后得到的任何价值，包括在投资期间内收回的定期付款或在投资期结束时一次性收回的付款，均为未来价值，即在将来收回的现金额。有的时候，这个明天是某个固定日期，有时则是不确定的无限期。

因此，现值是指投资在今天的价值，而终值则是投资在明天的价值。这听起来似乎很简单。不妨沿着这个逻辑继续下去，我们可以在示例中添加一些具体的数字。

案例3-4

假设投资者将100元投资于货币市场账户，而且这100元在第1年里可以取得5%的收益率，因此，在第1年里，投资者可以凭借这100元取得5元的收益，即100×（1+0.05）=105元。在第2年，投资者可以凭借第1年底拥有的105元取得5.25元的收益（按照在第1年取得的5元利息，投资者的初始投资100元到第2年初变成了105元）。在第3年，投资者会在110.25元投资的基础上赚到5.51元，依次类推。这个利滚利的概念称为复利（Compounding）或复式利息（Compounded Interest），与此相反的是单利（Simple Interest），即利息本身不再产生利息。在单利情形下，投资者每年只能得到5元的利息。在复利过程中，100元是这笔投资的现值，随着利息收入的增加，投资的终值每年都在增长（见表3-1）。

表 3－4　投资 100 元在复利下的收益　（单位：元）

指标	今天	明天				
	第 0 年度	第 1 年度	第 2 年度	第 3 年度	第 4 年度	第 5 年度
	现值	第 1 年终值	第 2 年终值	第 3 年终值	第 4 年终值	第 5 年终值
期初支付	100					
终值		100 × 1.05	105.00 × 1.05	110.25 × 1.05	115.76 × 1.05	121.55 × 1.05
期初投资额		105	110.25	115.76	121.55	127.63
每年的收益		5.00	5.25	5.51	5.79	6.08
期末总收益		5.00	10.25	15.76	21.55	27.63

终值只不过是初始投资价值（在上述例子中，期初投资价值为 100 元）加上我们凭借初始投资赚取的收益。在第 1 年之后，这笔投资将得到 5 元的收益。假设我们没有提取这笔投资，那么，3 年之后我们将得到 15.76 元的总收益，5 年后，总收益将达到 27.63 元。把资金存入银行账户，就是一个复利的简单示例，它将现值和终值之间的关系体现得淋漓尽致。在时点 X，一笔存款的未来价值等于存款本金金额（100 元）加上截至时点 X 所实现的利息之和。比如说，存款的年利率为 5%，那么，在第 3 年，100 元的终值将变成 115.76 元；到第 5 年，100 元的终值为 127.63 元。

在货币的时间价值中，唯一称得上最重要的概念是：今天 1 元的价值要超过明天 1 元的价值，因为我们可以用今天的 1 元进行投资，并在明天得到超过 1 元的价值。

如果只知道未来会得到的价值是什么（也就是说，未来价值是已知的），但却不知道最初存入的金额或是预先投入的资金是多少（前面提到的储蓄账户的例子就是这种情况），我们该如何是好呢？我们该如何确定最初应该支付的成本呢？换句话说，终值是已知的，我们需要确定的是现值，或者说，我们需要确定今天应为一笔投资支付的费用（与现值已知并根据现值计算储蓄账户未来终值的例子相反）。

为了更形象地说明这一点，我们不妨看一个例子。

案例 3－5

我们现在投入500元设立一个鸡蛋煎饼摊位（时间点0），作为回报，这个鸡蛋煎饼摊位将在未来5年内每年带来100元的现金。在这个例子中，500元代表现值，因为这笔资金是现金流出，因此，我们将这个数字表示为负数。以后每年收回的100元定期收款代表了未来的终值，我们将这些数字表示为正数，因为它代表的是现金流入。第1笔100元的现金流是投资在第1年末的未来价值，第2笔100元的现金流是该投资在第2年末的未来价值，依次类推（见表3－5）。

表3－5　　投入500元的未来价值　　（单位：元）

指标	今天	明天				
	第0年度	第1年度	第2年度	第3年度	第4年度	第5年度
	现值	现金流1	现金流2	现金流3	现金流4	现金流5
投入	－500					
收回		100	100	100	100	100

因此，对于投资者在时间点0的初始投资500元，未来5年内每年可取得100元的回报，名义的回报总额为500元。投资者或许会认为，“这听起来不怎么样，因为我最早拿出去的500元没有给我带来任何赚头”。在现实世界中，投资者肯定不会做这样的投资，因为他今天给某个人的500元，在未来只换回500元的名义收益——这笔钱没有给其带

来任何利息，或者就像投资者所说的那样，“这是一笔没有赚到收益的投资”。

糟糕的是，不只是投资者收不到这500元的投资收益，投资者本可以在拿到这500元之后投资于另一项投资，并凭借该投资取得收益。至少，投资者这笔资金投入这个项目意味着失去了将这笔钱存入银行而得到的利息。我们还可以换一种说法：投资者的资金是有机会成本的——即投资其他项目所能带来的收益。更糟糕的是，要投资500元收购一家鸡蛋煎饼摊，投资者首先要向兄弟借500元，甚至还要向他们支付500元的利息！这样一来，投资者不但投资了一家没有回报的创业企业，而且为了投资，他还必须借钱并支付利息。这注定是一桩赔钱的生意。

基于上述认识，投资者今天愿意为购置这个鸡蛋煎饼摊付多少钱呢？或者说，对于这500元的投资，按未来现金流计算需要实现怎样的回报？我们可以从两个角度认识这笔投资。

一是如果投资者今天要为购置这个鸡蛋煎饼摊位支付500元，那么，要保证这笔投资对投资者来说物有所值，则投资者就必须知道未来每年需要获得多少现金流。

二是要以换取在未来5年内每年可以得到100元的现金回报，那么投资者就要了解今天愿意为这个鸡蛋煎饼摊位支付多少钱。

无论是角度一还是角度二，投资者都需要确定这笔投资所必需的收益率。投资者是否愿意接受2%的收益率呢？还是需要更高的收益率，譬如5%或10%？这取决于投资者收回投资本金和利息的可能性，或者说风险。

第二节　利率的计算

一、折现率和利率

折现率（也称为资本的机会成本）代表了投资者为进行具体投资每年所需要的年收益率。折现率的作用是把未来现金流折算为当前价值。投资或项目的风险越高，所需要的收益率就越高，因而，折现率也就越高。这意味着，如果投资风险很大，投资者需要很高的收益率才会接受投资（尽管投资者面对着丧失全部投资的高风险）；相反，投资或项目的风险越低，折现率或是投资者所需要的收益率也会越低。风险水平相同的项目或投资应具有相同的折现率。

延伸阅读：折现和复利

在下一步分析之前，我们不妨澄清一下对现金流进行折现（Discounting）和复利（Compounding）计算的概念，这也是经常被人们混淆的两个概念。折现是将未来价值向前推算，以得到当前价值或现值的过程。而复利计算则是将现值向后推算得到未来价值的行为。如果从数学公式和示例角度看，我们会看到，折现公式是复利计算公式的逆过程。

二、现值与终值

现在，我们来看看计算现值和终值的数值实例。

现值 CF_0 = 初始金额（在时间点 0 或“今天”的现金流）

终值或 CF_n = 未来金额（在未来时点 n 或“明天”的现金流）

r = 用于折现的折现率和用于计算复利的利率

g = 年增长率

n = 对金额进行折现或复利的期数

m = 每期付款的次数

需要提醒的是，现值公式是终值公式的倒数；反之亦然。

现值(CF_0) $= CF_n/(1 + r/m)^{nm}$

终值(FV,也可称为 CF_n) $= CF_0 \times (1 + r/m)^{nm}$

现值 = 未来第 n 期的现金流（CF_n）折现为现值（今天的价值）

终值 = 对当期现金流（CF_0）采用复利计算为未来第 n 期的终值（明天的价值）

延伸阅读：折现率和利率

折现率不同于利率。利率是指我们通过一笔投资（譬如我们将资金存入银行，或是购买约定利率或息票利率的债券）所能赚取的既定金额。另外，折现率则是衡量资本机会成本的一个指标，或者说，它是我们凭借类似风险水平的投资可以赚到的收益（因而也是投资者对这笔投资所要求的必须得到的收益率）。利率不一定能反映现金流的风险（这意味着，利率未必等于折现率）。如果投资定价合理，那么，它就应该支付与风险水平相匹配的利息。然而，市场在短期内并非总是有效的，这就导致我们无法确保证券的定价完美无缺。因此，在假设利率等于折现率的时候，我们务必采取审慎的态度，因为在某些情况下，两者可以是不同的。

下面，我们不妨使用现值计算公式，根据上个例子中每年得到的100元定期现金流计算每一笔100元未来现金流所对应的现值。

案例3－6

假设：CF_n＝100元，r＝0.05，n＝年份，m＝1（因为每年只有一次付款），求算每一笔100元未来现金流所对应的现值（见表3－6）。

表3－6　　每一笔100元未来现金流所对应的现值　　（单位：元）

指标	今天	明天				
	第0年度	第1年度	第2年度	第3年度	第4年度	第5年度
	现值	第1年终值	第2年终值	第3年终值	第4年终值	第5年终值
PV1	$100/1.05^1=95.25$	100				
PV2	$100/1.05^2=90.70$		100			
PV3	$100/1.05^3=86.38$			100		
PV4	$100/1.05^4=82.27$				100	
PV5	$100/1.05^5=78.35$					100

正如本章开头所提到的那样，货币时间价值的好处之一，就是让我们可以对不同的投资进行比较。由于未来的所有5笔未来现金流均被折现并转换为现值，因此我们可以将这些数字加总，从而得到这5笔未来现金流的现值总额（见表3－7）。如果投资者将未来5年内每年100元的5笔收款现值加总，可得到432.95元的现值总和。

表3-7　　现值总额　　（单位：元）

指标	今天 第0年度 现值
PV1	95.24
PV2	90.70
PV3	86.38
PV4	82.27
PV5	78.35
合计	432.95

延伸阅读：价值加总

投资者只能将折现到同一时点的价值进行加总。比如说，我们可以计算若干个现值的总和，但不能将现值和终值加到一起。如果不同项目的终值均为未来相同时间段的终值，那么，我们就可以把这些终值汇总求和之后再计算现值。但我们不能将一个项目在第3年的终值与另一个项目第6年的终值加到一起，因为两者不具有可比性——不是苹果与苹果之间的比较，而是苹果和橙子之间的比较。

如果折现率为5%，那么，为换取在未来5年内每年得到100元收款的回报，我们愿意支付的对价应该是432.95元。需要注意的是，这432.95元为什么会是少于5笔100元现金流名义汇总金额（500元）呢？换句话说就是，将500元分散到5年得到的现值不等于500元，或者说，今天1元的价值要大于明天1元的价值。

现在，我们计算一下未来5年内每年100元收款所对应的终值。假设我们采取的利率为7%。

案例 3-7

假设：CF_0 = 100 元，r = 0.07，n = 年份，m = 1（因为每年只有一次付款），求算未来 5 年内每年 100 元收款所对应的终值（见表 3-8）。

表 3-8 未来 5 年内每年 100 元收款所对应的终值 （单位：元）

今天	明天				
第 0 年度	第 1 年度	第 2 年度	第 3 年度	第 4 年度	第 5 年度
现值	第 1 年终值	第 2 年终值	第 3 年终值	第 4 年终值	第 5 年终值
100	100×1.07^1 = 107.00				
100		100×1.07^2 = 114.49			
100			100×1.07^3 = 122.50		
100				100×1.07^4 = 131.08	
100					100×1.07^5 = 140.26

由于终值是针对不同年份计算的，我们不能将分属于不同年份的终值汇总到一起。

下面，我们使用现值和终值计算公式来检验其他示例。

案例 3-8（现值）

假设 A 因为其创作的音乐作品将在未来 5 年内每年取得 500 元的版税。如果版税使用费收入的折现率为 8%，那么，这些版税使用费在今天的价值是多少呢？计算如表 3-9 所示。

表 3－9　　在未来 5 年内每年取得 500 元版税的现值　　（单位：元）

指标	第 0 年度	第 1 年度	第 2 年度	第 3 年度	第 4 年度	第 5 年度
	现值	第 1 年终值	第 2 年终值	第 3 年终值	第 4 年终值	第 5 年终值
现金流（CF_n）		500	500	500	500	500
折现率（r）		8.0%	8.0%	8.0%	8.0%	8.0%
现值计算公式		$500/1.08^1$	$500/1.08^2$	$500/1.08^3$	$500/1.08^4$	$500/1.08^5$
现值		462.96	428.67	396.92	367.51	340.29
现值合计	1,996.36					

案例 3－9（现值）

假设投资者准备从银行借一笔钱。投资者需要在未来 3 年内每年向银行支付 100 元的还款，并在随后 2 年内每年支付 150 元。如果折现率为 5%，那么，银行今天应该贷款给投资者多少钱呢？计算如表 3－10 所示。

表 3－10　　在未来 3 年内每年向银行支付 100 元还款在今天获得的贷款　　（单位：元）

指标	第 0 年度	第 1 年度	第 2 年度	第 3 年度	第 4 年度	第 5 年度
	现值	第 1 年终值	第 2 年终值	第 3 年终值	第 4 年终值	第 5 年终值
现金流（CF_n）		100	100	100	150	150
折现率（r）		5.0%	5.0%	5.0%	5.0%	5.0%
现值计算公式		$100/1.05^1$	$100/1.05^2$	$100/1.05^3$	$150/1.05^4$	$150/1.05^5$
现值		95.24	90.70	86.38	123.41	117.53
现值合计	513.26					

案例 3－10（现值）

假设投资者买彩票赢了 10 万元。投资者可以选择在 5 年到期后一次性获得 100,000 元的回款，也可以选择在未来 5 年内按分期付款形式每年取得 20,000 元。假设你采用的折现率为 10%。在前一种情况下，你可以使用现值计算公式计算第 5 年现金流的现值计算如表 3－11 所示。

表 3－11　　第 5 年现金流现值　　（单位：元）

指标	第 0 年度	第 1 年度	第 2 年度	第 3 年度	第 4 年度	第 5 年度
名义现金流（CF_n）						100,000
折现率（r）						10.0%
现值计算公式						$100,000/1.10^5$
现值						62,092
现值合计	62,092					

对于第二种情况，你只需将每年现金流的现值相加，即可得到这笔投资的现值（见表 3－12）。对每一年的现金流，均使用上述相同的现值计算公式。

表 3－12　　现金流现值之和　　（单位：元）

指标	第 0 年度	第 1 年度	第 2 年度	第 3 年度	第 4 年度	第 5 年度
现金流（CF_0）	－1,000	20,000	20,000	20,000	20,000	20,000
折现率（r）		10%	10%	10%	10%	10%
现值计算公式		$20,000/1.10^1$	$20,000/1.10^2$	$20,000/1.10^3$	$20,000/1.10^4$	$20,000/1.10^5$
现值		18,182	16,529	15,026	13,660	12,418
现值合计	75,816					

由于今天收到现金的价值超过明天收到相同金额现金的价值，因此，在未来 5 年内分期收取等额 100,000 元现金流的现值（75,816 元）和 5 年后一次性收到 100,000 元现金流的现值（62,092 元）相比更高。

案例 3－11（终值）

假设投资者投资 1,000 元存入定期存单（简称为 CD，按这种投资方式，投资者需要预先存入资金，并在到期时一次性收回本金和利息），利率为6%。那么，在5年之后，投资者将从银行收回多少钱呢？计算如表3－13所示。

表3－13　　　　5年定期存单价值

年度	0	1	2	3	4	5
名义现金流（CF_n）	1,000					
复利利率（r）						6.0%
终值计算公式						$1,000\times1.06^5$
第5年后的终值						1,338

三、什么是复利

简单来说，复利就是“利滚利”，即本金产生的利息在下一个计息周期中也产生利息。这与单利有明显的区别，单利只计算本金产生的利息，而不对利息再次计息。

如果投资者每半年即可取得一次利息，那么，他在年底可以实现的收益将超过每年支付一次利息情况下的收益。因为每半年支付一次利息，所以投资者在上半年得到的利息，在当年剩余6个月的时间里还可以按复利形式取得利息。

不妨考虑一个简单的对比：一种情况是初始投资1,000元，每年一次支付6%的利息；另一种情况是初始投资同样为1,000元，但每半年按6%的利率支付一次利息。

每年支付一次利息的情况：

利息＝本金×6%的年利率＝1,000×0.06＝60.00（元）

每半年支付一次利息的情况：

利息 =（本金 × 前 6 个月 3% 的利息率）+（本金 × 后 6 个月 3% 的利息率）+（前 6 个月的利息 × 后 6 个月 3% 的利息率）

$=(1,000\times0.03)+(1,000\times0.03)+(30\times0.03)$

$=30+30+0.90$

$=60.90$（元）

因此，在整一年的时间里，和按相同年利率支付利息的账户相比，每半年支付一次利息的账户每年可多赚 0.90 元。在下面的例子中，我们不妨采用现值公式计算相同期间内的复利。

案例 3－12

假设投资者在今天为当地的一家咖啡馆提供贷款 1,000 元。咖啡馆老板将每年支付 6% 的利息，但利息将采取每年分四次支付的方式（换句话说，利息是按季度计算的复利）。那么，在 5 年之后，投资者将收回多少钱呢？

回想一下终值计算公式：

终值 $FV=CF_0\times(1+r/m)^{nm}$，其中 m 为该期间的付款次数。

$CF_0=1,000$（元）

$r=6\%$ 或 0.06

n = 5 个周期，每年为一期

m = 4（假设每年分四次支付利息）

$FV=1,000\times[1+(0.06/4)]^{5\times4}$

$=1,000\times1.015^{20}$

$=1,000\times1.347$

$=1,347$（元）

将这个结果与下面每年仅计算一次复利的相同投资进行比较：

$$
\begin{aligned}
FV &= 1,000 \times [1 + (0.06/1)]^{5\times 1} \\
&= 1,000 \times 1.06^{5} \\
&= 1,000 \times 1.338 \\
&= 1,338\ (元)
\end{aligned}
$$

需要思考的是，按季度确定复利得到的终值1,347元为什么会大于按年计算复利得到的终值1,338元呢？

四、名义利率与实际利率

我们可以再看一个简单的例子。

案例3-13

投资者从银行贷了10万元的资金，利率为12%，但是合同里写的是按季度复利计息，每个季度的利率为3%。投资者的贷款10万在第1季度后变成10万×1.03=10.3万元，第2季度就变成10.3万×1.03=10.61万元，第3季度就变成10.61万×1.03=10.93万元，第4季度就变成10.93万×1.03=11.26万元，这就意味着投资者贷款一年后共欠银行的本息为11.26万元。而如果贷款合同里是按年复利计息的话，那么一年后共欠银行的本息为10万×1.12=11.12万元。很明显，前者按季度复利计息的金额要大于按年度复利计息的金额。因此，复利的计算结果不仅和利率有关，还和计息次数有关。当不是以年为单位计息时，就会涉及年名义利率（Nominal Interest Rate）和实际利率（Effective Rate of Interest）的转化问题。以刚才这个10万元贷款为例子，我们先来计算一下按季度计息的年实际利率（EAR）。根据终值的计算公式：

$FV = 11.26 = CF_0 \times (1+R) = 10 \times (1+EAR)$

可以计算其实际利率 EAR 为 12.6%，且恰好等于 $(1+12\% \div 4)^4 - 1 = 12.6\%$。这就是说，实际利率和名义利率之间存在如下等式关系：

$$EAR = \left[1+\frac{r}{m}\right]^m - 1$$

进一步，我们也可以计算单期按复利计息 m 次的期末终值为：

$$FV = CF_0 \times \left(1+\frac{r}{m}\right)^m$$

由于是复利计息，故实际年利率要高于名义利率。如果仅给出名义利率为 10%，但是计息间隔期没有给出，就不能计算终值。相反，实际利率本身就有很明确的意义，它不需要给出复利计息的间隔期。

前面讨论单期下的实际利率和名义利率之间的关系，然而，在多期的情况下，每年 m 次复利计息 n 年后的终值公式如下：

$$FV = CF_0 \times \left(1+\frac{r}{m}\right)^{mn}$$

例如，初始投资额为 5 万元，名义利率为 12%，每半年复利计息，3 年后的终值为：

$$FV = 5 \times \left(1+\frac{0.12}{2}\right)^{2\times3} = 5 \times 1.06^6 = 7.093\ (\text{万元})$$

那么，多期复利下实际利率是多少呢？实际利率（EAR）是以 5 万元为初始投资的 3 年后将支付投资者相同计算结果的年利率。

$$5 \times (1+EAR)^3 = 7.093\ (\text{万元})$$

$$EAR = \left(\frac{7.093}{5}\right)^{\frac{1}{3}} - 1 = 12.36\%$$

这也回应了前文关于实际利率和名义利率的关系等式：

$$EAR = \left(1+\frac{r}{m}\right)^m - 1 = \left(1+\frac{0.12}{2}\right)^2 - 1 = 12.36\%$$

五、 年金与永续年金

在投资者没有使用金融计算器或计算软件时，计算多个年度现金流现值的过程或许有点困难且单调。但幸运的是，我们可以在某些情况下选择捷径。很多投资情景都存在年金和永续年金的情况。了解如何使用这些公式将有助于提高我们的工作效率。

年金（Annuity）是一种金融工具，也就是说，投资者在今天支付一定的金融货币后，即可在未来的一定时期内，定期取得等额的付款。这种金融工具在期末是没有价值的（终值为零）。按照未来定期付款对应的隐含利率，投资者将在期末收回初始投资与投资期限内相应利息之和。年金的现值是投资者在今天为换取未来定期付款而需要支付的金额。年金的一个典型示例就是抵押贷款。银行采取抵押贷款形式向房主提供贷款，房产所有权人则定期向银行偿还等额还款。

永续年金（Perpetuity）则是一种没有期限的年金（或者换句话说，这种年金具有永久性）。永续年金的一个示例就是没有到期日的特许权使用费。

计算永续年金现值的公式如下：

永续年金模式（永久或无限期，且每期支付相同的现金流 CF）：

$PV = CF/r$

永续增长模式（永久或无限期，且每期支付的现金流 CF 按增长率 g 增加）：

$PV = CF/(r-g)$

年金模式（固定期限）：

$PV = CF/r - CF/[r \times (1+r)^n]$

比较上述两个公式，我们会注意到，年金现值计算公式的第一个部分是（CF/r），只有从 CF/r 中扣除 $CF/[r \times (1+r)^n]$，我们才能得到永续年金现值公式。不妨考虑一下 n（计算期的数量）为 1,000、10,000 甚至 1,000,000 时的情况。将这些数字输入计算器就会发现，随着 n 的增加，年金计算公式中的第二部分会越来越小，并逐渐趋于零（分母不断增加并倾向于无穷大，导致结果趋近于零）。因此，如果计算永续年金的现值（技术上，这意味着投资者将永久性地收到现金流），那么我们就可以看到为什么无须计算年金模型中的第二部分。相反，我们还可以假设，随着 n 的增加（并趋向于无穷大），公式中第二部分的结果将趋近于零。因此，永续年金的现值将等于 CF/r，而无须表述为“[CF/r] - 0”。

案例 3 - 14（年金）

如果银行准备提供一笔为期 30 年的抵押贷款，抵押贷款每年还款的金额为 36,000 元，年利率为 7%，那么，这些年金的现值将是多少呢？或者说，银行需要在今天提供多少现金，才能换取在未来 30 年内每年收取 36,000 元的还款呢？

上述的条件可表述为：

CF = 36,000（元）

r = 7% 或 0.07

n = 30

求解：

$PV = 36,000/0.07 - [36,000/(0.07 \times 1.07^{30})]$

$= 446,725.48$（元）

446,725.48 元是 30 年期内年金或抵押贷款还款额的现值，也就是说，如果银行在今天向投资者提供这个金额的现金，那么，在未来的 30 年内，他每年需要向银行支付 36,000 元的还款。如果简单地用 30 年乘以 36,000 元的年还款额，得到的结果是 1,080,000 元。请注意，446,725.48 元的现值远低于 1,080,000 元。之所以这样，是因为这 1,080,000 元被分散到 30 年内进行支付，因此，其现值只有 446,725.48 元。换句话说，如果想要在今天得到 446,725.48 元，投资者就必须在未来 30 年内向银行支付总额为 1,080,000 元的名义现金。

案例 3－15（永续年金）

假设某人凭借多年前创作的一首歌，可永久性地取得每年 60 元的版税收入，并且这笔版税收入的受益权将由他的后人继承（因此版税收入属于永续年金）。假设折现率为 5%，那么，这笔版税收入的现值将是多少呢?

上述的条件可表述为：

CF = 60 元

r = 5% 或 0.5

n = 无期限

求解：

PV = 60/0.05 = 1,200（元）

如果每年收到的金额按一定比例增长（即永续增长率），那么，我们对计算永续年金现值的公式做如下变化，即可得到永续增长现值的公式。

$$PV = CF/(r - g)$$

其中，g 是永续增长率。

在上述这个例子中，假设 60 元的版税收入每年增长 2%，那么，其现值的计算方法将调整如下：

$$PV = 60/(0.05 - 0.02) = 60/0.03 = 2,000\ (元)$$

第三节　风险与回报

一、 什么是风险

风险是一个相对性概念，即不同的投资会有不同类型的风险，即使项目有同样的风险类型，其风险程度也是不同的，我们经常听到高风险高回报的概念，这是金融市场的一个基本特征，被长期市场数据所证实。我们可以用一个生活中案例来体会。例如，面对一笔对储蓄账户的投资，你该如何确定可以接受的收益率和风险呢？这是你自己选择的结果吗？或许吧，但更可能的结果是，你只能接受3%的收益率，因为其他银行对类似储蓄账户提供的收益率也在3%左右。那么，对鸡蛋煎饼的摊位，你愿意接受的收益率会是多少呢？一家位于某著名大学校园内的鸡蛋煎饼摊位和一家位于生活小区门口的鸡蛋煎饼摊位相比，前者每天赚到100元的概率能否等于后者每天赚到100元的概率呢？既然其他投资可能支付5%甚至高达30%的收益率，那么，银行为什么只需提供3%的收益率即可得到你的存款呢？因为你有很大的把握认为，如果将资金存入一家银行的储蓄账户，那么，无论你什么时候想拿回这笔钱，你都可以随时收回本金和利息。也就是说，你无法收回本金和利息的风险非常低。因为风险较低，所以银行自然无须以更高的利率来吸引投资者将资金存入储蓄账户。

那么，风险更高的投资又如何呢？假设你将 1 万元投资给一位准备在疫情期间创建餐厅的朋友，而且需要将这笔资金用在餐厅的装修及预付房租上。和你信赖的银行相比，从你朋友那里收回 1 万元的可能性是怎样的？是否一样呢？或许不会。因此，你可能会要求朋友向你支付超过 3% 的收益率（因为你原本有机会将辛苦赚来的这 1 万元存入银行，而且可以几乎毫无风险地按 3% 收取利息）。首先，你的资本是有机会成本的；其次，当你成为朋友开办的这家创业公司投资者时，你需要承担更高的风险，因此，你的朋友需要对你进行这笔投资而承担的更高风险给予补偿。

这里就出现了货币时间价值的第二个主要概念：任何投资者拿出资金，都是为了换取未来的收益。这个收益必须能补偿投资者为进行这笔投资而承担的风险。

从数字角度看，这又意味着什么呢？如果你将 1 万元投资于一个银行储蓄账户，该账户每年支付 3% 的利息（每年按复利计算），那么，你将在 5 年后获得 11,593 元。也就是说，在这 5 年的时间里，你收获了 1,593 元的利息，见表 3 – 14。

现在，我们考虑一下你把这 1 万元资金投资给朋友而不是存入银行的情形。我们假设，朋友同意向你支付每年 15% 的利息，而且和银行的储蓄账户一样，利息是按复利计算的（也就是说，你可以按相同利率将利息重新进行投资）。那么，你会从朋友那里得到多少收益呢，具体见表 3 – 15。

表 3-14　　银行储蓄账户的收益　　（单位：元）

项目	今天	明天				
	第 0 年度	第 1 年度	第 2 年度	第 3 年度	第 4 年度	第 5 年度
	现值	第 1 年终值	第 2 年终值	第 3 年终值	第 4 年终值	第 5 年终值
期初支付	10, 000					
终值		10, 000 × 1. 03	10, 300 × 1. 03	10, 609 × 1. 03	10, 927 × 1. 03	11, 255 × 1. 03
期初投资总额		10, 300	10, 609	10, 927	11, 255	11, 593
每年的收益		300	309	318	328	338
期末从银行拿到的收益总额		300	609	927	1, 255	1, 593

表 3-15　　投资收益　　（单位：元）

项目	今天	明天				
	第 0 年度	第 1 年度	第 2 年度	第 3 年度	第 4 年度	第 5 年度
	现值	第 1 年终值	第 2 年终值	第 3 年终值	第 4 年终值	第 5 年终值
期初支付	10, 000					
终值		10, 000 × 1. 15	11, 500 × 1. 15	13, 225 × 1. 15	15, 209 × 1. 15	17, 490 × 1. 15
期初投资总额		11, 500	13, 225	15, 209	17, 490	20, 114
每年的收益		1, 500	1, 725	1, 984	2, 281	2, 624
期末从朋友公司赚取的收益总额		1, 500	3, 225	5, 209	7, 490	10, 114

凭借相同的 1 万元投资，在 5 年之后，你可以获得从朋友公司赚到的 10, 114 元，相比之下，凭借相同的投资，你只能从银行得到 1, 593 元的收益。那么，你为什么不选择接受朋友的邀请呢？因为你不确定会从他那里收回投资。为补偿他可能无法返还投资而给你带来的额外风险，你的朋友提供了更高的利率。你可能会认为，15% 的收益率足以弥补你承担的附加风险，但你也可能认为这还不够高，你需要更高的收益

率才能支付这笔投资。你并不能确定朋友是否能归还本金和利息。你唯一知道的是，在疫情期间开设餐饮企业的投资风险肯定会高于对银行投资的风险，因此，你还要确定，你需要多高的收益率才会把钱借给你的朋友。

二、 影响权益资本成本的风险

在投资估值里被最广泛接受的风险的定义是：取得未来预期现金流的时间和数量的不确定程度。这个定义包含了对预期经济收益在数量和时间上的不确定性。

关于预期经济收入，我们指的是在每一个预测期间内，对经济收入可能性的预期价值。在第一章，我们讨论了适用于预期现金流的现值的估计过程。预期现金流的现值可以由下面的公式来表示（假设一个恒定不变的增长率 g）。

$$PV = NCF_0 + \frac{NCF_0\ (1+g)^1}{(1+k)^1} + \frac{NCF_0\ (1+g)^2}{(1+k)^2} + \cdots + \frac{NCF_0\ (1+g)^n}{(1+k)^n}$$

其中：PV 表示现值，NCF_0 表示在 0 时刻的净现金流，K 表示折现率，g 表示预期（现金流）增长率，N 表示期数。

上述公式可以写为：

$$PV = NCF_0 + \frac{NCF_1}{(1+k)^1} + \frac{NCF_2}{(1+k)^2} + \cdots + \frac{NCF_n}{(1+k)^n}$$

其中：NCF_n 表示在第 n 期期末预期的净现金流（这里每一期的现金流可能以同样的增速 g 增长，也可能以不同的增速增长）。

在确认好风险的定义后，我们再认识一个重要的风险收益特征：随着资产类别的风险的增加，市场预期收益也有所增加。在金融理论上，投资者通常被假定为风险厌恶者。风险厌恶程度可以由一个投资者对接受额外风险所要求的预期额外报酬的数量来衡量。

三、资本市场中的风险类型

风险的来源很多，但资本市场理论仅把风险分为四个部分：期限风险、市场风险、公司特质性风险、流动性风险。

（一）期限风险

到期风险（也称利率风险）是投资的价值会随着利率水平的改变而上升或下降的风险。一项投资的期限越长，期限风险就越大。例如，长期债券的市场价格随着利率水平的变化的波动要比短期债券大。如果我们指定长期国债的收益率为无风险利率，则意味着我们认为长期国债没有违约的可能性。也就是说，我们假设利息支付承诺是无风险的。但是，债券的市场价格或价值会随着利率的变动而变动，从而产生资本利得或损失，所以，即便是无风险债券，同样存在一定的风险。

基本的结论是：到期时间越长，市场价格随着市场利率的改变的敏感波动性越大。关于利率，很多的不确定性来自未来通货膨胀水平的不确定。

（二）市场风险

市场风险［在资本资产定价模型（CAPM）的概念下也被称为系统性风险或者不能被分散的风险］是对未来收益的不确定性。这是因为特定投资会相对于投资市场这个整体的收益波动。尽管这是一个广义的定义，但是很多美国公司考虑的市场风险仅限于美国的权益市场，预期的市场收益是用纽约证券交易所的股票指数或标普 500 指数来衡量的。

对于跨国公司，投资市场考虑全球的权益市场更合适，可以用标准普尔全球1200指数或者摩根士丹利的一个全球标准指数来衡量。在我国，通常将上证综合指数或者其他综合市场指数作为一个整体来进行衡量。

（三）公司特质性风险

公司特质性风险（有时也称独有风险）是对由不是跟整体投资市场相关的因子导致的期望收益的不确定性。这些因子可能包含行业特征和（或）公司个体的特征。在国际投资中，它们也可能包含一个特定国家的特征。譬如，一些独有的风险可以被由市场定价的系统风险因子表示，比如规模溢价。充分掌握公司特有风险需要对比其他公司进行分析。然而，规模溢价捕获了许多风险因子，估值分析师必须谨慎地捕捉风险因子，且同时避免重复考虑风险。

资本市场理论假定了有效市场。它假定价格变动是和经济基础变动（经济、行业、或者公司因素）同时的，这样，公开交易股票的市场价格就代表了投资者对现金流现值的认同，并且这些基础的变动会立刻体现在市场价格里。

但是，对公开交易的股票来说，市场无效也会发生，尤其是对没有足够多投资者的小公司来说，它们的价格对基本面变动的反应会有时间延迟。我们发现，市场价格在某个特定时点可能不能准确或完全涵盖一个小公司的基本情况。

尽管狭义的资本资产定价模型认为任何市场风险或者贝塔风险之外的风险都能被分散化，但是越来越多的研究者已经发现了其他影响市场定价的风险因子（也就是说，其他风险因子也是系统性风险因子，如规模、账面市值比等）。

（四）流动性风险

对资本市场理论的讨论通常假定投资是“流动的”，并且很多对风险和收益的观测来自流动性投资的信息。流动性通常是指在没有明显本金损失的情况下，可以容易地把一项投资转变为现金的能力。一项投资的流动性越差，它的风险就越大；反之亦然。换句话说，投资者喜欢流动性，所以，在投资流动性低的投资需要更多的补偿。

流动性是非上市公司（包括非控制权益和控制权益）面临的最主要的风险，并且对价值有明显的影响。然而，估值分析师［风险投资（VC）除外］显然没有将这些风险考虑进折现率。我们使用的大部分估值指标都来自公开市场，因此在估值中，最常用的方法就是在对非上市公司估值的时候假定它是自由交易的，然后减去一个包含缺乏流动性的折价。

四、风险的量化

风险量化指的是使用数学模型和统计方法来评估金融资产或投资组合面临的潜在风险，并尝试预测这些风险可能带来的损失，旨在量化不确定性和潜在的财务损失，帮助投资者评估和管理风险。风险量化的逻辑是使用统计数据和概率来定量估计风险，可以通过判断某种风险的发生概率及该风险发生后的损失来定量评估某一种风险。下面介绍几种常见的风险量化工具。

风险价值（Value at Risk，VaR）是一个广受欢迎的风险量化工具，能在特定置信水平和时间范围内，预测资产组合可能面临的最大潜在损失。VaR 是一个用于度量金融资产在一定置信水平和预定时间内潜在最大损失的度量指标，换句话说就是在给定的置信水平（如95%或99%）和时间范围（如一天、一周、一个月等）内，该资产可能面临的最大潜在损失是多少。

压力测试（Stress Analysis）是一种前瞻性的风险分析方法，通过模拟极端市场环境或不利条件，评估系统、机构或资产组合的稳定性和抗风险能力。这项技术广泛应用于金融工程、投资收益、企业管理、环境健康以及项目管理等多个领域，帮助决策者了解潜在风险，为风险管理策略的制定和优化提供依据，帮助决策者制定更为合理的业务策略和风险管理措施。在项目投资的财务模型中，我们可以通过将输入调整为极端情况从而了解该投资可能面临的最大损失是多少。

情景分析（Scenario Analysis）是一种前瞻性预测方法，它基于对当前现象或趋势的持续性的假设，旨在揭示预测对象在未来可能出现的多种情景及其潜在后果。该方法的核心在于认识未来发展的多样性和不确定性，因此其预测结果呈现出多样化的特点。在项目投资的财务模型中，我们可以通过调整输入变量完成不同情境下的收益分析。

敏感性分析（Sensitivity Analysis）可以用于确定哪些风险（变量）对项目收益率的影响最大。在将其他不确定因素固定在基准值的情况下，按照一定百分比调整某个因素，进而观察其对投资收益率的影响，以判断收益率对哪项风险因素最为敏感。在Excel的模型中我们可以通过单因素和双因素敏感性分析来实现。

蒙特卡罗模拟分析法（Monte Carlo Simulation）是一种基于随机数的计算方法，其核心思想是通过对随机变量的重复抽样，以近似计算复杂问题的解。具体而言，首先创建一个数学模型来描述某资产的价格变动，通常涉及确定影响资产价格的关键变量，如收益率、波动率、相关性等，并假设它们遵循某种概率分布，然后通过对该模型进行多次随机抽样，根据概率分布和随机数，模拟一系列可能的未来市场情况，确定风险的概率分布，包括识别最坏情况、最可能情况以及风险的一般趋势。

第四节　债券的估值

债券是一种金融工具，投资者需要在今天支付一定数量的金额，以换取在债券期限收回的利息收入（或息票收入）及债券到期时返还的债券面值（或本金）。债券是公司债务的一种形式，因为债券持有人或投资者只对债券价值拥有索取权，但不会因此拥有公司的所有权（成为股权持有人）。考虑到我们已经讨论过年金和永续年金现值的计算公式，我们可以使用快捷方式计算债券的现值。

我们可以将债券分解为两种相互独立的金融工具。首先，我们将在一段时期内收到固定的利息支付流（相对于一种年金）。其次，我们将在债券到期时收回面值或本金的金额（对此，我们将采用现值计算公式）。债券的现值不过是两部分价值的总和而已：（1）债券期限内的利息现值；（2）到期时收回本金的现值。

案例

我们可以考虑一只面值为10,000元的债券，票息利率为6%，每半年支付一次利息，期限为10年。假设你采用的折现率为5%（因为你可以凭借其他类似风险水平的投资实现5%的收益率)。那么，对于债券持有者而言，这个债券在今天的价值应该是多少呢？我们将这笔债券分解为两部分，并对支付的利息或年金部分进行估值。

每年的现金流 CF=600（元）(10,000元的本金×6%的票面利率)

每半年的现金流 CF=300（元）

每年的利率 r=5%或0.05

每半年的利率 r=2.5%或0.025

n=20个利息支付期间，每个期间为6个月

年金利息现值的计算公式为：

$$PV = CF/r - CF/[r \times (1+r)^n]$$

该公式可以理解为当下增长率为0的永续年金价值，即CF/r，减去债券到期时增长率为0的永续年金价值，即

$$CF/[r \times (1+r)^n]$$

年金存续期利息支付的价值：

$$PV = (300/0.025) - 300/(0.025 \times 1.025^{20})$$

$$= 4,676.75（元）$$

现在我们再看看在第10年底支付的本金：

CF=10,000（元）

每年的利率 r=5%

n=10（年）

m=2（因为每半年支付一次利息）

现值的公式是：

$$PV = CF_n/(1+r/m)^{nm}$$

债券于10年后结束时，支付的本金价值是：

$$PV = 10,000/[(1 + (0.05/2)]^{10 \times 2} = 10,000/1.025^{20}$$

$$= 6,102.71\ （元）$$

现在我们将上述两个部分加在一起，即可得到这笔债券在今天的价值。

年金的现值 = 4,676.75（元）

本金的现值 = 6,102.71（元）

债券的现值总额 = 4,676.75 + 6,102.71 = 10,779.46（元）

这 10,779.46 元代表了两组现金流的现值总额：按年利率 6% 每半年支付一次的利息，10 年期结束时支付的本金。考虑到债券持有者会收到这两组现金流，因此，如果折现率为 5%，那么，债券持有者愿意为此债券支付的价格应该是 10,779.46 元。请注意，折现率低于债券的息票率或利率，因此，这笔投资的价值超过了 10,000 元的债券面值。

换句话说，由于 5% 的折现率低于 6% 的债券年利率，因此，这笔投资的净现值（包含债券 10,000 元面值后的价值）大于零。

净现值 NPV = 相应现金流的价值 − 购买资产的成本

= 10,779.46 − 10,000 = 779.46（元）

当折现率 r = 5% 时，投资的净现值 NPV = 779.46（元）。

如果折现率 r = 6% 时，重新计算上述公式，我们得到的结果为净现值（NPV）= 0。回到之前针对内部收益率（IRR）的讨论，这笔债券的 IRR 应为 6%。考虑到 6% 的折现率等于债券的票面利率 6%，因此，这笔投资的净现值为零，即：

当折现率 r = 6% 时，投资的 NPV = 0

现在，我们再尝试一下 r = 7% 时的情况，你会发现，NPV = 710.62（元）。因为 7% 的折现率大于 6.0% 的利率，所以，投资的净现值小于 0。

当折现率 r = 7% 时，投资的 NPV = −710.62（元）

第四章
公司及行业分析方法

本章学习重点

◎ 掌握 SWOT 分析的基本概念，理解其对企业战略决策的重要性，学会运用 SWOT 分析框架对企业的优势、劣势、机会和威胁进行全面评估。

◎ 深入了解波特五力模型的五个关键要素，及其对企业竞争策略的影响。掌握如何分析供应商的议价能力、购买者的议价能力、潜在进入者的威胁、替代品的替代能力以及行业竞争者的竞争状况。

◎ 理解行业环境分析（PEST 分析）的四个维度，及其对行业发展的影响。掌握产业生命周期分析、价值链分析、波士顿矩阵分析、3C 分析方法和四象限分析方法，学会运用这些工具进行行业趋势预测和战略决策。

第一节　SWOT 分析

一、SWOT 分析的基本概念

（一）SWOT 分析的含义

SWOT 分析是一种综合考虑企业内部条件和外部环境的各种因素进行系统评价，从而选择最佳经营战略的方法。这里的“S”是指企业内部的优势（Strengths），“W”是指企业内部的劣势（Weakness），“O”是指企业外部环境的机会（Opportunities），“T”是指企业外部环境的威胁（Threats）。

企业内部的优势和劣势是相对于竞争对手而言的，一般表现在企业的资金、技术设备、员工素质、产品、市场、管理技能等方面。判断企业内部的优势和劣势一般有两项标准：一是单项的优势和劣势。例如，企业资金雄厚，则在资金上占优势；市场占有率低，则在市场上处于劣势。二是综合的优势和劣势。为了评估企业的综合优势和劣势，应选定一些重要因素，加以评价打分，然后根据其重要程度按加权平均法加以确定。

企业外部环境的机会，是指环境中对企业有利的因素，如政府支持、高新技术的应用、与购买者和供应者的良好关系等。企业外部环境的威胁，是指环境中对企业不利的因素，如新竞争对手的出现、市场增长缓慢、购买者和供应者讨价还价能力增强、技术老化等。

企业内部的优势和劣势及外部环境的机会和威胁形成了SWOT矩阵（见图4－1）。

优势	劣势
·企业拥有的专业市场知识 ·对自然资源的独有进入性 ·专利权 ·新颖的、创新的产品或服务 ·企业地理位置优越 ·由于自主知识产权所获得的成本优势 ·质量流程与控制优势 ·品牌和声誉优势	·缺乏市场知识与经验 ·无差别的产品和服务（与竞争对手比较） ·企业地理位置较差 ·竞争对手进入分销渠道并占据优先位置 ·产品或服务质量低下 ·声誉败坏
机会	**威胁**
·发展中国家新兴市场（如中国互联网） ·并购、合资或战略联盟 ·进入具有吸引力的新的细分市场 ·新的国际市场 ·政府规则放宽 ·国际贸易壁垒消除 ·某一市场的领导者力量薄弱	·企业所处的市场中出现新的竞争对手 ·价格战 ·竞争对手发明新颖的、创新性的替代产品或服务 ·政府颁布新的规则 ·出现新的贸易壁垒 ·针对企业产品或服务的潜在税务负担

图4－1　SWOT矩阵

（二）SWOT矩阵对应的战略安排

SWOT分析中最核心的部分是评价企业的优势和劣势，判断企业所面临的机会和威胁，并做出决策，即在企业现有的内外部环境下，如何最优地运用自己的资源，并且建立公司未来的资源。SWOT矩阵下的战略安排见图4－2。

第Ⅰ类型的企业具有很好的内部优势以及众多的外部机会，应当采取增长型战略，如开发市场、增加产量等。

第Ⅱ类企业面临良好的外部机会，却受到内部劣势的限制，应采用扭转型战略，可充分利用环境带来的机会，设法清除劣势。

第Ⅲ类企业内部存在劣势，外部面临威胁，应采用防御型战略，进

内部环境 \ 外部环境	机会	威胁
优势	增长型战略（SO） （Ⅰ）	多种经营战略（ST） （Ⅳ）
劣势	扭转型战略（WO） （Ⅱ）	防御型战略（WT） （Ⅲ）

图 4－2　SWOT 矩阵下的战略安排

行业务调整，设法避开威胁和消除劣势。

第Ⅳ类企业具有内部优势，但外部环境存在威胁，应采取多种经营战略，利用自己的优势，在多样化经营上寻找长期发展的机会；或进一步增强自身竞争优势，以对抗威胁。

二、 SWOT 分析的应用

（一） 内外部因素分析

对于外部因素分析，我们可使用 PEST 分析和波特五力分析等方法，得到企业外部环境中的机会与威胁。

对于内部因素分析，可应用“价值链 + 波士顿矩阵”的组合方法来得到企业内部环境的竞争优势与劣势。

（二） 形成 SWOT 矩阵

根据内外部因素分析的结果，我们可按照每一要素分别逐项列举要点形成完整的 SWOT 矩阵。关于要点列举的顺序，可以按照对企业影响的紧急程度、重要程度和关联程度分类，并依次定义优先级进行排序。

（三）战略分析

我们可以根据 SWOT 矩阵，对应不同的发展战略，讨论企业适宜的战略方针、目标以及竞争策略，并进行敏感性分析，最终得出最适合当下外部环境和内部因素的企业战略。

三、案例分析

2017—2023 年，中国新能源发电装机容量呈逐年上升趋势。国家发改委、国家能源局等部门陆续印发了支持新能源行业发展的政策，内容涉及新能源行业算力基础设施、发电项目管理、发电价格政策等。这些政策推动了新能源行业的快速发展，锂电池行业在全球新能源产业中发展势头强劲，特别是在电动汽车、电动轻型车、电动工具、消费电子和新型储能等行业的应用前景广阔，市场潜力巨大。宁德时代专注于动力电池系统、储能系统的研发、生产和销售，在全球动力电池市场中占据领先地位，市场占有率连续多年位居全球第一。截至 2024 年 9 月 30 日，宁德时代市值重返 1 万亿元人民币，位列 A 股第十位。下面我们以这家储能龙头企业为例，分析一下其内外部环境的状况。

优势（Strengths）方面：

宁德时代在动力电池领域的研发实力十分强大，且产品性能领先，公司不断加大技术研发投入，与国内外知名企业开展技术合作，不断提高自身技术实力；公司在材料体系、电池体系与系统结构等方面布局完善，且技术持续更新迭代，产品性能处于行业优势地位。宁德时代在全球动力电池市场中占据领先地位，市场占有率高达 36.7%，连续多年位居全球动力电池装车量榜首。宁德时代客户资源广泛，与国内外多家知名汽车品牌合作，包括特斯拉、宝马、奔驰等，拥有广泛的客户基础。宁德时代在 2023 年的中国动力电池系统专利公开量排名中位居榜首，专利公开量达到 2,769 件，同比增长 131.72%。截至 2022 年末，宁德时代拥有 5,518 项境内专利及 1,065 项境外专利。宁德时代财务稳健，2023 年预计实现净利润超 425 亿元，毛利率 22.9%，净利率 11.7%，同比增长 38% 以上。

劣势（Weaknesses）方面：

宁德时代的业务主要集中在动力电池领域，但动力电池市场需求的波动频繁，一旦市场需求下滑，公司业绩可能会受到较大影响。据高工产业研究院估计，2024 年中国锂电池产业链的有效产能利用率预计将低于 60%。宁德时代的产能利用率也面临下滑压力，2023 年上半年产能利用率虽同比增长 4.7 个百分点，至 65.3%，但较 2022 年同期仍下滑了 15.9 个百分点，产能过剩可能导致固定资产闲置、单位成本上升等问题。

机会（Opportunities）方面：

各国政府对于新能源汽车市场的扶持力度不断加大，为宁德时代提供了更多的发展机会和市场需求，同时全球新能源汽车销量稳步提升，2024—2027 年全球销量预计分别为 1,611 万、1,856 万、2,090 万、2,304 万辆，将带动动力电池需求增长。随着全球新能源装机的增长，为稳定电网供需平衡，有望推动储能市场发展，2024 年全球储能电池需求约为 231GWh，2027 年预计达 381GWh。

威胁（Threats）方面：

随着新能源汽车行业的发展，越来越多的企业进入动力电池领域，市场竞争日益激烈，宁德时代的市场份额面临被蚕食的风险，部分车企为降低成本、保障供应链安全，选择自研电池或引入更多供应商，导致宁德时代在一些车企中的配套占比有所下滑。在技术方面，尽管宁德时代在技术创新方面取得了显著成就，但随着行业的快速发展和技术的不断迭代，宁德时代仍需持续投入大量资源进行研发，才能保持领先地位，特别是在固态电池等前沿技术领域，宁德时代虽已研发推进多年，但目前仍面临一些有待解决的技术难题。宁德时代在海外市场也面临诸多风险与挑战，如美国等国家的贸易保护主义政策，可能限制其产品的进入或增加关税。此外，海外工厂的建设和运营也面临文化差异、法律法规的不同、市场需求变化等风险。宁德时代的主要产品是动力电池，其生产需要大量稀土和锂等原材料，这些原材料价格的波动可能会对宁德时代的成本和利润产生重大影响。

宁德时代是一家非常成功的中国企业，它在动力电池领域的领先地位显著，有中国企业少有的高市场占有率、高研发投入、强研发能力以及全球化的视野，一家2011年成立的公司如今已跻身A股前十的市值。宁德时代的成长史，是中国新能源产业崛起的缩影，是企业前瞻性布局与高效执行的典范。我们通过对宁德时代的SWOT分析，可了解企业背后的优势、劣势、机会和威胁，宁德时代属于Ⅳ类内部优势明显、外部存在威胁的企业，应采用多样化战略。利用自身的优势，在多样化经营上寻找机会，或进一步增强自身的竞争优势，宁德时代确实也在这些方面做了众多布局。2018年至今，宁德时代已经启动了28个重大投资项目，总投资预算超4,100亿元人民币，其中，单个项目预算超百亿元的多达20个，主要覆盖动力电池、储能电池、正负极材料、锂电池回收，以及海外研发和制造基地建设等多个领域。宁德时代从单一的动力电池制造，延伸至资源端、制造端、应用端，宁德时代的投资几乎覆盖了新能源行业的每一个关键环节。宁德时代基于自身在储能领域的优势进一步追求相关行业的多样化，通过打通上下游产业进一步增强自身优势。

第二节　波特五力分析

迈克尔·波特（Michael Porter）在《竞争战略》一书中，从产业组织理论的角度提出了产业结构分析的基本框架——五种竞争力分析。波特认为，在每个产业中都存在五种基本竞争力量，即潜在进入者、替代品、购买者、供应者与现有竞争者间的抗衡，如图 4－3 所示。

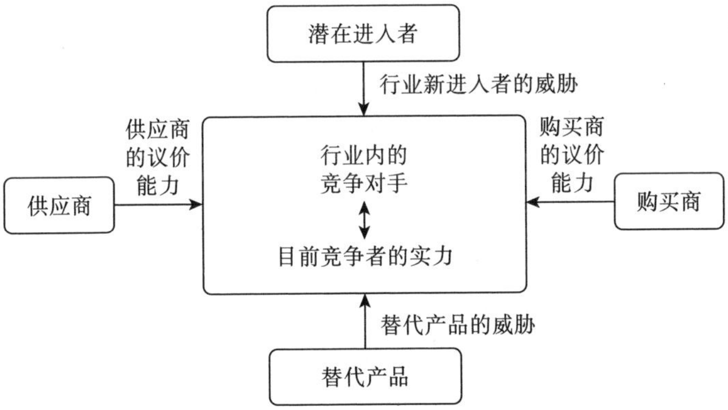

图 4－3　波特五力分析框架

一、潜在进入者的威胁

利润对于投资者来说是一个信号，利润的存在经常导致潜在进入者

（Potential New Entrants）进入该行业。潜在进入者将在两个方面减少现有厂商的利润：第一，进入者会瓜分原有的市场份额，获得一些业务；第二，进入者减少了市场集中，从而激发现有企业间的竞争，减少价格成本差。对于一个产业来说，进入威胁的大小取决于呈现的进入障碍与准备进入者可能遇到的现有在位者的反击。它们统称为进入障碍，前者称为“结构性障碍”，后者称为“行为性障碍”（见表4－1）。进入障碍是指那些允许现有企业赚取正的经济利润，却使产业的新进入者无利可图的因素。

表4－1　　两类进入障碍

<table>
<tr><td rowspan="4">进入障碍</td><td rowspan="3">结构性障碍</td><td>规模经济：规模经济是指在一定时期内，企业所生产的产品或劳务的绝对量增加时，其单位成本趋于下降。当产业规模经济很显著时，处于最小有效规模或者超过最小有效规模经营的老企业对于较小的新进入者有成本优势，从而构成进入障碍</td></tr>
<tr><td>现有企业对关键资源的控制：一般表现为对资金、专利或专有技术、原材料供应、分销渠道等资源及资源使用方法的占有</td></tr>
<tr><td>现有企业的市场优势：主要表现在品牌优势上。产品差异化、政策管制等因素都可能形成企业的市场优势</td></tr>
<tr><td>行为性障碍</td><td>行为性障碍指现有企业对进入者实施报复手段所形成的进入障碍，报复手段主要有限制进入定价和进入对方领域两类
● 限制进入定价主要表现为，在位企业试图通过实施低价来告诉进入者自己是低成本的，进入将无利可图
● 进入对方领域是寡头垄断市场上常见的一种报复行为，其目的在于抵消进入者首先采取行动可能带来的优势，避免对方的行动给自己带来风险</td></tr>
</table>

二、 替代品的威胁

产品替代有两类，一类是直接产品替代，另一类是间接产品替代。

①直接产品替代，即某一种产品直接取代另一种功能类似的产品，如苹果的 MacOS 系统可以成为微软 Windows 系统的替代品。

②间接产品替代，即由能起到相同作用的产品非直接地取代另外一些产品。如人工合成纤维取代天然布料。波特在这里所提及的对某一产业而言的替代品的威胁（Threat of Substitute Products），是指间接替代品。

直接替代品与间接替代品的界限并不一定十分清晰，取决于对产业边界的界定。因而，直接产品替代与间接产品替代只能是一个相对的概念。

替代品往往是新技术与社会新需求的产物。对于现有产业来说，这种替代威胁的严重性是不言而喻的。

老产品能否被新产品替代，或者反过来说，新产品能否替代老产品，主要取决于两种产品的性价比的比较。如果新产品的性价比高于老产品，新产品对老产品的替代就具有必然性，如果新产品的性价比一时还低于老产品，那么，新产品还不具备足够的实力与老产品竞争。

三、 供应商议价能力

供应商或客户的议价能力（Suppliers Bargaining Power）建立在产业价值链基础之上，产业价值链反映的是产品（或服务）从获取原材料开始到最终产品的分配和销售的过程，描述了厂商之间为生产最终交易的产品或服务，所经过的价值增值的活动过程。因此，产业价值链上的每个环节，都具有双重身份，对其上游单位，它是客户，对其下游单位，它是供应商。购买者和供应者讨价还价的主要内容将围绕价值增值的两个方面——功能与成本。讨价还价的双方都力求在交易中使自己获得更多的价值增值，因此，对购买者来说，其希望购买到的产品物美而价廉；而对供应者来说，其则希望提供的产品成本低而价高。

供应者讨价还价的能力大小取决于其以下实力：

（1）供应商对资源管控的集中程度。若供应商控制着产业中的大部分资源，其对于小规模的购买者来说便具有一定程度的议价能力。

（2）产品差异化程度。当供应者的产品存在差异，因而替代品不能与供应者所销售的产品相竞争时，供应者讨价还价的能力就会增强。

四、 购买者议价能力

购买者讨价还价的能力（Buyers Bargaining Power）大小取决于其以下实力：

（1）购买力的集中程度。当购买者的购买力集中，或者对卖方来说交易很可观时，该购买者讨价还价的能力就会增加。

（2）纵向一体化程度。如果购买者实行了部分一体化或存在后向一体化的现实威胁，在讨价还价中就处于能迫使对方让步的有利地位。在这种情况下，购买者对供应者不仅形成了进一步一体化的威胁，而且由于购买者自己生产一部分零件，从而使其具有详尽的成本知识，这对于谈判也极有帮助。同样，当供应者表现出前向一体化的现实威胁，也会提高其讨价还价能力。

（3）信息掌握的程度。当购买者充分了解需求、实际市场价格甚至供应商的成本等方面信息时，要比在信息贫乏的情况下掌握更多的讨价还价的筹码，保证自己从供应者那里得到最优惠的价格，并可以在供应者声称它们的经营受到威胁时予以回击。

五、 行业竞争者的竞争

大部分行业中的企业，相互之间的利益都是紧密联系在一起的，作为企业整体战略一部分的各企业竞争战略，其目标都在于使自己的企业获得相对于竞争对手的优势，所以，在实施中就必然会产生冲突与对抗现象，这些冲突与对抗就构成了现有企业之间的竞争（The Rivalry Among Competitors）。

在下面几种情况下，产业内现有企业的竞争可能是很激烈的：

（1）产业内有众多势均力敌的竞争对手；

（2）产业发展缓慢；

（3）顾客认为所有的商品都是同质的；

（4）产业中存在过剩的生产能力；

（5）产业进入障碍低而退出障碍高。

六、 案例分析

随着消费者对咖啡文化的认知和接受度的提高，中国的现磨咖啡市场需求持续增长。被称为逆风翻盘的现磨咖啡饮品龙头企业瑞幸咖啡，在2020年遭遇浑水做空和财务造假及退市的风波后，2022年完成债务重组，2023年门店迅速增加，突破1万家，2024年7月突破2万家，成为2024年价值增长最快的品牌。下面我们以这家高速发展的企业为例，分析一下其所处的竞争环境状况。

潜在进入者的威胁：

现磨咖啡饮品这类消费类产品，不像科技类公司存在技术壁垒，进入门槛不高，且中国咖啡市场的高速增长吸引了大量新玩家进入现磨咖啡饮品市场。但瑞幸不断推出符合中国消费者口味的咖啡并一直在创新，这种产品差异化策略增加了新进入者的市场进入难度。瑞幸咖啡在供应链管理方面具有优势，瑞幸在全球采购，并在国内多地建成了烘焙基地，力求实现在垂直供应链方面的整合，在保障了咖啡品质的同时控制成本，降低价格，提高了新进入者的门槛，毕竟，高效供应链的建立需要时间与资本的投入。

替代品的威胁：

瑞幸咖啡的主要替代品是茶以及其他类型的咖啡（如咖啡胶囊、速溶咖啡等），咖啡与茶在客群上有一定的重叠，茶饮品牌的强势可能会对瑞幸的目标客群造成一定冲击，尤其是新式茶饮，其多样化的口味以及与瑞幸类似的运营方式，与咖啡产品形成直接竞争。例如，蜜雪冰城在平价市场中占主导地位，而奈雪的茶和喜茶在高端市场中具有较高的市场份额。这些品牌通过不同的市场定位，可能会吸引原本可能选择咖啡的消费者。瑞幸也通过推出“小鹿茶”系列成功打入茶饮市场，同时，瑞幸将咖啡产品“饮料化”，并不断丰富自身的产品线，满足不同消费者的需求，从而应对替代品的威胁。

供应商议价能力：

瑞幸咖啡由于其大规模的采购量，对供应商具有较强的议价能力。瑞幸在全球范围内采购咖啡豆，绝大部分来自南美洲，供应商分散，这使瑞幸能够以较低的价格获得咖啡豆，同时减少对单一供应商的依赖。瑞幸与世界第三大粮食输出商路易达孚公司达成合作，在中国合资建设运营咖啡烘焙工厂，这种战略合作进一步增强了瑞幸与供应商的议价能力。

购买者议价能力：

瑞幸咖啡的客户群体主要为学生和白领，他们对咖啡价格较为敏感，且咖啡使用频率较高。中国咖啡市场竞争激烈，众多品牌与瑞幸咖啡展开价格竞争。此外，瑞幸还不断推出新品种和特色饮品，以满足消费者多样化的口味需求。尽管单个购买者并没有很强的议价能力，但因为消费者在市场上有很多可选项，瑞幸也需要通过高性价比且多样化的产品增加客单量和复购率。

行业竞争者的竞争：

瑞幸咖啡在中国本土的主要竞争对手除了早期抢占中国现磨咖啡市场的老牌连锁星巴克，还有新兴的本土品牌库迪咖啡、幸运咖、Manner、Seesaw 等。其中，库迪咖啡和幸运咖成立时间较短但发展迅速，都是采用低价营销策略来挑战瑞幸的市场地位。Manner 咖啡和 Seesaw 咖啡作为本土精品咖啡连锁品牌，注重咖啡品质和消费体验，锁定现磨咖啡中高端市场。各咖啡品牌通过不同的市场策略和产品定位争夺市场份额。尽管咖啡行业竞争很激烈，根据 2023 年全国的咖啡门店数量统计，瑞幸咖啡以占有率 9.5% 稳坐第一把交椅，远超过第二、三名（星巴克/库迪）分别 4% 左右的市场占有率。

从波特五力模型的分析中可以看出，瑞幸咖啡有较强的市场竞争力，但也面临激烈的市场竞争和替代品的潜在威胁。从高效的供应链管理到快速的产品迭代，瑞幸咖啡通过高科技、高效能、高质量的经营方式，快速成长为中国咖啡赛道的领军企业，被称为中国咖啡的“国货之光”。

第三节　行业分析

一、 行业环境分析

行业环境分析即 PEST 分析，是一种企业所处宏观环境分析模型。所谓 PEST，即政治（Politics）、经济（Economy）、社会（Society）和技术（Technology）。这些因素构成了企业的外部环境，一般不能被企业掌握。图 4 -4 展示了 PEST 方法的分析框架。

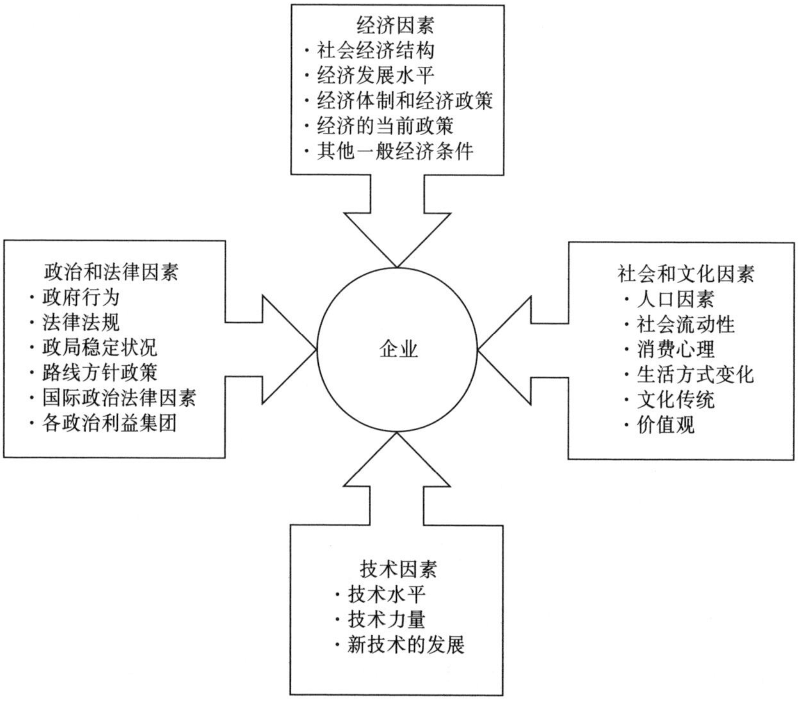

图 4 -4　PEST 分析框架

（一）政治和法律因素

政治和法律环境，是指那些制约和影响企业的政治要素和法律系统，及其运行状态（见表4－2）。政治环境包括国家的政治制度、权力机构、颁布的方针政策、政治团体和政治形势等因素。法律环境包括国家制定的法律、法规、法令以及国家的执法机构等因素。政治和法律因素是保障企业生产经营活动的基本条件。在一个稳定的法治环境中，企业能够真正通过公平竞争，获取自己正当的权益，并得以长期稳定的发展。国家的政策法规对企业的生产经营活动具有控制、调节作用，同一个政策或法规，可能会给不同的企业带来不同的机会或制约。

表4－2　　政治和法律因素分析要点

因素	分析要点	
政治环境	政局稳定状况	—
	政府行为对企业的影响	政府如何拥有国家土地、自然资源
	执政党所持的态度和推行的基本政策	例如产业政策、税收政策、进出口限制等
	各政治利益集团对企业活动产生的影响	一方面是通过立法影响；另一方面是通过舆论、法律等影响
	政府对文化与宗教的关注程度	—
	政府是否与其他组织签订过贸易协定	例如欧盟（EU）、北美自由贸易区（NAFTA）、东盟（ASEAN）等
法律环境	保护企业，反对不正当竞争	反垄断法
	保护消费者	食品安全法
	保护员工	劳动合同法
	保护公众权益免受不合理企业行为的损害	如直销管理条例

（二）经济环境

经济环境是指构成企业生存和发展的社会经济状况及国家的经济政策，包括社会经济结构、经济发展水平、经济体制、宏观经济政策、当前经济状况和其他一般经济条件等要素。与政治法律环境相比，经济环境对企业生产经营的影响更直接、更具体（见表4－3）。

表4－3　　经济环境分析要点

因素	分析要点
社会经济结构	指国民经济中不同的经济成分、不同的产业部门及社会再生产各方面在组成国民经济整体时相互的适应性、量的比例及排列关联的状况，主要包括产业结构、分配结构、交换结构、消费结构、技术结构
经济发展水平	指一个国家经济发展的规模、速度和所达到的水平，主要指标有国内生产总值（GDP）、国民收入、人均国民收入和经济增长速度
经济体制	国家经济组织的形式，规定了国家与企业、企业与企业、企业与各经济部门之间的关系
宏观经济政策	是指实现国家经济发展目标的战略与策略，包括综合性的全国发展战略和产业政策、国民收入政策、价格政策、物资流通政策等
当前经济状况和其他经济影响因素	包括税收水平、通货膨胀率、贸易差额和汇率、失业率、利率、信贷投放以及政府补助等
其他一般的经济条件和趋势	例如工资、供应者及竞争对手的价格变化

（三）社会和文化环境

社会和文化环境是指企业所处的社会结构、社会风俗和习惯、信仰和价值观念、行为规范、生活方式、文化传统、人口规模与地理分布等因素的形成和变动。社会和文化环境对企业生产经营的影响是不言而喻的。例如，人口规模、社会人口年龄结构、家庭人口结构、社会风俗对消费者消费偏好的影响等是企业在确定投资方向、产品改进与革新等重大经营决策时必须考虑的因素。

社会和文化环境因素的范围很广，主要包括人口因素、社会流动性、消费心理、生活方式变化、文化传统和价值观等（见表4－4）。

表4－4　　社会和文化环境因素分析要点

因素	分析要点
人口状况	企业所在地居民的地理分布及密度、年龄、教育水平、国籍等。对人口因素分析的指标主要有结婚率、离婚率、出生率和死亡率、平均寿命、年龄地区分布、民族性别比例、教育水平和生活方式的差异等
社会流动性	社会的分层情况、各阶层之间的差异以及人们是否可在各阶层之间转换、人口内部各群体的规模、财富及其构成的变化以及不同区域（城市、郊区及农村地区）的人口分布等
消费心理	例如，一部分顾客的消费心理是在购物过程中追求有新鲜感的产品多于满足其实际需要的产品，因此，企业应有不同的产品类型以满足不同顾客的心理需求
生活方式变化	人们对社交、自尊、求知、审美等精神需求越来越强烈，随即给企业带来了新的机遇和挑战
文化传统	一个国家或地区在较长历史时期内形成的一种社会习惯，它是影响经济活动的一个重要因素。例如，中国的春节、西方的圣诞节就为某些行业带来商机
价值观	指社会公众评价各种行为的观念和标准。不同的国家和地区人们的价值观存在差异，例如，西方国家的个人主义较强，而日本的企业则注重内部关系融洽等

（四）技术环境

技术环境是指企业所处环境中的科技要素及与该要素直接相关的各种社会现象的集合，包括国家科技体制、科技政策、科技水平和科技发展趋势等。在科学技术迅速发展变化的今天，技术环境对企业的影响可能是创造性的，也可能是破坏性的，企业必须要预见这些新技术给企业等带来的变化，并在战略管理上做出相应的战略决策，以获得新的竞争优势。

市场或行业内部和外部的技术趋势与事件会对企业战略产生重大影响（见表4－5）。某个特定行业内的技术水平在很大程度上决定了应生产哪种产品或提供哪种服务，应使用哪些设备以及应如何进行经营管理。

表4－5　技术环境分析要点

因素	分析要点
科技要素对传统行业模式的重构	科技是否降低了产品和服务的成本，并提高了质量 科技是如何改变分销渠道的，例如网络书店、机票、拍卖等 科技是否为企业提供了一种全新的与消费者进行沟通的渠道，例如Banner广告条、CRM软件等
技术对企业内部运营效率的提升	例如，使用数据库或自动化系统来获取数据，能够更加准确地进行分析
技术对行业需求的影响	新技术的出现使社会和新兴行业对本行业产品和服务的需求增加，从而使企业可以扩大经营范围或开辟新的市场
技术对产品的影响	技术进步可导致现有产品被淘汰，或大大缩短产品的生命周期

二、 产业生命周期分析

生命周期指行业从出现到完全退出社会经济活动所经历的时间。行业的生命发展周期主要包括四个发展阶段，即幼稚期、成长期、成熟期、衰退期。

行业的生命周期曲线（见图4－5）忽略了具体的产品型号、质量、规格等差异，仅仅从整个行业的角度考虑问题。行业生命周期还能够以成熟期中部为节点，划分为成熟前期和成熟后期。在成熟前期，几乎所有行业都具有类似S形的生长曲线，而在成熟后期则大致分为两种类型：第一种类型是行业长期处于成熟期，从而形成稳定型的行业；第二种类型是行业较快进入衰退期，从而形成迅速衰退的行业。行业生命周期是一种定性的理论，行业生命周期曲线是一条近似的假设曲线。

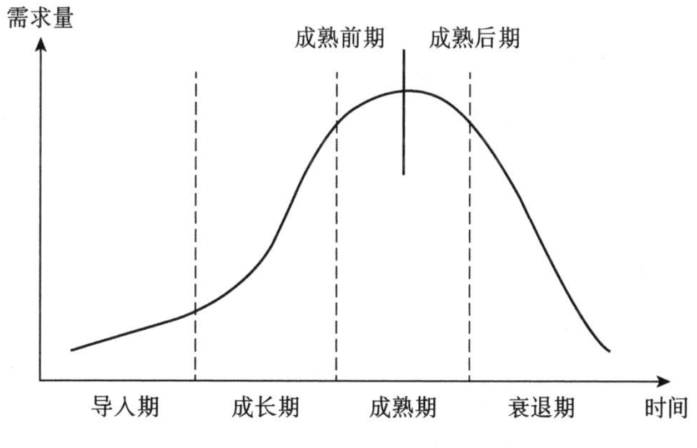

图4－5　产业生命周期曲线

在产业生命周期的不同阶段，其具有不同的市场特征，具体如表4－6所示。

表 4-6　　生命周期阶段特征

生命周期阶段	特征
导入期	大众对产品缺乏认识 市场需求较小 公司销售收入较低，亏损的可能性很大 市场风险很大 投资规模小 处于此阶段的行业适合投机者和创业投资
成长期	产品已经为大众所认识，但需要不断进行产品的更新换代 市场需求逐步扩大 公司销售收入迅速增长，成长期初期企业仍处于亏损或微利状态，然后利润增长很快 市场风险很大 对投资的需求很强烈 投资于优势企业常常获得较理想的回报
成熟期	产品的成熟是成熟期的标志 行业生产能力接近饱和，市场也趋于饱和，买方市场出现，行业增长速度降到一个适度水平 市场竞争趋于垄断或相对垄断，少数大企业分享高额利润 市场风险较低 对投资的需求不大 投资于成熟期行业常常获得高额的回报
衰退期	大量替代产品出现，而目前产品的更新换代没有跟上 市场需求逐渐减少 主要企业的销售收入不断下降，利润水平停滞不前或下降 市场风险增加 投资不适合大量介入

三、价值链分析

迈克尔·波特在《竞争优势》一书中引入了“价值链”的概念。波特认为，企业每项生产经营活动都是其创造价值的经济活动。那么，企业所有的互不相同但又相互关联的生产经营活动，便构成了创造价值的一个动态过程，即价值链。

（一）价值链的内涵

价值链分析将企业的生产经营活动分为基本活动和支持活动两大类（见图 4－6）。

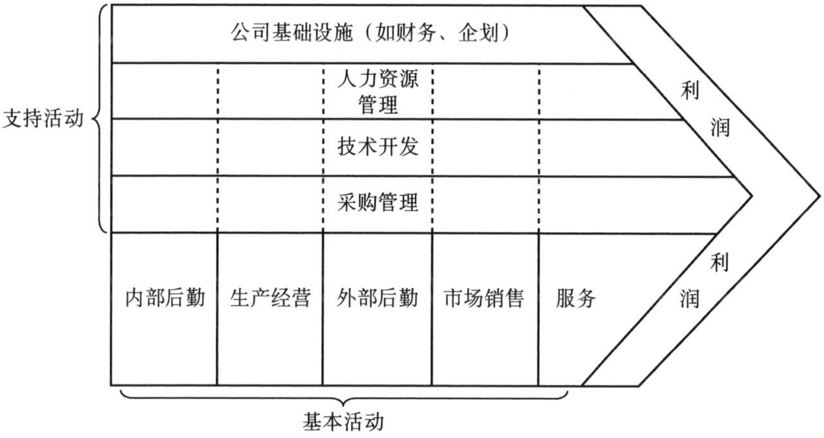

图 4－6　价值链示意图

对于每一大类下的价值链要素，可按照经济业务的性质分为不同子类，每一子类的具体含义如表 4－7 所示。

表4－7　价值链要素

经营活动类别		含　义
基本活动	内部后勤	又称进货物流，是指与产品投入有关的进货、仓储和分配等活动，如原材料的装卸、入库、盘存、运输以及退货等
	生产经营	指将投入转化为最终产品的活动，如机加工、装配、包装、设备维修、检测等
	外部后勤	又称出货物流，是指与产品的库存、分送给购买者有关的活动，如最终产品的入库、接受订单、送货等
	市场销售	指促进和引导购买者购买企业产品的活动，如广告、定价、销售渠道等
	服务	指与保持和提高产品价值有关的活动，如培训、修理、零部件的供应和产品的调试等
支持活动	采购管理	这里的采购是广义的，既包括原材料的采购，也包括其他资源投入的购买与管理。例如，企业聘请咨询公司为企业进行广告策划、市场预测、管理信息系统设计、法律咨询等都属于采购管理
	技术开发	指可以改进企业产品和工序的一系列技术活动。这也是一个广义的概念，既包括生产性技术，也包括非生产性技术。因此，企业中每项生产经营活动都包含着技术，只不过其技术的性质、开发的程度和使用的范围不同而已。有的属于生产方面的工程技术，有的属于通信方面的信息技术，还有的属于领导的决策技术。这些技术开发活动不仅与企业最终产品直接相关，而且支持着企业全部的活动，成为判断企业竞争实力的一个重要因素
	人力资源管理	指企业职工的招聘、雇用、培训、提拔和退休等各项管理活动。人力资源管理支持着企业中每项基本活动以及整个价值链，并且在调动职工生产经营的积极性上起着重要的作用，可以影响企业的竞争实力
	基础设施	指企业的组织结构、惯例、控制系统以及文化等。企业高层管理人员往往能在这些方面发挥重要的作用，因此高层管理人员也被视作基础设施的一部分。企业的基础设施与其他支持活动有所不同，它一般是用来支撑整个价值链的运行，即所有其他的价值创造活动都通过基础设施进行。在多元经营的企业里，公司总部和经营单位各有自己的基础设施

（二）企业价值链的分解与整合

价值链中的每一项活动都能进一步分解为某些相互分离的活动，例如可将市场销售分解为广告推广、促销手段和销售人员管理等。

在确定有关价值活动之前，要根据该活动在技术特征或经济效果方面的不同，将可分离的活动分解出来。如生产或营销这样广义的职能应该进一步细分为某些活动。这些活动的再分解又能够达到范围日趋狭窄的活动的层次，这些活动在一定程度上相互分离。

分解的适当程度依赖于这些活动的经济性和分析价值链的目的。分离这些活动的基本原则是：

（1）具有不同的经济性；

（2）对产品差异化产生很大的潜在影响；

（3）在成本中所占比例很大或所占比例在上升。

如果分解某些活动对揭示企业竞争优势的作用明显，那么对这些活动的分解就非常重要；相反，如果分解这些活动被证明对揭示竞争优势无足轻重或这些活动具有相似的经济性，那么这些活动就没有必要分解，而是可以被组合起来。

四、波士顿矩阵分析

波士顿矩阵（BCG Matrix），又称市场增长率－相对市场份额矩阵，是由美国著名的管理学家、波士顿咨询公司创始人布鲁斯·亨德森（Bruce Henderson）于1970年首创的一种用来分析和规划企业产品组合的方法。这种方法的核心在于，解决如何使企业的产品品种及其结构适合市场需求的变化，并如何将企业有限的资源有效地分配到合理的产品结构中，以保证企业收益，是企业在激烈竞争中能否取胜的关键。

（一）波士顿矩阵的含义

波士顿矩阵认为一般决定产品结构的基本因素有两个，即市场引力与企业实力。市场引力包括市场增长率、目标市场容量、竞争对手强弱及利润高低等。其中，最能反映市场引力的综合指标是市场增长率，它是决定企业产品结构是否合理的外在因素。

企业实力包括企业市场占有率以及技术、设备、资金利用能力等，其中，市场占有率是决定企业产品结构的内在要素，它直接显示出企业竞争实力。市场增长率与市场占有率既相互影响，又互为条件：市场引力大，同时市场占有率高，显示出产品发展的良好前景，企业也相应具备较强的实力；市场引力大，而市场占有率低，则说明企业尚无足够实力，该产品也无法顺利发展；企业实力强，但市场引力小，则预示该产品的市场前景不佳。

波士顿矩阵将企业所有产品从市场增长率和市场占有率角度进行再组合，如图 4 –7 所示。

<table>
<tr><td colspan="2" rowspan="2"></td><td colspan="2">相对市场占有率</td></tr>
<tr><td>高</td><td>低</td></tr>
<tr><td rowspan="2">市场增长率</td><td>高</td><td> ☆需要继续投入资源以稳固市场份额</td><td> ☆尚未打开市场
☆发展潜力较大
☆需加大投入获取市场或出售</td></tr>
<tr><td>低</td><td> ☆资源投入较少
☆企业的主要经济来源</td><td> ☆衰退类业务
☆撤退战略
☆可将此类业务单元合并，统一管理</td></tr>
</table>

图 4 –7　波士顿矩阵

波士顿矩阵的纵轴表示市场增长率，它是指企业所在产业某项业务前后两年市场销售额增长的百分比。这一增长率表示每项经营业务所在市场的相对吸引力。通常用10%作为增长率高、低的界限。横轴表示企业在产业中的相对市场占有率，是指企业某项业务的市场份额与这个市场上最大竞争对手的市场份额之比。这一市场占有率反映企业在市场上的竞争地位。相对市场占有率的分界线为1.0（在该点本企业的某项业务的市场份额与该业务市场上最大竞争对手的市场份额相等），该分界线将市场占有率划分为高、低两个区域。横轴之所以采用相对市场占有率而不采用绝对市场占有率，是考虑到企业不同产品所在产业的集中度差异，绝对市场占有率不能准确反映企业在所处产业中实际的竞争地位。

根据有关业务或产品的市场增长率和企业相对市场份额标准，波士顿矩阵把企业全部经营业务定位在四个区域中，即：

（1）高增长—强竞争地位的“明星”业务。这类业务处于迅速增长的市场，具有很大的市场份额。在企业的全部业务中，“明星”业务的增长和获利有着极好的长期机会，但它们是企业资源的主要消费者，需要大量的投资。为了保护和扩展“明星”业务在增长的市场上的主导地位，企业应在短期内优先供给它们所需的资源，支持它们继续发展。

（2）高增长—弱竞争地位的“问题”业务。这类业务通常处于最差的现金流量状态。一方面，其所在产业的市场增长率高，需要企业大量投资以支持其生产经营活动；另一方面，其相对市场占有率低，能够获得的资金很少。因此，企业对于“问题”业务的进一步投资需要进行分析，判断使其转移到“明星”业务所需要的投资量，分析其未来盈利能力，研究是否值得投资等问题。

(3) 低增长—强竞争地位的“现金牛”业务。这类业务处于成熟的低速增长的市场中，市场地位有利，盈利率高，本身不需要投资，反而能为企业提供大量资金，用以支持其他业务的发展。

(4) 低增长—弱竞争地位的“瘦狗”业务。这类业务处于饱和的市场当中，竞争激烈，可获利润很低，不能成为企业资金的来源。

(二) 波士顿矩阵分析方法的优势与劣势

波士顿矩阵分析方法的优势：将企业不同的经营业务综合在一个矩阵中，具有简单明了的效果。该矩阵指出了每个业务经营单位在竞争中的地位、作用和任务，从而使企业能够有选择地集中运用有限的资金。每个业务经营单位也可以从矩阵中了解自己在总公司中的位置和可能的战略发展方向。

但该方法也有其劣势，主要体现在：

(1) 在实践中，企业要确定各业务的市场增长率和相对市场占有率是比较困难的。

(2) 波士顿矩阵过于简单。首先，它用市场增长率和企业相对市场占有率两个单一指标分别代表产业吸引力和企业竞争地位，不能全面反映企业这两方面的状况；其次，两个坐标的划分都只有两个位级，划分过粗。

(3) 波士顿矩阵暗含了一个假设：企业的市场份额与投资回报是正相关的。但在有些情况下这种假设是不成立或不全面的。一些市场占有率小的企业如果实施创新、差异化和市场细分等战略，仍能获得很高的利润。

（4）波士顿矩阵的另一个条件是，资金是企业的主要资源，但在许多企业内，要进行规划和均衡的重要资源不是现金而是时间和人员的创造力。

五、3C 分析方法

3C 分析法，也被称为3C 模型，是英文 Customer（顾客）、Competitor（竞争对手）、Company（公司）的缩写，是由日本组织理论家 Kenichi Ohmae 最早提出的（见图 4－8）。它是一个被广泛应用于各行业领域的分析模型，这一理论强调了在市场分析中，理解和平衡顾客需求、竞争对手和公司自身资源的重要性。

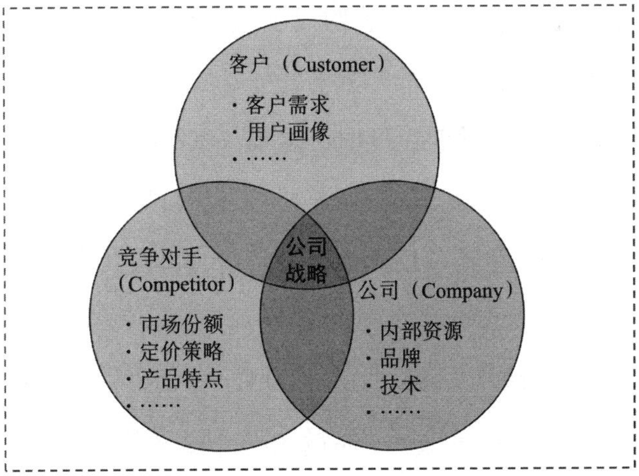

图 4－8　3C 分析法

3C 分析法首先要求深入洞察客户的需求，包括洞察客户的购买行为、消费心理、满意度等，以便企业能够精准地满足客户需求，提升客户满意度；其次，对竞争对手的策略、产品、市场份额等进行全面分析，找出自身的优势和劣势，从而制定有效的竞争策略；最后，它要求企业明确自身的核心能力和资源，了解自身的市场定位、产品特点以及运营状况。

3C分析法一般被用作指定经营战略，其核心在于将公司、客户和竞争对手整合在同一个战略内，通过协调内部和外部资源，创造可持续的竞争优势。其中，内部资源是指本公司的资源，如技术、品牌、人力等，外部资源指客户资源、市场情况等。结合公司内部资源与用户情况，可以分析出公司自身在该市场的优势；通过分析竞争对手和用户情况，可以分析出对手的优势。如果在本公司和竞争对手都涉及的领域，则公司需要更多的价格优势来获得客户。

公司本身、顾客和竞争对手构成了战略的三角形，Kenichi Ohmae认为：根据战略三角内容，战略家的任务是要在决定经营成功的关键因素上，取得相对的竞争优势，同时必须确保其战略能使公司的力量和某一确定市场的需求相配合，使市场需要与公司目标彼此协调，这对建立持续稳定的良性关系是不可少的；否则公司的长期战略将可能处于危险之中。

通过3C分析法制定合适的公司战略，可以更好地满足客户需求，努力与竞争对手形成差异化，从而最大限度地发挥本企业自身的优势，以提升企业的竞争力和市场份额。

六、案例分析

能源行业是一个涉及能源生产、转换、分配和使用等多个环节的广泛领域，它对经济和社会的发展具有基础性作用，世界上几乎所有的生产活动都需要以能源作为动力。目前，全球能源行业正经历着从传统化石能源向清洁、低碳、高效能源的转型，其中，可再生能源尤其是太阳能、风能和水能，正在成为能源消费的主力军。全球新能源领域的关键技术，如光伏技术、储能技术和智能电网技术，正在不断取得突破，推动能源行业的发展。

与此同时，中国大力发展清洁能源，风电、光伏跃升发展，重大水电项目有序推进，核电在运在建规模升至世界第一，新型电力系统加快构建。中国的能源转型有力地支撑了经济社会的高质量发展，2024 年中国新能源行业累计装机规模达 19 亿千瓦，中国在新能源技术及产业方面取得了快速发展，建成了完备的风电、光伏全产业链研发设计和集成制造体系，光伏电池技术转换效率多次刷新世界纪录。如果我们从波士顿矩阵的角度分析中国能源行业中不同的能源类型，根据市场增长率和相对市场份额，能源类型可以分为四个象限。

明星（Stars）：

中国的新能源行业，尤其是光伏和风能领域，近年来增长迅速，市场份额不断扩大。光伏组件出货量前十名厂商中，中国企业包揽八席，显示出中国在全球光伏行业中的领先地位。因此，光伏和风能可以被视为明星业务，具有高市场增长率和高市场份额。

现金牛（Cash Cows）：

水电作为传统非化石能源，尽管增速放缓，但依然保持了一定的规模，且由于其稳定的发电能力和成熟的技术，可以被视为“现金牛”业务。核电发展稳定，为能源供应提供了清洁的基荷电力，也可以归类为“现金牛”业务。

问题（Question Marks）：

氢能和生物质能这些能源形式虽然具有发展潜力，但目前市场规模相对较小，技术成熟度和市场接受度还在发展中，因此可以被视为问题业务。生物质发电装机容量持续增长，为可再生能源多元化提供了支持。

瘦狗（Dogs）：

由于全球能源绿色低碳转型的推进，煤炭等高碳能源的市场份额和增长潜力都在下降。中国虽然以煤炭为主要能源，但在“双碳”目标的政策导向下，煤炭行业面临转型压力，可以被视为“瘦狗”业务。

风电、光伏作为中国能源行业的明星业务，根据PEST模型，我们可以从政治、经济、社会和技术四个维度分析中国风电和光伏能源行业的现状。

政治环境（Political）方面：

中国政府大力推动风电和光伏发电的发展，将其作为清洁能源的主力军。政府规划了大型风电、光伏基地项目，并推进海上风电规模化集群化发展。此外，政府还积极推进分布式新能源发展，如“千乡万村驭风行动”和“千家万户沐光行动”，推广“光伏+农业”新模式。中国立足基本国情和发展阶段，推动能源转型，构建多元清洁、安全韧性的能源供给新体系。

经济环境（Economic）方面：

随着全球对可再生能源重视的加深，中国风电和光伏行业市场需求旺盛、持续增长。近年来，在碳达峰、碳中和的顶层设计指引下，各项光伏、风电行业的支持性政策频出，通过指导装机规模、制定行业标准、提供财政补贴、政策优惠等途径扶持新能源行业的成长与发展。国家能源局提出通过分时电价机制引导和鼓励用户削峰填谷，增加“光伏＋储能”的收益水平，以确保中国未来光伏行业的健康发展。风电方面，近年我国全球陆风单位造价下降49%，海风单位造价下降48%，平准化电力成本（LCOE）也显著下降，具有国际顶尖水平的风电产业体系，在成本方面具有明显优势。

社会环境（Social）方面：

中国社会对环境保护和绿色发展的意识不断提升，推动了新能源产业的发展，中国社会对清洁能源需求日益增长，清洁能源消费占比持续提升，2021年水电、核电、风电及太阳能发电等清洁能源消费量占能源总消费量的25.5%。中国对原油需求的增长早已打破了能源自给自足的供求格局，发展新能源也提升了国家战略高度，使中国在世界能源市场中的竞争力得以增强，减小了潜在的国际局势动荡所带来的负面影响。

技术环境（Technological）方面：

中国在风电和光伏领域取得了显著的技术进步。风电方面，风电机组的单机容量不断增加，陆上风电机组最大单机容量突破10兆瓦，大型化和高效化成为重要趋势。同时，智能化和数字化技术的应用也推动了风电设备的运维效率和管理水平的提升。中国的风电叶片产能占全球市场的64%、齿轮箱产能约占全球的80%，发电机产能约仝球的73%。未来，中国将把海上风电作为未来技术创新与产品研发的关键领域，构网型与漂浮式技术研发的持续推进，为风电发展打开了更大空间。光伏方面，高效晶体硅、钙钛矿等光伏电池技术转换效率多次刷新世界纪录，量产先进晶体硅光伏电池转换效率超过了25%。另外，中国光伏也正面临一系列技术创新的挑战，如提高光伏电池的转换效率、降低生产成本、提高系统的可靠性和安全性等。技术创新是推动光伏电站行业发展的关键因素，柔性光伏、双面光伏等新型光伏技术的出现，也为行业带来了新的增长点。

行业的发展需要经过很多个阶段（即上文提到的行业生命周期的四个阶段：幼稚期、成长期、成熟期、衰退期），纵观中国几十年的光伏发展历史，可以发现中国光伏行业已经经历了幼稚期和成长期，目前正处于成熟期。

幼稚期：

1970—2004年，是中国光伏行业的幼稚期，在这个期间，中国的太阳能电池技术主要从航空领域向民用领域过渡。进入21世纪，全球环境问题的加剧催生了各国政府推出的再生能源补贴政策，光伏开始步入高速发展。中国在这个时期也开始逐步建立与国际合作的框架，为光伏产业的后续发展打下基础。国内陆续成立了一些民用太阳能电池厂，标志着中国光伏产业的初步探索和起步。在幼稚期，中国的光伏产业市场需求主要依赖国际市场，尤其是欧洲市场的需求拉动，国内生产制造业的发展在很大程度上依赖国外市场，形成了“两头在外”的现象。

成长期：

中国光伏行业的成长期大致从2004年开始。中国光伏行业在成长期内受到欧洲市场需求的拉动起步，尤其是无锡尚德在美国上市后产生的“首富效应”，成为中国光伏产业的加速器。同时，中国政府出台了一系列政策来支持光伏行业的发展。2006 年，《中华人民共和国可再生能源法》的实施为光伏产业的发展提供了法律保障，推动了可再生能源市场的建立和发展。此外，为了支持促进光伏发电产业技术进步和规模化发展，2009 年我国推出“金太阳工程”政策，这一时期，全球环境问题的加剧催生各国政府推出了再生能源补贴政策，光伏开始步入高速发展。在技术层面，中国光伏行业在成长期内取得了显著成就，中国光伏产业专利申请总量累计为 16. 8 万件，有效专利量为 7. 3 万件，有效发明专利量为 2. 2 万件，均位居全球首位。在成长期内，中国光伏产业实现了从无到有、从有到强的跨越式大发展，建立了完整的市场环境和配套环境。

成熟期：

中国光伏的成熟期大概是从 2013 开始的，因为 2013 年国务院提出“分布式光伏发电”和“光伏电站”的二分法，并分类制定电价和补贴政策，出台了被称为“国八条”的政策文件，明确光伏产业是具有国际竞争优势的战略性新兴产业，催生了中国光伏应用市场的黄金时代。随着全球对可再生能源重视程度的日益加深，光伏电站作为清洁、可再生的能源形式，受到了广泛关注和追捧。特别是在中国，国家对新能源产业的扶持力度不断加大，光伏电站的装机容量和并网规模持续快速增长，市场需求保持稳步上升。中国光伏发电行业市场集中度较高，主要集中在几家领军企业手中。这些企业在产能、出货量及市场份额上占据显著优势，构成行业的第一梯队，比如晶科能源、隆基绿能、天合光能、晶澳科技等企业在光伏组件、光伏电池等关键产品的生产和销售上具有显著优势，出货量大幅领先其他企业，是行业的领头羊。

中国光伏行业尚未进入衰退期。光伏行业目前处于平价上网期（2019 年至今），平价上网期标志着光伏行业从依赖补贴的起步阶段已发展到平价上网的成熟阶段，它标志着光伏行业从依赖政策支持向市场化竞争的转变，光伏平价上网的实现依赖光伏技术的进步和成本的持续下降。随着技术的不断进步和市场的拓展，光伏发电的应用场景将更加多元化。除了传统的集中式光伏电站外，分布式光伏和户用光伏市场将快速发展。同时，光伏产业还将与其他产业深度融合，形成更加丰富的应用场景。

第五章
战略型交易与分析

本章学习重点

◎ 理解战略型交易的概念和类型，掌握收购现有企业和创建全新企业的区别，以及这些交易如何影响公司的整体战略和财务状况。

◎ 掌握战略型交易的意义，包括增加股东价值和协同效应，了解协同效应的类型，如成本协同效应和收入协同效应，以及相关计算。

◎ 掌握战略型交易的分析方法，包括战略依据分析、估值分析、社会问题分析、影响力等。

第一节　战略型交易

一、什么是战略交易

（一）公司战略规划

每个公司，无论大小，都应该有自己的战略愿景或者说战略规划。这个战略规划的主要目标之一应该是改善、维护甚至是加强公司的市场领导地位，提高公司盈利能力和延长公司增长轨迹，从而提高股东价值。

战略规划超越了地域扩张计划和新产品创意，它也不再限于公司的财务预测。相反，公司的战略规划是解决一个基本问题的路线图：公司希望成为什么类型的企业，以及公司如何在未来 5 到 10 年内实现这个目标。

战略规划必须考虑增加股东价值的愿望，从而吸引股权投资者，并为债务投资者提供互补性的融资策略。战略性交易是指为实施公司战略规划而采取的任何行动。这种行动既可以是小规模的（比如出售一家制造厂），也可以是大规模的（比如和另一家公司进行合并）。除建立、购买或出售资产外，战略行动还可以和融资相关，比如说，实施主动型股票回购计划或资本重组的决策。战略性交易的价值由很多指标衡量，其中最重要的当属公司股票价格或是股权价值。

实施战略性规划所形成的产品，通常是制定未来 5 到 10 年财务预测的“基准情景”。基准情景预测应包括最有可能的经营和财务战略。其他情景还包括悲观情景和乐观情景，它们通常是对基准情景进行敏感性分析的参照。战略性规划通常每年更新一次，汇集全公司范围最可能的经营和财务方案。因此，基准方案情景下的战略规划和财务预测成为整个年度内的规划工具。

（二） 战略性和融资性交易

公司可以使用战略性交易和融资性交易实现股东价值的最大化（见图5－1）。战略性交易还可以进一步划分为两大类：

（1）增强或发展企业的交易，如战略性收购；

（2）剥离或重组业务性的交易，如出售非核心部门。

融资性交易也可以划分为两大类：

（1）为增长提供资金的交易，如大规模的股份发行；

（2）调整资本结构的交易，如股票回购计划。

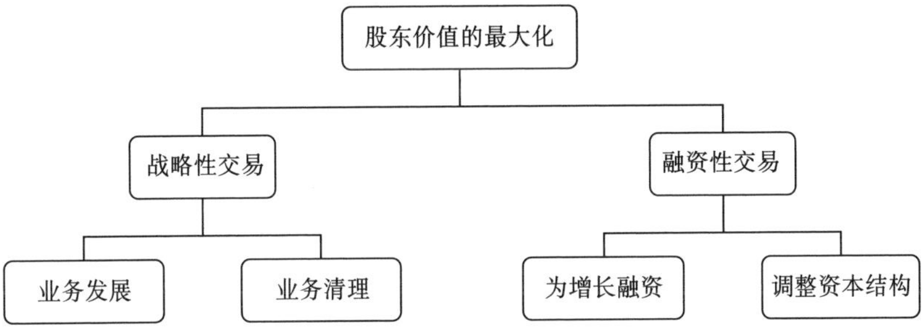

图5－1　股东价值的最大化

有关企业增长、处置和资本结构调整的具体交易示例如表5－1所示。为尽可能地保持灵活性，很多公司始终在不断尝试多元化的战略方案。当一家公司选择双重发展路径时，它就需要制订两种甚至是三种方案，并对每一种方案的预期实施情况做出判断。通过这种方式，公司就为执行一系列战略方案做好了准备，并根据市场形势确定一到两种方案作为最终决策路径。由于很多公司采用了双重路径的方式，因此，企业顾问必须精通如表 5－1 所示的所有战略方案。

表 5－1　　以股东价值最大化为目标的战略方案

战略性方案	融资性方案
企业发展	为增长融资
有机增长	私募基金
投资于研究和开发	银行借款
战略联盟	发行公开债券
创业企业	公开发行股票
收购资产	发行私募股份
战略性收购	对负债进行管理
处置业务	调整资本结构
出售主要子公司	特殊股利
分立或剥离主要子公司	调整股利政策
对主要子公司进行单独的 IPO	大规模回购股份
跟踪股票价格走势	持续性地回购股份
处置企业换取现金	大规模调整资本结构
	杠杆收购

二、企业的创建与收购

为实现业务发展，公司管理层必须在收购现有企业和创建全新企业之间做出选择。收购现有企业可以让公司在较短时间内满足某些战略目标，而创建新企业则允许公司完全按自己的意愿开发新的产品或服务。收购现有企业和创建全新企业之间并不是相互排斥的，很多成功的公司既是主动收购者，又是积极的创建者。创建与收购的部分优势如表5－2所示。

表5－2　　　　创建与收购的部分优势对比

创建新公司的优势	收购现有企业的优势
1. 可完全控制企业的运营方式、产品的制造方式以及对待客户的方式 2. 无须为收购而来的公司支付控制权溢价 3. 拥有所有权带来的声誉 4. 保护专有技术（如华为公司） 5. 可以根据需求建立和维护企业文化	1. 有机会立即进入新的地域或产品市场 2. 收购不可替代的资产（如专利或在市场上具有领导地位的品牌） 3. 消除竞争对手 4. 减少或规避从头开始构建新企业所固有的运营风险 5. 收购现有的分销网络

第二节　战略交易的意义

只有对一个公司具有合理的战略意义时，一笔交易才是值得考虑的。以低价收购公司（仅仅是因为可以从这笔交易中获利）属于杠杆收购和私募股权公司的业务，但它绝不是战略参与者的事情。对一家公司来说，任何交易的第一个问题始终都应该是：这笔交易的战略依据是什么？

表5－3是战略依据的诸多示例。这些依据既有可能独立存在，也有可能同时存在，但每个依据均可为实施一笔交易提供充足的理由。执

行交易的战略依据可以划分为三大类：（1）收入增长；（2）节约成本和提高利润率；（3）技术改进。除这些战略依据之外，在公司实际运行中还存在其他理由。

表5－3　交易的战略依据分类

收入增长	节约成本和提高利润率	技术进步
1. 接触增长更快的客户群或产品市场 2. 充分利用不同产品或市场之间的交叉营销机会 3. 对战略资产进行更有效的管理和利用 4. 提高对核心市场的渗透率 5. 通过不断发展的互补性业务加强品牌组合 6. 利用客户或分销渠道，在区域、国内乃至全球范围提升业务或品牌	1. 提高制造环节和经营环节的盈利性（实现规模经济） 2. 通过减少收益和现金流的波动来降低风险 3. 发挥采购环节的实力 4. 充分利用销售部门和分销环节的基础设施 5. 利用销售人员和/或分销基础设施 6. 在保持效率的同时减少人员数量 7. 增强采购能力 8. 填补业务空白	1. 获得专有知识产权或专有技术 2. 补充和发挥核心能力和技术 3. 推动技术和研发功能的结合，降低经营成本 4. 提高培育产品创新（也会带来收益）的灵活性

一、增加股东价值

如果一笔交易对公司具有战略意义，那么，下一个需要回答的重要问题就是：交易是否会增加股东价值？上市公司价值创造最透明的衡量方式就是公司的股票价格。但归根到底，最重要的因素还是交易是否会增加公司的内在价值（即使没有马上反映在股价的上涨中）。

要衡量交易是否会增加股东价值，就必须考虑交易对公司财务的影响。如果交易具有如下效应，我们就可以说，交易给公司财务带来了积极影响。

（1）促进每股收益增长，或是提高每股收益的增长速度；

（2）分散信用风险并降低资本成本；

（3）加速实现公司的战略目标和财务目标；

（4）改善财务收益指标，如收益率（ROE）或投资收益率（ROIC）；

（5）提高交易的估值倍数。

推动公司股价价值的主要因素就是每股收益和每股现金流的增长率。对初创公司而言，收入或销售额增长率是一个关键指标，因为很多初创企业是没有利润的，现金流甚至有可能是负数。投资者追求投资收益，收益和现金流升值是股东收益最好的体现。公司发展得越快，以股票价格上涨或股息形式向股东返还的价值或资本就越快。

如果说一家公司的股票价格衡量的是公司增加股东价值的能力（或问题），而且股票价格又依赖于投资者对公司增长的预期，那么，战略交易会如何成为价值创造的助推器呢？

两个变量会影响公司的股票价格（当使用基于倍数的估值方法时）。第一个变量是公司的收益或现金流，第二个变量是投资者用来为股票估值的倍数。在理想的情况下，战略交易会影响股票价格等式中的这两个变量。因此，在确定需要实施哪些战略交易时，一个需要考虑的重要因素就是确定哪些交易将增加这个等式中的每股收益或每股现金流以及公司的估值倍数。

交易对每股收益和每股现金流的影响取决于诸多因素项目，包括：

（1）为目标公司支付的价格；

（2）所使用的对价（如股票或现金）；

（3）对交易的会计处理；

（4）交易可能带来的任何协同效应。

增厚与稀释分析（Accretion/Dilution）在计算一笔交易的备考每股收益时需要考虑所有这些因素。增厚与稀释其实就是确定"交易是否增加（增厚）或减少（稀释）收购者的每股收益（或其他财务指标）"。

每股收益和每股现金流只是估值计算中的一个组成部分。如果战略交易导致公司在市场中实际采取的估值倍数高于当前的平均估值倍数，那么，即使没有产生增量的收益或现金流，股票价格也会增加。这本身就是增值。估值倍数增加的现象称为倍数扩张（Multiple Expansion），而估值倍数减少的现象则称为倍数压缩（Multiple Compression）。

案例 5－1

如果一家公司的每股收益为 1.5 元，当前的市盈率为 15 倍，那么，隐含股票价格应为 22.50 元。

每股收益 1.50 元×15 倍的市盈率＝22.50（元/股）

但是，如果假设公司进行的交易符合战略规划，并强化了公司的未来增长前景（但实际上并未增加当年的每股收益）。此外，这笔交易还最大限度地降低了公司的财务风险和信用风险，因此，交易给公司带来了重新定位，使公司可能成为所在行业的市场领导者。所有这些要素都将被市场解读为利好消息，随后，市场有可能以更高的市盈率对公司进行重新估值。假设市场以 17 倍市盈率重新评估这家公司的市场价值。即使每股收益

(EPS) 维持在现有 1.50 元的水平上，新的股票价格也会达到每股 25.50 元，比每股 22.50 元的现有股票价格高出 13.3%。

每股收益 1.50 元 ×17 倍的市盈率 =25.50 (元/股)

[(25.50/22.50) -1] ×100% =13.3%

应该指出的是，市盈率并不是投资者关心的唯一估值倍数。企业价值倍数（企业价值与息税折旧摊销前利润之比，或 EV/EBITDA）和市现率（市场价格与现金流之比）也很重要。

确定公司未来进行一笔交易的估值倍数绝非易事。公司的交易倍数不仅取决于自身的表现，还取决于同行业其他可比公司的表现、整体市场和利率的状态以及股票的市场流动性等因素。但如果一笔交易符合公司的战略规划，那么，投资者就会以积极的心态看待这些交易；如果这笔交易还能给公司财务带来有利的影响，投资者的看法就会更积极。相反，即使某些交易能带来有吸引力的财务影响，但如果与公司战略规划不一致，那么这些交易也可能被金融界和投资者视为负面消息。这就会导致市场重新考虑公司的交易倍数（倍数压缩），因此，即使这些交易的每股收益很高，但收购方给出的股价也可能很低。

股票价格：每股收益 2.0 元 × 市盈率的 10 倍 = 20.0 (元/股)

(20.0/22.5) -1 = -11.1% (即减少了 11.1%)

无论是收购方每股收益的改进还是市盈率的提高，都会导致股票价格（或股东价值）的增加，且增长率等于每股收益或市盈率的变化率。此时，对任何预期交易，都需要进行增厚与稀释分析，如表 5-4 所示。

表5-4　　每股收益和市盈率对股价估值倍数的影响

情景1：现有状态		
每股收益（EPS）	1.50元	
市盈率倍数	12.0	
现状条件下的股价Ⅰ	18.0元/股	
情景2：盈利发生变化		
请注意，在公司每股收益增加或减少10%，但市盈率保持不变时，公司的每股隐含价值会发生的变化		
每股收益EPS的变化百分比	增加10%	减少10%
每股收益（EPS）Ⅱ	1.65元	1.35元
市盈率	12.0	12.0
隐含股票价格	19.80元/股	16.20元/股
现状条件下的股票价格变动百分比Ⅲ	增加10%	减少10%
情景3：市盈率倍数发生变化		
请注意，在公司每股收益保持不变，但市盈率增加或减少10%时，公司的每股隐含价值会发生的变化		
P/E倍数的变化百分比	增加10%	减少10%
每股收益（EPS）	1.50元	1.50元
市盈率倍数Ⅳ	13.2	10.8
隐含股票价格	19.80元/股	16.20元/股
现状条件下的股票价格变动百分比Ⅲ	增加10%	减少10%
情景4：盈利和市盈率倍数同时发生变化		
请注意，在公司每股收益和市盈率同时增加或减少10%时，公司的每股隐含价值会发生的变化		
EPS和P/E倍数的变化百分比	增加10%	减少10%
每股收益（EPS）	1.65元	1.35元
市盈率倍数	13.2	10.8
隐含股票价格	21.78元/股	14.58元/股
现状条件下的股票价格变动百分比	增加21%	减少19%

续表

注解：

Ⅰ. EPS × P/E 倍数 = 股票价格

Ⅱ. 1.50 元 ×（1 + 变动率）

Ⅲ. （隐含股票价格/现状股票价格） – 1

Ⅳ. 12 ×（1 + 变动率）

结果汇总表

现状	股票价格：18.00 元/股	相对于现状的变动率：0%
每股收益变动（增加 10%）	19.80 元	10%
每股收益变化（减少 10%）	16.20 元	–10%
倍数改变（增加 10%）	19.80 元	10%
倍数改变（减少 10%）	16.20 元	–10%
每股收益和倍数同步变动（增加 10%）	21.78 元	21%
每股收益和倍数同步变动（减少 10%）	14.58 元	–19%

二、 协同效应

协同效应要么体现为降低成本，要么是通过合并或其他战略性交易增加收入。成本的协同效应体现为通过改进运营实践、消除冗余功能和通过规模经济效应而创造的效率。比如说，如果两家拥有独立呼叫中心的公司合二为一，并取消其中一家公司的呼叫中心，而且没有对生产力或客户服务产生影响，那么，这就是一种成本的协同效应，因为两家公司可以通过降低成本得到相同的收入水平，从而提高了利润率。收入的协同效应源于通过两家公司合并提高收入创造能力，例如，收购方可以利用目标公司的分销网络销售其产品。

由于协同效应易受到不确定性的影响，因此，更可取的思路是将协同效应视为一系列值，而不是定位于某种特定价值或是直接估计协同效应的价值。常见的协同效应类型如表 5 –5 所示。

表 5 –5　　常见的协同效应类型

成本协同效应	收入的协同效应
1. 综合采购 2. 销售、一般行政管理费用（SG&A）减少（如后台办公室、市场营销和企业行政管理） 3. 制造和工厂的整合 4. 分销渠道方面带来的好处 5. 管理效率的改进 6. 降低资本成本 7. 统一申报纳税带来的协同效应 8. 取消上市公司岗位重复带来的成本	1. 进入合作伙伴的客户市场或区域市场（如果两者不同的话） 2. 通过交叉销售接触合作伙伴的客户 3. 提高市场渗透率

协同效应是战略交易中价值创造的关键要素，因为至少在理论上的有效市场中，如果没有协同效应，就没有价值创造。下面这个例子或许有助于澄清这个概念。

案例 5 –2

假设一家公司正在待售。收购方对目标公司的估值为 5 亿元，并以 5 亿元的现金完成收购。收购方为目标公司支付的是公允价值，也就是说，收购方通过支付 5 亿元现金购买了价值为 5 亿元的资产。收购方是否通过此次交易为自己创造了价值呢？没有。收购方在其业务组合中增加了 5 亿元的资产，这确实是事实，但它支付的是公允的市场价值。由于交易的净现值为零（NPV =0），因此收购方并没有通过收购创造任何额外的价值。也就是说，在收购方向出售方支付5亿元的购买价格之后，并没有创造额外的价值。

现在，我们再稍微改变一下原来的假设。后来的事实证明，收购方支付5亿元的这家公司拥有自己的连续分销区域，而且目标公司尚未充分利用其销售和分销系统的能力。此外，收购方已拥有了一流的管理和企业开发团队，除目前职能外，该团队还有能力承担一系列新的职能。因此，收购方完全可以取消目标公司的销售、分销、行政管理和企业开发部门。从总体上看，这些部门每年的开支约为2,000万元，因此，取消这些部门而节约的成本也就是收购方的利润。每年节省2,000万元的成本是这笔交易创造的税前协同效应。最终，如果收购方为目标公司支付的是公允价值，那么，收购方的价值创造，就是这笔并购交易在未来所创造的所有协同效应的资本化价值，而且收购方并没有以提高收购价格的方式，将这笔收益让渡给目标公司。

延伸阅读："已支付"的协同效应

如果收购方为收购目标公司本身而支付的成本超过其公允价值，那么，收购方实际上将协同效应创造的部分价值让渡给了目标公司，而不是独自保留了协同效应所创造的全部价值。如果还有投标者想收购这家目标公司，那么，要想最终取得对目标公司的控制权，就有可能需要让渡协同效应的部分价值。但对投标人来说，最重要的就是不能让收购价格超过目标公司公允价值与协同效应所创造的价值之和，因为这样做的话，收购交易的净现值将小于零（也就是说，这笔交易从第一天起就在破坏价值）。请注意，在图5-2中，收购方应为目标公司支付的最高价格为6.5亿元，这是目标公司本身的价值5亿元与协同效应价值1.50亿元的总和。如果收购方支付的对价超过6.5亿元，那么，收购方支付的价格就会超过如下两个部分之和：(1) 目标公司本身的价值；(2) 协同效应价值的资本化。如果收购方为目标公司支付的价格5亿元，那么，收购方将为自己留下了1.50亿元的协同效应。如果收购方对目标公司支付的价格在5亿元到6.5亿元之间，那么，收购方就是把协同效应创造的部分价值让渡给了目标公司，并保留了剩余的部分协同效应价值。

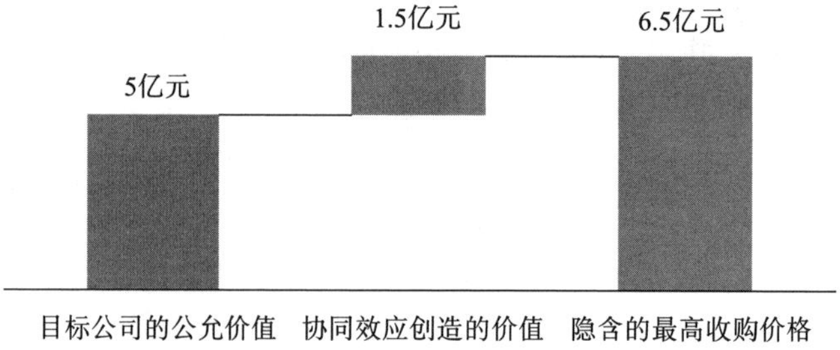

图5-2　价值的构成要素

那么，这个1.5亿元的协同效应价值是如何计算出来的呢？考虑到收购方有能力在收购这家新公司的同时，无须保留目标公司的大部分行政职能，因此，目标公司每年将实现2,000万元的成本协同效应。假设收购方目前的PE倍数为10倍，且所得税率为25%，那么，收购方每年节省下来的2,000万元应额外创造出1.5亿元的价值（我们还进一步假设，市盈率是对目标公司估值最合适的方法）。

1.5亿元协同效应价值的计算过程如表5-6所示。

表 5-6　协同效应的资本化

税前的成本节约额	每年 2,000 万元的税前协同效应价值
税率	25%
税后的成本节约额	2,000 ×（1 -25%）= 每年 1,500 万元的税后协同效应价值
市盈率	10 倍
协同效应的资本化价值	增量收益 × P/E = 1,500 × 10 = 1.5（亿元）

延伸阅读：为什么市盈率（PE）会成为最常用的指标？

很多人都想知道，为什么 PE 会成为如此常用的估值倍数呢？在上面的例子中，合并创造了 2,000 万元的额外税前收益，因此，在使用 PE 倍数估值方法的情况下就意味着价值增加了 1.50 亿元。我们不妨按照基础公司融资的原理考虑一下每年增加的成本节约额 2,000 万元，或者说，每年 1,500 万元的税后成本节约额。这会给现金流带来怎样的影响呢？鉴于它们会带来永续的增量收益（只要公司存在），因此，我们可以认为，每年的税后现金流可永恒地维持在 1,500 万元。而对永续年金的估值适用如下公式：

永续现金流的现值 = 永续现金流/折现率 = CF/r

在这个例子中，CF = 1,500 万元，现值 = 1.5 亿元。应用永续现金流公式，我们可以计算出隐含折现率 10%。

CF(1,500 万元)/r(未知) = PV（1.5 亿元）

为了求解 r，我们需要将 1.5 亿元除以 1,500 万元，即：

1,500 万元/1.5 亿元 = 0.10 或 10%

在这个示例中，隐含折现率为 10%，10% 的倒数为 10（1/0.10 = 10），即 PE 倍数。因此，P/E 的倒数就是使用永续现金流估值法中的隐含折现率。

投资者之所以使用市盈率进行估值，是因为它是永续年金折现率的最好替代，也是使用基于现金流估值法的捷径。如果 PE 倍数的倒数表示永续折现率，那么，用每股收益乘以 PE 倍数进行的估值，实际上就是在使用永续估值法。

EPS	×	PE 倍数	= 现值
1,500 万元	×	10	= 1.5 亿元

相对于：

EPS	/	折现率	= 现值
EPS	/	PE 的倒数	= 现值
1,500 万元	/	10% 或 0.10	= 1.5 亿元

由于市盈率是对一家公司股票或股权进行估值的方法，因此我们可以假设，收益可代替流向股权的现金流，而市盈率的倒数等于适用于股权现金流的折现率。

或者说，如果考虑一个永续增长的估值公式，即，将现金流除以（r－g），其中，r 是折现率，g 为永续增长率，PE 倍数的倒数等于 r 和 g 两者的差额。在上面的例子中，我们可以假设长期增长率（g）为 1% 或 0.01。因此，折现率（r）为 11% 或 0.11，在这种情况下，这个（r－g）应等于 0.10（即 0.11－0.01 ＝0.10）。

出于简化考虑，投资者经常使用 PE 倍数进行估值。这也是用永续年金法或永续增长估值法对股东现金流进行估值的简单方法。这种方法之所以简单，是因为只要了解每股收益和市盈率，即可得到股权的现值。

必须要记住的是，尽管很多协同效应是积极的，但也会发生一些成本（有时也被称为“负协同效应”或“实现协同效应的成本”）。因此，协同效应的分析必须涵盖实现预计协同效应的成本，例如为取代以前由母公司提供服务（法律、财务和审计等）所发生的销售管理费用，因客户或产品相互重叠而造成的销售额损失、转型问题、目标公司或收购方业务遭到破坏的可能性以及针对控制权变更条款的合同谈判等。

当一项交易启动时，投资者对预期的成本协同效应给予的信任往往要多于预期收入协同效应，因为成本的协同效应更易于量化，而且被认为更有可能实现。

案例 5 –3

如果交易的一部分内容就是关闭一家闲置的生产工厂，而且这家工厂有 500 名员工，每名员工的全部成本（工资成本加上全部福利）为每年 6.7 万元，这相对于每年可以节约 3,350 万元的税前成本（500 × 6.7 = 3,350 万元）。这 3,350 万元的成本节约是一个可识别的数字，因为公司知道有多少名员工在工厂工作，而且知道这 500 名员工的薪酬。这些要素都是已知的，因此一旦这 500 名员工被解雇，每年的税前成本节约很可能在 3,350 万元左右。

收入协同效应的一个重要问题往往容易被人们所忽视，即销售额增加对营业利润的影响。

案例 5 –4

如果两家饮料公司实行合并，对于一条年产量为 1 亿瓶的生产线，其年产量可以从 7,500 万瓶增加到 9,500 万瓶。之所以会出现这种情况，是因为收购方扩大了市场销售范围和渠道，因而能比目标公司在单独经营情况下增加2,000万瓶的销售量。因为这2,000万瓶饮料是在现有生产线上完成的，所以，固定成本没有增加。在表5－7中，我们会看到，当年产量从7,500万瓶增加到9,500万瓶时，由于单瓶生产成本的下降，毛利率将从78%增加到81%。

表5－7　　　　收入协同效应和毛利率的增长

假设指标	指标数据	
固定经营成本	9,000,000元	
可变成本（每瓶）	0.10元	
每瓶售价	1.00元	
每家工厂的最大产量（瓶数）	100,000,000瓶	
	现有状态	收购之后
产量	75,000,000瓶	95,000,000瓶
固定经营成本	9,000,000元	9,000,000元
每瓶饮料的可变成本率为10%	7,500,000元	9,500,000元
总成本	16,500,000元	18,500,000元
每瓶的成本（生产的总成本/瓶）	0.22元	0.19元
产能利用率（生产的瓶数/最大产能）	75%	95%
每瓶售价	1.00元	1.00元
每瓶毛利率（售价－每瓶成本）	0.78元	0.81元
毛利率（毛利率/销售价格）	78%	81%

现在，我们假设收购方可增加销售量4,000万瓶（而不是2,000万瓶），这样，收购之后的产量将达到15,000,000瓶。由于现有生产线只能增加2,500万瓶的产量（因产能为1亿瓶，目前的产量已达到7,500万瓶），因此，公司需要调整生产线以满足新增的生产能力。为增加4,000万瓶的销售量，我们不妨假设，这家公司为工厂新建了一条生产

线。新生产线投入使用将导致固定成本再增加900万元，但也会带来1亿瓶饮料的新生产能力，从而让总产能增加到2亿瓶。请注意，在这种情况下，即使销售量增加了4,000万瓶，但毛利率则会从78%下降到74%（见表5-8）。

表5-8　　　收入协同效应和毛利率的减少

假设指标	指标数据	
固定经营成本	18,000,000元	
可变成本（每瓶）	0.10元	
每瓶售价	1.00元	
每家工厂的最大产量（瓶数）	200,000,000瓶	
产量	75,000,000瓶	115,000,000瓶
固定经营成本	9,000,000元	18,000,000元
每瓶饮料的可变成本率为10%	7,500,000元	11,500,000元
总成本	16,500,000元	29,500,000元
	现有状态	**收购之后**
每瓶的成本（生产的总成本/瓶子）	0.22元	0.26元
产能利用率（生产的瓶数/最大产能）	75%	58%
每瓶售价	1.00元	1.00元
每瓶毛利率（售价-每瓶成本）	0.78元	0.74元
毛利率（毛利率/销售价格）	78%	74%

在估值分析或财务影响分析中，需要将毛利率的这种变化体现到模型当中。因此，在分析潜在交易并考虑收入的协同效应时，一定要理解收入增加对目标公司经营成本结构和利润率的影响。

第三节　战略型交易的分析

战略型并购交易通常基于企业的长期战略目标，主要分为以下三个基本类型：

（1）横向并购交易（Horizontal M&A）：同一行业内竞争对手之间的合并，旨在扩大市场份额、减少竞争、实现规模经济。

（2）纵向并购交易（Vertical M&A）：产业链上下游企业之间的整合，以控制供应链或销售渠道。

（3）混合并购交易（Conglomerate M&A）：跨行业或跨领域的并购，以实现业务多元化或协同效应。

对于从事上述任何交易的投资银行人员或公司发展专业人员，分析预期交易是否满足某些重要标准都是非常重要的。

任何与具体并购项目相关的分析都应该有助于回答以下五个问题中的一个或若干个：

（1）战略依据：交易是否有助于实现公司的战略规划？

（2）估值：目标公司本身的单独价值是多少？

（3）财务影响：交易是否能为股东创造价值？

（4）社会问题：另一方对交易的接受程度如何，交易是否能按双方接受的条款执行？

（5）有影响力的成员：有影响力的成员是否会反对这项交易？

如果我们只关注这五个问题中的某一个，就有可能会掩盖交易的潜在问题。因此，任何单一分析都不足以断定预期交易可行的结论。

在本节里，我们将提供一份几乎无所不包的详尽并购分析清单。其中的一些分析几乎是每一笔并购交易都要经历的，而某些分析可能只在特殊情况下才需要执行。例如，贡献收益分析在固定转换率的股票交易中非常重要，但对所有现金交易而言，意义均有限。同样，与高级管理层或董事会相关的社会问题在企业合并中非常重要，但在考虑资产出售时则不那么重要了，因为资产出售往往不需要在公司治理层面上进行大刀阔斧的变革。

一、战略依据的分析

战略依据分析应该回答的关键问题有：

（1）交易是否允许公司继续推进其战略规划？

（2）交易是否契合公司的股权及增长愿景？

（3）目标公司的客户群体是否有吸引力或是否有互补性？

（4）目标公司是否拥有收购方所需要的东西（如专利权和研发管道）？

（5）交易是否能扩大收购公司在地域上的覆盖范围或市场落脚点？

（6）被收购方的产品是否具有互补性，或是有助于扩大其分销渠道？

需要进行分析的关键领域有：

商业分析。审查目标公司的产品、服务、市场、客户、资产组合和分销渠道等方面。此外，这项分析还包括以细分市场、产品或地理位置等方面为基础的分析。

行业趋势分析。审查目标公司所在行业的市场增长机会和盈利能力，以及目标公司的市场份额和市场领导地位。

第三方研究。通过阅读公司的研究报告、固定收益报告、评级机构的报告以及关于公司的公开新闻评论，了解投资分析师对目标公司战略导向的看法。

二、 估值分析

假设潜在交易在战略上是有吸引力的，此时，就有必要评估目标公司的价值。应对目标公司在独立和相对比较的基础上分别进行估值。这就意味着，需要将目标公司与行业中的其他同行以及收购方进行比较。

在估值分析中，需要回答的关键问题包括：

（1）目标公司在独立估值基础上的价值是什么，或者说，目标公司的内在价值是什么？

（2）是否可以按这个价格收购目标公司？

（3）目标公司相对于其业内其他公司的价值如何？

（4）目标公司相对于收购方的估值如何？

（5）与目标公司相关的负债是多少？

（6）目标公司的信用状况和独立的负债能力是什么？

（7）目标公司是否有必须予以考虑的独特的税收特征？

需要进行分析的关键领域有两方面：

（一） 针对目标公司本身的独立估值分析

财务报表分析。估值分析应始终以阅读目标公司的财务报表（如年度报告、年度报表和季度报表等）为出发点。公司花费了大量时间来编制这些报表，因此，阅读这些报表可以取得对目标公司财务状况的充分认识。最新年报中的管理层分析往往是了解企业的一个良好开端。

财务业绩分析。这项分析包括对目标公司财务报表进行更详细的审查，比如说，评估销售增长率、盈利能力、利润率、经营和信贷比率以及其他相关指标。

股票的历史价格分析。这项分析的目的是回顾股票在历史交易中的价格轨迹。应在不同的时间段内对股票价格的表现进行衡量，如3个月、1年和3年。理想的情况下，股票价格应与主要公司、行业或重大经济事件进行交叉引用或注释，以确定股票价格变动与重大事件之间是否存在某种相关性。

股票交易量分析。这项分析应按交易量和具体的价格范围估计股票交易量的金额。

折现现金流（DCF）分析。这项分析应确定目标公司本身的内在估值，而不是使用可比公司分析和可比交易分析等方法进行相对估值。

杠杆收购（LBO）分析。这项分析是按照目标公司既定的现金流、信用状况、风险状况以及债务市场的当前状态，确定财务投资者可能愿意为目标公司支付的最高价格。

拆分分析。这项分析是确定目标公司的单项资产或子公司是否有价值。

信用分析。这项分析是衡量目标公司本身的破产风险、债务能力、财务风险和业务风险。

股东的总收益分析。这项分析是评估目标股东每年的收益率占目标公司当前股票价格的百分比。收益总额包括股价的升值和股息。

板块及市场整体分析。这项分析是确定当前市场估值与长期水平的比较状况。

（二）相对估值分析

可比公司分析。这项分析是根据目标公司所在行业和同业的当前交易水平，确定目标公司的估值范围。

财务和经营指标的同行业群组分析。这项分析类似于可比公司分析，只是更为详细。其目标是将可比公司与目标公司的利润率、盈利能力、增长率和其他重要指标进行比较。

股价的相对业绩分析。这项分析是通过分析股票价格，评估目标公司的股票相对于收购方及业内其他同行的表现。这种分析尤其适用于长期分析（如 1 年、3 年或 5 年），以了解被分析公司对某些外部冲击会做出的反应（与可比公司分析相反，后者反映的是当前情况，因而可能无法揭示过去出现的异常现象）。

可比交易分析。这项分析是确定预期收购价格与实际支付价格的对比情况，具体而言，就是相对于可比交易支付的倍数的情况。

可变价格（AVP）分析。这项分析是根据一系列潜在购买价格对预期的交易倍数进行分析。

溢价支付分析。这项分析是对不同时间间隔的历史交易中为控制权支付的溢价（比如说，公告前目标股票在价格相关的交易价格）。通常，这种分析是按不同时间段内进行的，如 60 天、30 天、10 天或 1 天等。

自然交换比率分析。这项分析是在以往的不同时间点上，根据目标公司和收购方的股票价格，对基于市场的交换比率进行评估。

贡献率分析。这项分析是对各种常见指标的贡献比例进行评价，如销售额、EBITDA、净利润、资产和现金流量。使用双方的贡献比率来确定交换比率的公平性，这种分析通常适用于固定交换比率的换股交易。

相对估值分析。这项分析需要对收购方和目标公司本身进行独立的估值分析，可使用折现现金流、可比公司分析和可比交易分析等传统方法，而后根据单体估值结算来计算出相应的换股率。

三、 财务影响分析

很多收购方只考虑符合特定财务影响测试指标的交易。部分财务测试指标包括每股收益的增加、特定收益率或最低收益率的实现、交易对信用比率或信用评级的影响、对公司股息政策的影响以及交易对长期收益的影响。

财务影响分析需要回答的关键问题包括：

（1）交易是否能在风险可接受的条件下改善收购方的增长预期？

（2）目标公司是否在实现收益的情况下提高收购方销售收入的多样化？

（3）目标公司是否可以获得收益的协同效应？

（4）目标公司是否能改善收购方现金流的多样化和风险特征？

（5）是否可以实现成本的协同效应？

（6）交易是否会增加每股收益和每股现金流？如果没有，它什么时候会增加这两个指标，交易需要什么样的协同作用才能增加这两个指标？

（7）目标公司会考虑哪种形式的对价（如现金或股票）以及收购方愿意提供什么形式的对价？

（8）收购方是否拥有可完成交易的财务实力？

（9）此时是否是完成交易的最佳时机？

（10）交易带来的税务后果是什么？

需要进行分析的关键领域有：

每股收益的增加及稀释分析。这项分析是将合并后实体的每股收益与收购方本身的每股收益进行比较。

现金流的增加及稀释分析。这项分析是将合并后实体的每股现金流与收购方本身的每股现金流进行比较。

增长率的增加及稀释分析。这项分析是将合并后实体的增长率与收购方本身的增长率进行比较。

价值创造分析。这项分析是单独评估合并实体相对于收购方估值的预期估值，包括针对股权收益率（ROE）和投资收益率（ROIC）这两个关键指标的影响。

股息增加及稀释分析。这项分析是衡量交易对公司股息情况的影响。

对所有权影响的分析。这项分析是评估哪些股东会拥有未来合并实体持有的股份，仅适用于采用股票对价的交易。

对信贷影响或债务能力分析。这项分析是评估交易对收购方资产负债表和信贷比率的影响。

支付分析的能力。这项分析是评估收购方根据各种财务指标可支付的最高价格，包括收益增加/稀释、信用影响和债务能力分析。

协同效应分析。这项分析是评估目标公司的成本和收入结构，以便对潜在的协同效应进行评估。此外，考虑之前交易中实现的协同效应也是一种有用的分析。

交易结构分析。这项分析是对旨在促进主要目标的潜在结构进行评估，包括税收效率、增长率以及最低资本成本等。

四、 社会问题分析

尽管很多交易具有重大的战略和财务意义，但最终还是因“社会问题”而失败（在公告之前或之后）。社会问题的例子包括相关各方未能就管理层的角色和责任、董事会结构或组成以及总部所在地等其他因素达成一致。虽然其中很多问题只能做出“软”定义，而且必须通过与目标公司的直接讨论才能得到验证，但某些分析还是有助于对可导致交易失败的重大问题进行确认。

社会问题分析应该回答的关键问题有：

（1）目标公司是否拥有一支优秀的管理团队？

（2）各方是否在经营、财务和人事方面拥有共同的管理理念？

（3）目标公司的高级管理层是否准备退休？

（4）目标公司的管理层是否有可能接受交易？

（5）收购方的管理团队是否能解决目标公司的继任计划问题，或者说，继任规划是否可以解决公司的管理团队问题？

（6）目标公司是否愿意采用优先交易的结构与收购方进行合作？

（7）双方的管理团队能否以不会导致业务非正常中断的方式进行合并？

（8）目标公司在当时的形势下是否确实需要收购方的帮助？

（9）双方董事会是否会批准交易（如果需要投票表决的话）？

（10）目标公司是否由家族控制？

（11）目标公司会对收购方的收购意向做出何等反应？

需要进行分析的关键领域有：

文化适应性分析。这项分析是对目标公司的整体文化进行评估，并将其与收购方的文化进行比较。

对高层管理者和董事会成员的评价。这项评价是评价各种潜在的触发点或激励要素，包括年龄、职位、责任、从属关系、对所有权的持股比例、期权及其控制性条款的变更、薪酬机制等。

防御性特征分析。这项评价是评估目标公司的结构性公司防御特征以及对恶意收购的敏感性。

新闻报道。这项评价是了解是否可以收集到有关公司对社会的承诺及其社会形象等方面的具体观点。此外，新闻报道还可以报道、管理层访谈和公司新闻稿等形式提供有关目标公司的计划和目标等信息。

五、 影响力成员的分析

有影响力的成员是指对交易有利害关系的外部人士，而且有能力批准或否决交易。例如，股东和监管机构就属于可以通过投票批准或否决交易的影响力成员。尽管股票分析师不会对交易本身产生决定性作用，但他们对交易的评语和意见对目标公司和收购方来说都是有意义的。

成分分析需要回答的关键问题包括：

（1）交易对金融界是否意义？

（2）交易是否足够简单进而通俗易懂呢？（复杂的交易往往会让投资者或监管机构无所适从）

（3）双方的股东是否会批准这笔交易？

（4）交易是否会对公司的信用质量产生重大影响，从而影响收购方未偿债务的信用风险和价格？这笔交易是否会成为任何债务的触发事件？

（5）监管机构是否会批准这项交易？

（6）交易是否会造成吸引力的套利情况？是否有助于对收购方的股价造成下行压力？

（7）交易是否会严重影响员工稳定性并触发大规模的人员流失？

（8）交易是否影响退休计划？

需要进行分析的关键领域有：

股东分析。进行股东分析可以回答如下问题：是否存在控制性大股东？构成股东的成员主要是散户还是机构？股东群体的更换率是多少？控制性股东是以什么价格收购的股份。

分析债务和债务持有人。作为信用分析和债务能力分析的一部分，这项分析重要的是还要审查每一笔债务是否具有控制权变更条款。具体而言，最重要的就是确定债务或优先股持有人是否拥有与公司合并或出售相关的任何权利。

监管体系分析。这项分析要确定交易的成员需要取得哪些监管机构（如果有）的审批。监管分析还应包括对可能采取的监管行动的评估。对任何受监管机构监督的交易，提早规划都是至关重要的。切记：很多大公司要面对诸多监管辖区和监管体系的管辖，因此，这种分析也应在不同的地点、区域、国家或是全球层面进行。

对影响力成员的分析。这项分析是确定任何影响力成员（如员工、工会、社区、监管机构等）是否有理由反对这笔交易。

套利分析。这项分析是评估风险套利者是否可以从交易中获利，如果有的话，会对股票价格产生什么影响。

外部干扰分析。这项分析是要确定是否有其他公司可能对正在被估值的交易感兴趣，从而加入争夺目标公司的竞争。此时，应对闯入者的动机以及闯入者与目标公司之间交易的财务影响进行分析。

主要合同分析。这项分析是要确定与某一家主要供应商或客户的基本合同中是否存在任何控制权变更条款，这些条款将对目标公司的本质或价值产生什么重大影响。

整合计划分析。通过整合计划，收购方要确定必须采取哪些基本行动才能确保收购后的公司实现平稳过渡。

六、 案例分析

纵观近些年中国的收购案例，有的企业通过收购开发了新的产品业务线，比如海尔集团于 2023 年 12 月完成对上海莱士的并购。上海莱士是国内血液制品行业的领先企业，海尔集团可以利用自身的智能制造及全球渠道，完善血液生态产业链，推动血制品行业整合，深度布局大健康领域。有的企业为了消除竞争对手，进行了横向收购，比如 H 股上市公司中国能建吸收合并在 A 股上市的控股孙公司葛洲坝，两家企业实现资源全面整合，消除了潜在同业竞争，业务协同效应得到充分释放。有的企业直接收购专利资产，比如中国主要的液晶材料生产厂家诚志永华收购全球第三大液晶材料生产商日本 DIC 公司的 1183 项专利资产。也有的企业为了快速开拓市场进行了并购，比如南微医学收购了西欧医疗器械分销商 CME 公司，目的是拓宽南微医学在欧洲地区的自有销售渠道，提升市场份额。

下面我们来具体分析一下南微医学是如何通过资产收购开拓海外市场的。

南微医学科技股份有限公司成立于 2000 年，是一家专注于微创医疗器械的研发、制造和销售的高新技术企业。南微医学的主要产品涵盖内镜诊疗器械、微波消融设备及耗材、一次性内镜等。公司海外业务从早期的 OEM/ODM 服务（贴牌加工），逐渐发展为创立自有品牌，并不断提升自有品牌产品渠道销售比例，直销收入占比已由 2017 年的 5.68% 上升至 2023 年的 19.09%。

南微医学通过成立新公司以及一步步小规模的并购，建立了自己的销售渠道，增加直销的销售比例，逐步拓宽了海外市场，实现公司的出海战略。2015 年南微医学在美国设立了全资子公司 MTU（Micro - Tech Endoscopy USA, Inc.），建立营销团队，将产品直接销往医疗机构，承担了公司在美国市场的经销商职责。2018 年，南微医学斥资 752 万欧元收购了德方控股所持 MTE（Micro - Tech Europe GmbH）80% 的股权，MTE 正式成为公司子公司，进一步扩展了公司在欧洲的直销渠道。2023 年，南微医学的这种策略一方面降低了单次并购失败的风险，另一方面降低了收购后整合风险，上市公司因其规模优势，具备了解决整合困难所需资源。与此同时，通过这些收购，南微医学不断拓宽海外直销渠道，增强了其在全球市场的竞争力和影响力。

南微医学收购 CME（Creo Medical S. L. U.，CME）的交易是该公司加速海外扩张的重要一步。2024 年 9 月，南微医学发布公告称计划通过其子公司“南微荷兰”使用不超过 3,672 万欧元（约合人民币 2.89 亿元）购买 Creo Medical Group plc（以下简称 Creo）持有的 CME 51% 的股权，对应 100% 的股权价值就是 7,200 万欧元。

CME 是 Creo 的全资子公司，主要业务集中在西欧地区，覆盖英国、西班牙、法国、德国、比利时、卢森堡等国家。CME 是一家医疗器械产品销售的渠道公司，其经销产品包括 Creo 自研产品以及其他医疗器械公司的相关产品，包括消化、泌尿、呼吸、一次性内镜等领域的医疗器械产品。CME 的主要客户为公立医院、私立医院和诊所等。2023 年，CME 的收入中内镜下耗材和一次性内镜等产品约占 70%。CME 在 2022 年、2023 年和 2024 年上半年分别实现收入 2,891 万欧元、3,194.2 万欧元和 1,659.3 万欧元，实现净利润分别为 172.6 万欧元、346.8 万欧元和 157.4 万欧元。如果以 2023 年的净利润为基准，本次收购的 PE 约为 20.8 倍。

南微医学的医用耗材与 CME 的销售渠道和产品线具有较高互补性，南微医学可以向 CME 公司导入更多的产品，实现公司销售收入和利润的增长。本次交易将有助于提升南微医学在欧洲地区的产品销售能力，加速海外扩张，快速提升公司产品在欧洲市场的份额，进一步推动公司的国际化战略。

第六章
公司盈利预测

本章学习重点

◎ 了解财务信息搜集的重要性和收集渠道，学会对搜集到的财务数据进行整理、分类和筛选，以及学习识别关键财务指标。

◎ 学习盈利预测的方法及影响因素。学习并掌握常用的销售收入和成本的预测方法，如趋势分析法、因果分析法、统计分析法；学习预测资本性支出和折旧摊销的基本方法，如销售额比例、资产重置等；学习营运资金预测的基本方法，如现金周转期法。

第一节　公司历史财务信息搜集与数据整理

一、为什么要搜集财务信息

财务信息作为反映企业经济活动的重要载体，其获取与分析成为决策过程中的关键环节。财务信息是企业经济活动的直接体现，通过财务报表、附注、其他财务报告等形式展示企业的资产、负债、权益、收入、费用等状况。

历史财务信息是评估公司过去经营表现的基础。通过查阅和分析这些信息，我们可以了解公司过去的收入、支出、利润等关键指标，进而判断公司的盈利能力、偿债能力以及运营效率。这些信息有助于投资者、债权人和其他利益相关者全面了解公司的经济实力和运营状况，从而作出更明智的决策。

如果你是投资人，试图对公司未来的现金流作出预测以便确认资产的价值，你也许会提出这样的问题：公司的业绩记录如何，对未来有什么期望？它在盈利增长和稳定性方面的表现如何？企业现有的资本结构是否存在风险？考虑到公司目前的状况和未来发展前景，预期收益是多少？公司在其行业中的竞争力如何？投资人使用历史财务报表数据来预测未来，目的是确定投资的回报跟预期一致。

如果你是债权人，最关心的是借款人对所借资金支付本息的能力，你可能会问：借款的目的是什么？财务报表显示公司要求贷款的原因是什么？企业的资本结构是什么？目前公司未偿还的债务有多少？过去的债务偿还情况如何？债务偿还的来源会是什么？公司营运资金管理得怎么样？公司是否从运营中获得现金？债权人可根据财务报表预测公司未来对现金需求，以及支付本息的能力。

如果你是公司的管理层，必须先用历史财务报表分析来回复债权人和投资者提出的所有问题，公司才可能获得所需的资本。管理层查看财务报表数据时可能会问：公司的业绩如何？为什么？哪些领域取得了成功，哪些没有？为了提高未来的业绩，应该实施哪些改变？财务报表提供了对公司现状的洞察，通过比较和分析不同时间点的财务数据，我们可以发现公司的增长趋势、周期性变化以及潜在的风险点。这些信息有助于我们预测公司未来的收入、成本和利润水平，从而为公司制订更合理的财务规划和战略决策提供依据。亚马逊公司（Amazon. com，Inc.）以其强大的电商业务而闻名，每年亚马逊都会公布其各个业务部门的历史财务数据，如销售额、运营成本、市场份额等。通过分析这些数据，管理层可以评估各个业务部门的绩效表现，找出表现优异的部门以及需要改进的部门，从而制订更加合理的业务计划和资源分配策略。

财务信息可以帮助我们了解企业在同行业中的位置。历史财务信息在财务分析和比较中也发挥着关键作用，通过对公司的财务报表进行横向和纵向的比较分析，我们可以了解公司在行业中的地位、与竞争对手的差距以及自身的优势和劣势。这些信息有助于公司制订更具针对性的竞争策略和市场拓展计划。此外，历史财务信息还可以反映评估公司的财务风险。通过对公司的财务状况进行深入分析，我们可以发现潜在的财务风险和隐患，如过高的负债水平、不合理的资产结构以及现金流问题等。这些信息有助于公司及时采取措施防范和化解风险，确保企业的稳健发展。

二、如何整理并分析财务信息

（一）获得上市公司的财务数据

在整理财务信息之前，首先要获取上市公司的财务数据，有多种途径可以获取财务数据。其中，公司公告和年报是最基本且最可靠的来源，它们提供了详细的财务报表和关键财务数据。证券交易所是另一个重要的信息获取渠道，官方网站上可以查到上市公司的财务数据和交易信息。表 6-1 整理了搜集财务信息的主要渠道。

表 6-1　搜集财务信息的主要渠道

公司公告与年报	公司公告和年报是获取上市公司财务数据的权威来源。这些文件详细记录了公司的财务状况，包括资产负债表、现金流量表和利润表等关键数据。通常，您可以在公司官方网站的“投资者关系”或“公告”板块找到这些文件
证券交易所	证券交易所是上市公司发布财务信息的重要平台。在各大证券交易所的官方网站上，您可以轻松查询到上市公司的财务报表、股价走势、交易量等详细数据。这些信息对于投资者了解公司财务状况和市场表现至关重要
财经新闻网站	财经新闻网站是获取实时财务数据和市场动态的便捷途径。这些网站会定期报道各大公司和行业的财务数据，并提供专业的分析和解读。通过关注这些网站，您可以及时获取最新的财务信息，并了解市场的最新动态
第三方数据平台	第三方数据平台为投资者提供了丰富的财经数据资源。这些平台通常收录了上市公司的财务数据、行业数据等，并提供了强大的数据分析和可视化工具。虽然这些平台可能需要付费使用，但它们提供的数据质量和服务水平通常较高，能够满足投资者对财务数据的需求

将搜集到的财务数据进行整理、分类和筛选是财务分析和比较的基础步骤。为了便于分析财务报表中的数据，首先应将收集到的财务报表整理成通用的格式，删除重复、错误或无效的数据，确保数据的准确性和可靠性。通过历史数据的比对，财务报表往往会呈现出异常的数据变动和差异，那么我们需要进一步分析导致这些异常的原因。原因通常分为两大类：企业内部因素和外部因素。内部因素包括企业战略调整、组织结构变动等；外部因素包括市场环境变化、金融环境或产业环境变化等。无论是我们分析历史数据还是基于历史数据去预测未来走势，我们都要将异常变动剔除，从而减少判断的误差或修正预测的结果。

（二）对数据进行分析

如果是要横向比较不同规模的公司，可以将财务报表转换成百分比财务报表，资产负债表上的每个科目金额都以总资产百分比表示，而损益表上的每个科目金额则以净销售额的百分比表示。在财务数据标准化之后，就可以进行下面的分析了。

1. 财务比率分析

财务比率分析是利用数学关系将财务数据标准化的方法。财务比率有助于分析师快速了解公司的盈利能力、偿债能力、运营效率以及投资回报等关键指标。

2. 趋势分析

趋势分析需对多个会计期间的财务数据进行评估，以识别公司财务状况和绩效随时间的变化趋势。这有助于分析师预测公司未来的表现，并识别潜在的问题或机会。

3. 结构分析

结构分析关注商业企业的内部结构，包括资产、负债、股东权益和收入等各组成部分的比例关系。这有助于分析师理解公司的资本结构和运营方式，从而更准确地评估公司的价值和潜力。

4. 行业比较

行业比较是将一家公司的财务数据与同行业其他公司的平均数据进行比较的过程。这种比较可以帮助分析师了解公司在行业中的相对地位，以及公司的优势和劣势。

财务报表的分析与预测方法对于企业管理和投资决策具有重要的作用。财务比率分析、财务趋势分析、财务报表垂直分析是常见的财务报表分析方法；趋势分析法、比率分析法和统计分析法是常用的财务报表预测方法。通过对财务报表的分析与预测，我们可以更好地了解企业的财务状况，并为企业的发展提供决策依据。

三、 关键财务指标

在财务报表分析中，有五类常用的比率，涵盖了公司财务状况和绩效的多个方面。分析公司的情况并与行业竞争对手进行对比往往就根据这些指标。表 6 – 2 是这五类比率的详细描述以及常见的比率算法。

表 6 – 2　　常用的财务比率

财务比率	比率描述	具体比率及计算方法
流动性比率	衡量公司满足其短期债务和运营资金需求的能力	流动比率：流动资产除以流动负债 速动比率（或酸性测试比率）：流动资产减去存货的差再除以流动负债 现金比率：现金及现金等价物除以流动负债

续表

财务比率	比率描述	具体比率及计算方法
运营效率比率	衡量公司管理其资产并将资产转化为现金或销售收入的效率	存货周转率：销售成本除以平均存货 应收账款周转率：销售收入除以平均应收账款 总资产周转率：销售收入除以平均总资产
财务杠杆比率	衡量公司相对于股权的债务融资程度以及公司支付利息和其他固定费用的能力	负债比率：总负债除以总资产 债务权益比率：总负债除以股东权益 利息保障倍数：息税前利润（EBIT）除以利息费用
盈利能力比率	衡量公司的整体表现以及管理资产、负债和股权的效率	净利润率：净利润除以销售收入 毛利率：毛利润除以销售收入 权益收益率（ROE）：净利润除以股东权益 资产收益率（ROA）：净利润除以总资产
市场比率	衡量股东的投资回报以及市场对公司股票的估值	市盈率（P/E）：市场价格（每股）除以每股收益 市净率（P/B）：市场价格（每股）除以每股账面价值 股利收益率：每股股利除以市场价格（每股） 股价对现金流比率：市场价格（每股）除以每股自由现金流

根据表6－2中的比率计算，我们参考HD私募的财务报表来计算一下。

第二节　盈利预测方法

一、销售收入预测

财务分析基于历史财务数据，但是这些财务数据并不全是过去式，预测一个企业未来的走势，这些历史数据往往提供了最有力的支撑，可以说，财务分析报告的内容重点一方面是解决历史揭露的问题，另一方面是提供前瞻性的指导。

盈利预测的第一步就是整理历史数据。如上文所述，在整理数据时要剔除异常数据，财务报表的处理就是剔除非经常性损益后去预测未来走势，下面我们参考 HD 私募的近三年的利润表（见表6－3）。

表6－3　　HD 私募 2021—2023 年财务报表　　（单位：万元）

HD 私募			
利润表	**2021 年**	**2022 年**	**2023 年**
销售收入	18, 296. 7	20, 265. 3	23, 619. 0
销货成本	13, 340. 0	14, 654. 3	16, 502. 6
毛利润	4, 956. 7	5, 611. 0	7, 116. 4
销售、管理及行政费用	2, 001. 4	2, 593. 9	2, 393. 1
经营利润	2, 955. 3	3, 017. 1	4, 723. 3
利息费用	226. 3	172. 5	120. 2
利息收入	37. 9	51. 8	19. 6
税前利润	2, 766. 9	2, 896. 4	4, 622. 7
所得税	691. 7	724. 1	1, 155. 7
净利润	2, 075. 2	2, 172. 3	3, 467. 0
分配股利	305. 9	366. 7	507. 4
资产负债表	**2021 年**	**2022 年**	**2023 年**
现金及等价物	2, 888. 9	1, 590. 7	1, 807. 1
应收账款	3, 245. 5	5, 053. 6	5, 853. 5
存货	91. 4	247. 4	348. 4
其他流动资产	83. 2	86. 6	83. 2
流动资产合计	6, 309. 0	6, 978. 3	8, 092. 2

续表

资产负债表	2021 年	2022 年	2023 年
固定资产	3, 711. 6	4, 941. 6	5, 515. 7
无形资产	—	—	—
长期投资	—	—	—
其他长期资产	—	—	—
总资产	10, 020. 6	11, 920. 0	13, 607. 9
应付账款	1, 832. 5	2, 923. 8	2, 786. 4
短期借款	239. 6	258. 0	275. 7
应付税金	—	—	—
应付利息	—	—	—
其他流动负债	273. 5	247. 6	58. 1
流动负债合计	2, 345. 6	3, 429. 4	3, 120. 2
长期借款	3, 962. 3	2, 972. 3	2, 009. 9
其他长期借款	—	—	—
负债合计	6, 307. 9	6, 401. 7	5, 130. 1
股东权益	1, 000. 0	1, 000. 0	1, 000. 0
未分配收益	2, 712. 7	4, 518. 3	7, 477. 8
股东权益	3, 712. 7	5, 518. 3	8, 477. 8
所有者权益和负债合计	10, 020. 6	11, 920. 0	13, 607. 9
现金流量表	**2021 年**	**2022 年**	**2023 年**
经营活动产生的现金流			
净利润	2, 075. 2	2, 172. 3	3, 467. 0
折旧摊销	905. 1	881. 8	953. 1
营运资本变化	31. 4	(902. 1)	(1, 224. 4)
其他			
经营活动产生的现金流合计	3, 011. 7	2, 152. 0	3, 195. 7

续表

现金流量表	2021 年	2022 年	2023 年
投资活动产生的现金流			
固定资产投资	1,392.1	2,111.9	1,527.2
其他与投资活动有关的现金			
投资活动产生的现金流合计	(1,392.1)	(2,111.9)	(1,527.2)
筹资活动产生的现金流			
偿还债务支付的现金	(372.8)	(971.6)	(944.7)
分配股利支付的现金	(305.9)	(366.7)	(507.4)
支付其他与筹资活动有关的现金			
筹资活动产生的现金流合计	(678.7)	(1,338.3)	(1,452.1)
汇率变动对现金的影响			
现金及现金等价物净增加额	940.9	(1,298.2)	216.4
期初现金余额	1,948.0	2,888.9	1,590.7
期末现金余额	2,888.9	1,590.7	1,807.1

在整理好历史数据之后，我们要分析一下是否有非经常性的损益，因为一般来说非经常性的损益是一次性的收入和成本，不具备持续性。根据财报信息，我们得知企业 2021 年销货成本中包括了 300 万元的非经常性存货减值损失，2022 年行政管理费用中包括了一次性的 200 万元的重组费用，那么我们在预测未来的收入和成本时就要将这两项非经常性损益剔除，整理后的历史利润表如表 6－4 所示，调整的数字已标下划线。

表 6 – 4　　HD 私募 2021—2023 年利润表（处理后 –1）　　（单位：万元）

HD 私募			
利润表	2021 年	2022 年	2023 年
销售收入	18, 296. 7	20, 265. 3	23, 619. 0
销货成本	13, 040. 0	14, 654. 3	16, 502. 6
毛利润	5, 256. 7	5, 611. 0	7, 116. 4
销售、管理及行政费用	2, 001. 4	2, 393. 9	2, 393. 1
经营利润	3, 255. 3	3, 217. 1	4, 723. 3
利息费用	226. 3	172. 5	120. 2
利息收入	37. 9	51. 8	19. 6
非经常损益	300. 0	200. 0	
税前利润	2, 766. 9	2, 896. 4	4, 622. 7
所得税	691. 7	724. 1	1, 155. 7
净利润	2, 075. 2	2, 172. 3	3, 467. 0
分配股利	305. 9	366. 7	507. 4

处理非经常性损益之后，我们先来预测收入情况。销售收入预测是整体盈利预测的基石和关键组成部分。公司的盈利状况直接受销售收入的影响，因此，对销售收入的准确预测是公司盈利预测的起点和基础。在预测收入增长率之前，我们需要先分析目前收入增长的原因，寻找影响收入的因素，从而形成假设并做出预测方案。

我们这里介绍两种销售收入的预测方法：趋势分析法和因果分析法。第一种是趋势分析法，通过计算该公司过去几年的收入增长率情况来预测未来走势。我们以 HD 私募的历史财务信息为例（见表 6 –5）。

表 6－5　　HD 私募 2020 年及以后的利润表　　（单位：万元）

HD 私募							
利润表	2020 年	2021 年	2022 年	2023 年	2024 年	2025 年	2026 年
销售收入	12, 875. 8	18, 296. 7	20, 265. 3	23, 619. 0			
增长率（%）		42. 1	10. 8	16. 5			

首先我们查找了 HD 私募 2020 年的销售收入，可以算出 2021 年的销售收入较 2020 年增长了 42. 1%，2022 年的销售收入较 2021 年增长了 10. 8%，2023 年的销售收入较 2022 年增长了 16. 5%，从趋势的角度来说，如果假设未来的收入增长率与目前的趋势一致，我们可以用这三年的收入增长率的平均值作为未来几年收入增长率的假设。但是根据财报信息，2021 年前公司致力于科研开发，因新产品的上市使 2021 年的收入大幅增长，2021 年后企业进入稳定期，所以 2020—2021 年的收入涨幅属于特殊值，将在未来的趋势预测中被剔除，那么未来几年的收入增长率，我们将参考 2021—2023 年的平均收入增长率。根据趋势，我们可预测 2024—2026 年的收入及增长率情况，如表 6－6 所示。

表 6－6　　HD 私募 2024 年以后预测利润表　　（单位：万元）

HD 私募							
利润表	2020 年	2021 年	2022 年	2023 年	2024 年	2025 年	2026 年
销售收入	12, 875. 8	18, 296. 7	20, 265. 3	23, 619. 0	26, 844. 0	30, 509. 3	34, 675. 1
增长率（%）		42. 1	10. 8	16. 5	13. 7	13. 7	13. 7

如果我们有更长时间的财务历史数据，或者季度的数据，那么我们可以做更细致的分析，例如我们可能会观察出某个企业或行业的周期性，那么增长率就需要进行滚动预测。

第二种方法是因果分析法。因果分析法是通过分析影响销售收入的各种因素（如市场需求、价格、促销策略等）与销售收入之间的关系，来预测未来销售收入的方法。这种方法能够揭示销售收入变化的根本原因。

简单来说，销售收入等于销量乘以销售单价，所以在预测的时候，一方面是考虑未来销售单价是否增长，随什么增长，另一方面是考虑销量是否增加，以什么速度增加。从销售单价入手，我们可以先分析历史的销售单价，如果相对稳定，我们可以考虑采用历史的平均销售单价，也可以在平均销售单价的基础上额外考虑每年的单价随通胀调整。再看销量的预测，我们需要研究相关的行业研究报告和咨询报告，报告中通常会提供行业长期的增长情况，可以此为参考。当然，销量和价格可能存在线性关系，进行因果分析时也需要充分考虑市场环境、行业竞争和产品生命周期等因素，如果有足够多的历史数据分析影响收入的因素，预测的结果就会更为准确。

此外，还可以通过调研或与公司的管理层深入交流，获得公司管理层设定的未来几年的收入增长。长期的收入假设，需要逐步调低收入增长率，使预测期末公司有一个合理的长期增长率（2%~4%）。

二、 成本预测

在预测未来的成本时，首先需要将成本分类，比如在HD私募中的销货成本中，将折旧摊销的费用剔除，因为折旧摊销作为非现金成本，与企业的资本性支出/固定资产有直接关系，在处理利润表中的成本时，折旧摊销需要从销货成本中剔除，我们需要根据表6-3现金流量表下信息，将折旧摊销部分的费用单独在表 6－4 的利润表中体现，整理后就会得到表 6－7。

表 6－7　　HD 私募 2021—2023 年利润表（处理后－2）　　（单位：万元）

HD 私募			
利润表	**2021 年**	**2022 年**	**2023 年**
销售收入	18, 296. 7	20, 265. 3	23, 619. 0
销货成本	12, 134. 9	13, 772. 5	15, 549. 5
毛利润	6, 161. 8	6, 492. 8	8, 069. 5
销售、管理及行政费用	2, 001. 4	2, 393. 9	2, 393. 1
息前税前折旧摊销前利润（EBITDA）	4, 160. 4	4, 098. 9	5, 676. 4
折旧和摊销	905. 1	881. 8	953. 1
经营利润（EBIT）	3, 255. 3	3, 217. 1	4, 723. 3
利息费用	226. 3	172. 5	120. 2
利息收入	37. 9	51. 8	19. 6
非经常损益	300. 0	200. 0	
税前利润	2, 766. 9	2, 896. 4	4, 622. 7
所得税	691. 7	724. 1	1, 155. 7
净利润	2, 075. 2	2, 172. 3	3, 467. 0
分配股利	305. 9	366. 7	507. 4

和预测收入一样，在进行成本预测之前，我们需要先分析目前影响成本的因素，从而形成假设并做出预测方案。一般来说，成本与销售之间存在密切的关系。随着销售收入的增加，企业可能需要增加生产、运输、销售等方面的投入，从而导致成本增加。所以，我们可以考虑使用销售额比例法对成本进行预测，这种方法基于过去的销售成本数据，通过计算占收入的比例来预测未来的销货成本、销售、管理及行政费用，

我们以 HD 私募的历史财务信息为例（见表 6-8）。

表 6-8　预测未来的销货成本　（单位：万元）

HD 私募						
利润表	**2021 年**	**2022 年**	**2023 年**	**2024 年**	**2025 年**	**2026 年**
销售收入	18, 296. 7	20, 265. 3	23, 619. 0	26, 844. 0	30, 509. 3	34, 675. 1
增长率（%）	42. 1	10. 8	16. 5	13. 7	13. 7	13. 7
销货成本	12, 134. 9	13, 772. 5	15, 549. 5			
占销售收入（%）	66. 3	68. 0	65. 8			
毛利润	6, 161. 8	6, 492. 8	8, 069. 5			
销售、管理及行政费用	2, 001. 4	2, 393. 9	2, 393. 1			
占销售收入（%）	10. 9	11. 8	10. 1			
息前税前折旧摊销前利润（EBITDA）	4, 160. 4	4, 098. 9	5, 676. 4			

首先我们可以算出 2021—2023 年销货成本占销售收入的比例分别为 66. 3%、68. 0%、65. 8%，销售、管理及行政费用占销售收入的比例分别为 10. 9%、11. 8%、10. 1%，成本与收入的直接的比例相对稳定，没有特殊数值需要额外处理，那么我们就可以参考这历史三年的成本比例来预测未来成本。有以下几种取值方式：

（1）基准方案：取最近三年百分比的均值；

（2）保守方案：取最近三年百分比的最大值；

（3）激进方案：取最近三年百分比的最小值。

根据预测，基准方案中 2024—2026 年的成本如表 6-9 所示。

表 6-9　　基准方案中 2024—2026 年的成本　　（单位：万元）

HD 私募						
利润表	2021 年	2022 年	2023 年	2024 年	2025 年	2026 年
销售收入	18, 296. 7	20, 265. 3	23, 619. 0	26, 844. 0	30, 509. 3	34, 675. 1
增长率（%）	42. 1	10. 8	16. 5	13. 7	13. 7	13. 7
销货成本	12, 134. 9	13, 772. 5	15, 549. 5	17, 906. 6	20, 351. 6	23, 130. 4
占销售收入（%）	66. 3	68. 0	65. 8	66. 7	66. 7	66. 7
毛利润	6, 161. 8	6, 492. 8	8, 069. 5	8, 937. 4	10, 157. 7	11, 544. 6
销售、管理及行政费用	2, 001. 4	2, 393. 9	2, 393. 1	2, 942. 4	3, 344. 2	3, 800. 8
占销售收入（%）	10. 9	11. 8	10. 1	11. 0	11. 0	11. 0
息前税前折旧摊销前利润（EBITDA）	4, 160. 4	4, 098. 9	5, 676. 4	5, 994. 9	6, 813. 5	7, 743. 8

此外，还可以通过因素分析法确认影响销售成本的各种因素（如原材料价格、人工成本、生产效率、销售量等），来预测销售成本的变化。这种方法需要对各种因素进行量化分析或通过回归分析模型来考虑它们之间的相互作用和影响。

三、 资本性支出预测

在企业的经营活动中，供长期使用的、其经济寿命将经历许多会计期间的资产，如固定资产、无形资产、递延资产等都要作为资本性支出。关于资本性支出的预测，如果是上市公司，未来计划性资本支出常常在其年报的管理层讨论与分析里描述。调研报告也可能提供未来两三年期间的资本性支出预测，也可以根据企业更新改造计划、未来发展计划、可行性研究报告、项目建议书等内容，结合项目实施的可能性等进行预测。

在没有具体指引的情况下，我们可以采用下面两种方法来预测资本性支出。第一种方法，也是比较普遍适用的方法——销售额比例法。资本性支出一般可以根据历史水平数表述为销售额的一个比例数，因为销售额的增长数字一般都需要得到公司资产总额增加的支撑。我们还是以HD私募为例，截取了利润表中的销售收入和现金流量表中的固定资产投资，并计算出了固定资产投资占销售收入的比例（见表6－10）。

表6－10　固定资产投资占销售收入的比例　（单位：万元）

HD私募						
利润表	2021年	2022年	2023年	2024年	2025年	2026年
销售收入	18,296.7	20,265.3	23,619.0	26,844.0	30,509.3	34,675.1
现金流量表						
投资活动产生的现金流						
固定资产投资	1,392.1	2,111.9	1,527.2			
占销售收入（%）	7.6	10.4	6.5			

我们可以算出2021—2023年固定资产投资占销售收入的比例分别为7.6%、10.4%、6.5%，固定资产投资与收入的比例相对稳定，在没有额外补充信息的情况下，不需要额外处理，那么我们就可以参考这历史三年的平均值作为未来固定资产投资占销售收入比例的假设输入。根据预测，2024—2026年的固定资产投资情况，如表6－11的所示。

如果可以明确资产重置成本及年限，我们可以采用第二种方法——资产重置法。资本性支出主要包括三部分：一是存量资产的正常更新支出（重置支出）；二是增量资产的资本性支出（扩大性支出）；三是增量资产的正常更新支出（重置支出）。对于存量资产和增量资产的更

表 6－11　　2024—2026 年的固定资产投资情况　　（单位：万元）

HD 私募						
利润表	2021 年	2022 年	2023 年	2024 年	2025 年	2026 年
销售收入	18, 296. 7	20, 265. 3	23, 619. 0	26, 844. 0	30, 509. 3	34, 675. 1
现金流量表						
投资活动产生的现金流						
固定资产投资	1, 392. 1	2, 111. 9	1, 527. 2	2, 191. 8	2, 491. 1	2, 831. 3
占销售收入（%）	7. 6	10. 4	6. 5	8. 2	8. 2	8. 2

新，按照资产在评估基准日（或投入使用时）的重置价格水平和资产使用年限确定未来年度所需的资产更新支出总额，在明确的收益预测期内以具体测算数进行确定。举个例子，预测某个发电站的未来 30 年内的资本性支出，电厂里大部分设备都可以使用 30 年，只有逆变器部分需要在第 20 年进行更换，那么就需要在第 20 年考虑更换逆变器的成本，重置价格等于当前价格乘以 20 年的通胀调整系数。不过这里需要注意的就是这个逆变器的寿命是 20 年，那么在预测期结束时，这个固定资产就会有一部分残值。

四、折旧摊销预测

折旧是指固定资产在使用过程中，随着其价值的逐渐消耗或转移，而将其价值分摊到各个会计期间的一种会计方法。折旧的对象是固定资产，如机器设备、建筑物等，其目的是在固定资产的使用寿命内，按照确定的方法对应计折旧额进行系统分摊。折旧的方法有多种，如直线法、加速折旧法、双倍余额递减法等，其中最常见的是直线法。摊销则是无形资产在使用过程中，将其成本分摊到各个会计期间的一种会计方法。摊销的对象是费用，如专利、版权等非物质资产和预付资产等。在预测时折旧和摊销的预测方式一样，我们就不再赘述了。折旧摊销一般的预测方法有两种，第一种方法是跟成本、资本性支出一样的，在没有额外补充信息时适用的方法，就是销售额比例法，可以使用历史折旧摊销费用占收入比例的平均值去预测未来的数据。因为跟其他成本的预测一样，我们就不再赘述了。

第二种方法是根据资产折旧年限设定一个详细计划表来预测，每年折旧摊销的费用将结合资本性支出和折旧摊销的年份假设来预测。我们仍以 HD 私募为例，从表 6 – 3 中可以找到 2023 年末的固定资产的账目值，根据财报中介绍，该固定资产的剩余折旧年限为 8 年，采用直线折旧，后续每年的折旧额等于 2023 年末的固定资产的账目值除以剩余折旧年份，可以算出未来 3 年该固定资产的折旧额为 689. 5 万元（即 5, 516/8 = 689. 5 万元），然后根据折旧额就可以算出每年固定资产的期初期末值，如表 6 – 12 所示。

表 6 – 12　　　　每年固定资产的期初期末值　　　　（单位：万元）

HD 私募					
折旧计划表		**2023 年**	**2024 年**	**2025 年**	**2026 年**
固定资产期初值		—	5, 515. 7	4, 826. 3	4, 136. 8
本年折旧		—	689. 5	689. 5	689. 5
固定资产期末值		5, 516	4, 826. 3	4, 136. 8	3, 447. 3
现有固定资产折旧年限	8 年				
固定资产的折旧额			689. 5	689. 5	689. 5

因为我们还有每年的固定资产支出，所以除了 2023 年末的固定资产之外，新增的固定资产也需要考虑折旧。根据新增资产的类型，假设

折旧期限为20年，采用直线折旧。采用阶梯式的折旧额计算方式，即2024年的折旧是原有固定资产部分的折旧（689.5万元）加上2024年新增固定资产的折旧额109.6万元（即2,191.8/20 = 109.6万元），2025年的原有固定资产部分的折旧加上2024年和2025年新增固定资产的折旧额124.6万元（即2,491.1/20 = 124.6万元），依次类推，就可以算出未来3年甚至更长时间的新增固定资产的折旧额，根据新增固定资产和其折旧额就可以更新每年固定资产的期初期末值。具体计算可见表6-13。

表6-13　每年固定资产的期初期末值　（单位：万元）

HD私募					
折旧计划表		**2023年**	**2024年**	**2025年**	**2026年**
固定资产期初值		—	5,515.7	6,908.5	8,476.0
当年新增资本性支出			2,191.8	2,491.1	2,831.3
本年折旧		—	799.1	923.6	1,065.2
固定资产期末值		5,516	6,908.5	8,476.0	10,242.1
现有固定资产折旧年限	8年				
固定资产的折旧额			689.5	689.5	689.5
新增固定资产折旧年限	20年				
2024年新增资本支出折旧额			109.6	109.6	109.6
2025年新增资本支出折旧额				124.6	124.6
2026年新增资本支出折旧额					141.6
折旧合计			799.1	923.6	1,065.2

这种预测方式需要综合考虑资产的原值、预计使用年限、预测新增固定资产、折旧或摊销方法以及会计准则和税法规定等因素，以确保计算的准确性和合规性。如果公司财务折旧与税务折旧的金额不

同，则会造成递延所得税资产或负债，也是我们在做测算的关注点之一。

五、营运资金预测

营运资金预测的基本方法之一是现金周转期法。现金周转期是先分析公司历史财务数据，计算出公司存货、应收账款和应付账款的周转速度；然后根据历史的周转速度预测未来一定期间内公司存货、应收账款和应付账款的周转速度，进而根据预测的周转速度和预测的收入成本预测出该期间内所需的营运资金。具体的周转天数的计算公式如下：

存货周转天数＝365天/存货周转次数＝365天/(销货成本/存货)

应收账款周转天数＝365天/收账款周转率＝365天/(销售收入/应收账款)

应付账款周转天数＝365天/应付账款周转率＝365天/(销货成本/应付账款)

其中，天数可以使用365天，也可以使用360天，具体取决于会计政策；存货（或应收账款、应付账款）可以采用期末值，也可以采用期初与期末的平均值。以HD私募为例，从表6－3中的利润表里可以找到该公司的销售收入和销货成本，资产负债表里可以找到应收账款、存货、应付账款，作为计算历史营运资本的基础。根据历史数据，测算2021年的应收账款周转天数为365/(18,296.7/3,245.5)＝64.7天，存货周转天数和应付账款周转天数的计算方法类似，此处就不列举了。其余的计算结果具体可见表6－14。

表 6－14　　应收账款周转天数等计算结果　　（单位：万元）

HD 私募						
利润表	**2021 年**	**2022 年**	**2023 年**	**2024 年**	**2025 年**	**2026 年**
销售收入	18, 296. 7	20, 265. 3	23, 619. 0	26, 844. 0	30, 509. 3	34, 675. 1
销货成本	12, 134. 9	13, 772. 5	15, 549. 5	17, 906. 6	20, 351. 6	23, 130. 4
资产负债表						
应收账款	3, 245. 5	5, 053. 6	5, 853. 5			
存货	91. 4	247. 4	348. 4			
应付账款	1, 832. 5	2, 923. 8	2, 786. 4			
应收账款周转天数	64. 7	91. 0	90. 5			
存货周转天数	2. 7	6. 6	8. 2			
应付账款周转天数	55. 1	77. 5	65. 4			

在计算出历史的周转速度之后，我们根据历史 3 年的平均周转速度预测未来公司存货、应收账款和应付账款的周转速度，那么未来应收账款周转天数、存货周转天数、应付账款周转天数分别为 82 天、6 天、66 天。进而，根据预测的周转速度和预测的收入成本预测出该期间内所需的营运资金。在确认周转天数后，根据周转天数的变形公式，预测出未来的存货、应收账款、应付账款，具体公式如下：

存货＝(存货周转天数/365 天)×销货成本

应收账款＝(应收账款周转天数/365 天)×销售收入

应付账款＝(应付账款周转天数/365 天)×销货成本

根据历史的周转速度，测算：

2024 年的应收账款＝(历史三年平均应收账款周转天数/365)×2024 年预测的销售收入＝(82. 1/365)×26, 844＝6, 036. 2 万元，存货周转天数和应付账款周转天数的计算方法类似，此处就不列举了。其余的计算结果具体可见表 6－15。

表 6－15　　2024 年应收账款等计算结果　　（单位：万元）

HD 私募						
利润表	**2021 年**	**2022 年**	**2023 年**	**2024 年**	**2025 年**	**2026 年**
销售收入	18, 296. 7	20, 265. 3	23, 619. 0	26, 844. 0	30, 509. 3	34, 675. 1
销货成本	12, 134. 9	13, 772. 5	15, 549. 5	17, 906. 6	20, 351. 6	23, 130. 4
资产负债表						
应收账款	3, 245. 5	5, 053. 6	5, 853. 5	6036. 2	6860. 4	7797. 1
存货	91. 4	247. 4	348. 4	285. 9	325. 0	369. 3
应付账款	1, 832. 5	2, 923. 8	2, 786. 4	3238. 1	3680. 2	4182. 7
应收账款周转天数	64. 7	91. 0	90. 5	82. 1	82. 1	82. 1
存货周转天数	2. 7	6. 6	8. 2	5. 8	5. 8	5. 8
应付账款周转天数	55. 1	77. 5	65. 4	66. 0	66. 0	66. 0

需要注意的是应收账款与销售收入挂钩，存货及应付账款与销货成本挂钩。如果有其他流动资产或其他流动负债，可以采用与应收账款或应付账款一样的现金周转期法预测，也可以采用销售额比例法预测。

第七章 项目投资决策

本章学习重点

◎ 理解投资决策指标中净现值、内部收益率、投资回收期等关键概念，掌握其计算方法，理解各项投资决策指标的局限性。

◎ 理解财务杠杆的概念，理解项目内部收益率和资本金内部收益率的含义。理解自由现金流、权益现金流、股利现金流的概念及区别，并掌握计算方法。

◎ 理解ESG概念及重要性，学习如何在企业估值中考虑ESG因素，及其对公司长期价值的影响。

第一节　投资决策指标

一、净现值

（一）什么是净现值

净现值是评估投资项目价值的重要指标，它表示的是一项投资在未来期间内产生的现金流的折现值与投资成本之间的差额。投资者需要支付的金额在某些时候会大于未来现金流的现值，在其他时候，投资者的投资会小于这个现值金额。一笔投资的净现值（NPV）等于最初为投资支付的价值（由于是资金的支出或是在初始时点的投资，因此这个数值表示为负的现金流）与投资带来的未来现金流现值之和，即：

$NPV = CF_0 +$ 未来现金流的现值

其中，CF_0 表示期初的投资总额，通常为负数。

如果净现值等于零，则投资者的收益率等于资本成本。换句话说，投资者凭借初始现金流（即这笔投资）取得的收益率，等于他在计算该投资现值时所使用的折现率。也就是说，投资者采用的折现率等于投资所赚取的收益率。

案例 7－1

下面我们考虑一个简单的债券。

假设发债公司正在发行或出售价值 1 亿元的债券，债券期限为 5 年，利息率为 8%，并按年支付利息。这意味着，发债公司将出售一种债券

（从本质上说，债券就是一种支付利息的欠条），并在未来的5年内每年按投资者的投资总额支付8%的利息（或者说，在债券的期限内每年支付800万元的利息）。这样，在第五年结束时，发债公司将支付最后一笔利息，并将本金返还给投资者。对于按平价购买1万元债券（债券的面值）的投资者来说，这笔投资的价值是多少呢？如表7－1所示。在这里，我们假设适用于投资者的折现率为8%。

表7－1　　　　净现值示例1

年度	第0年	第1年	第2年	第3年	第4年	第5年
利率（r,%）		8.0	8.0	8.0	8.0	8.0
每年收到的利息（元）		800	800	800	800	800
收到的本金（元）						10,000
现金流（CF_n，元）		800	800	800	800	10,800
折现率（r,%）		8.0	8.0	8.0	8.0	8.0
在时间点0的现值（元）		$800/(1.08)^1$	$800/(1.08)^2$	$800/(1.08)^3$	$800/(1.08)^4$	$10,800/(1.08)^5$
现值（元）		740.74	685.87	635.07	588.02	7,350.30
现值合计（PV，元）	10,000					
投资成本（CF_0，元）	－10,000					
净现值（$PV+CF_0$，元）	0					

请注意，折现率等于债券支付的票面利率。在这种情况下，现金流的现值（或投资价值）等于初始的投资额。这是为什么呢？如果你只能赚到“资本成本”，那么，这笔投资的现值就应等于最初为投资支付的金额。这就是净现值（NPV）等于0的情况。最初支付的金额为10,000元，由于这笔投资创造的收益率为8%，投资者的折现率也是8%，因此，投资期限内全部现金流的现值同样是10,000元。适用于投

资者的折现率之所以为8%，是因为市场上同样风险投资支付的平均收益率为8%，而不是因为债券支付了8%的票面利息率。

如果采用的折现率是5%，而不是资本成本的8%，且投资者的初始投资仍然是10,000元，会发生什么呢？我们看看投资的净现值将如何变化（见表7-2）。

表7-2　　净现值示例2

年度	第0年	第1年	第2年	第3年	第4年	第5年
票面利率或利率（r,%）		8.0	8.0	8.0	8.0	8.0
每年收到的利息（元）		800	800	800	800	800
收到的本金（元）						10,000
名义现金流（CF_n，元）		800	800	800	800	10,800
折现率（r,%）		5.0	5.0	5.0	5.0	5.0
在时间点0的现值（元）		$800/(1.05)^1$	$800/(1.05)^2$	$800/(1.05)^3$	$800/(1.05)^4$	$10,800/(1.05)^5$
现值（元）		761.90	725.62	691.07	658.16	8,462.08
现值合计（PV，元）	11,298.84					
投资成本（CF_0）	-10,000					
净现值（$PV+CF_0$，元）	1,298.84					

如本例所示，正的净现值表明，你购入投资或资产的价格低于其未来现金流的现值。这显然是一笔好的投资，因为这意味着投资者赚的资本收益率高于资本成本（即机会成本或资产的折现率）。另外，负净现值的投资显然不是好事，因为这意味着投资者得到的回报甚至还不足以补偿其支付的资本成本。

延伸阅读：投资收益率未达到资本成本的亏本生意

在财经领域，人们经常会说“没有赚回本钱”。在这里，他们说的就是净现值为正数或是负数的概念。如果一笔投资的净现值为正数，就说明投资创造的收益率超过其折现率。如果投资的净现值为负数，则投资的收益率低于折现率。这样的交易就可以说“没有赚回本钱”，因此，投资者为这笔投资投入的成本就会超过这笔投资可以实现的收益率。

换句话说，净现值也可以理解为投资方案所产生的现金净流量以资金成本为贴现率折现之后与原始投资额现值的差额。净现值法就是按净现值大小来评价方案优劣的一种方法。净现值大于零则方案可行，且净现值越大，方案越优，投资效益越好，或者说创造的价值越多。

从数学计算上来说，在相同的现金流情况下，折现率越高，净现值越小。这一点也很好理解，例如，将100元以10%的折现率向前折现1年，那么现值就是100/(1+10%)=90.91元，如果以更高的折现率12%向前折现1年，那么现值就是100/(1+12%)=83.33元。我们再看下面的这个例子（见表7-3）。

表7-3　　现金流示例

年度	第0年	第1年	第2年	第3年	第4年	第5年
现金流（元）	-1,000	300	300	300	300	300

假设按照以上的现金流分布，在不同的折现率情况下，我们计算出项目的净现值见表7-4。

表 7-4　　净现值计算

折现率（%）	净现值（元）
8	198
9	167
10	137
11	109
12	81
13	55
14	30
15	6
16	-18
17	-40
18	-62
19	-83
20	-103
21	-122

项目净现值和项目的投入以及项目的后续产出有直接关系。除此之外，最为重要的一个因素就是折现率了。从上面的例子可以看出来，针对同一现金流，折现率越高，净现值越小（见图 7-1）。

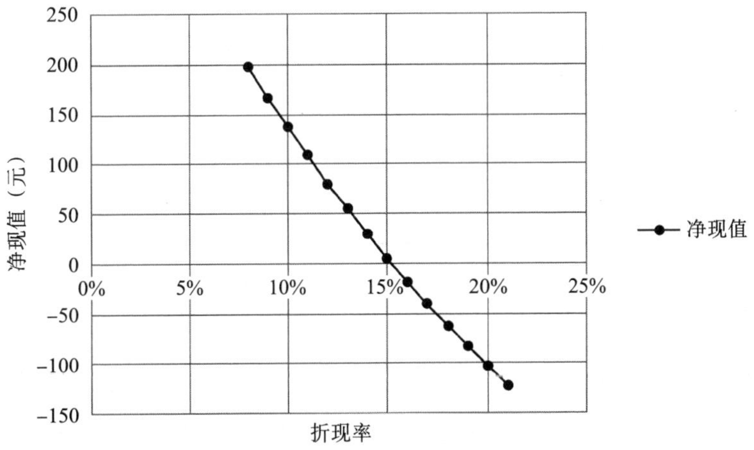

图 7-1　折现率与净现值

对投资人来说，折现率就代表着资金成本。净现值计算需要以资金成本作为折现率计算，在此情况下，如果净现值大于0，说明项目创造的价值大于资金成本，为股东创造价值，项目可行。净现值小于0，说明项目回报小于资金成本，带来的是价值的损失，项目不可行。

（二）净现值指标的局限性

净现值是财务教科书中被推荐得最多的指标，因为净现值代表创造的新增价值，而且是绝对值，特别是在几个项目之中，只能选一个项目的情形下，此时，净现值无疑是最佳指标。下面我们来看项目A和项目B的数据（见表7－5、图7－2）。

表7－5　　投资决策指标

项目A的指标	第0年	第1年	第2年	第3年	第4年	第5年
	－500	160	160	160	160	160
IRR（%）	18					
折现率（%）	12					
净现值（元）	77					
项目B的指标	**第0年**	**第1年**	**第2年**	**第3年**	**第4年**	**第5年**
	－1,000	**300**	**300**	**300**	**300**	**300**
IRR（%）	15					
折现率（%）	12					
净现值（元）	81					

从项目A和项目B可以看出，项目A具有较高的内部收益率，项目B的内部收益率虽然较低，但是有较高的净现值，而且从曲线上来看，在两条曲线交叉点上，也是项目A和项目B在不同折现率情形下，对应不同的净现值高低的分界点。当折现率在C点左边时，项目B具

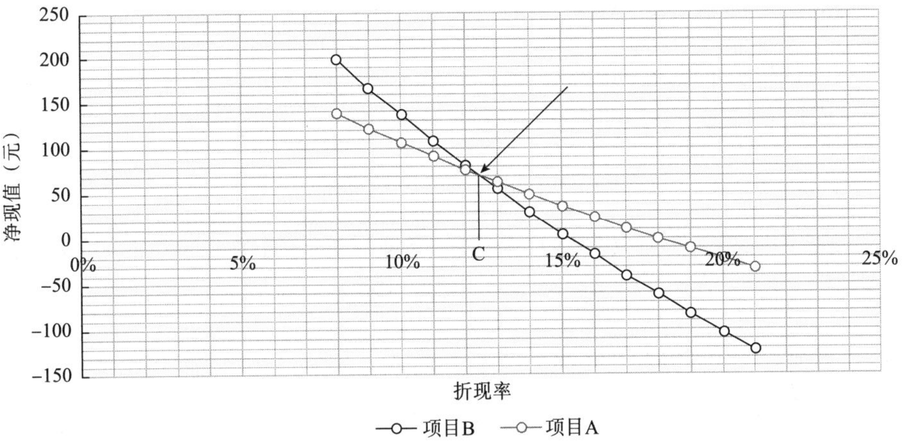

图7-2　互斥项目

有较高的净现值，在C点右边时，项目A具有较高的净现值。

净现值方法的优点就是衡量的绝对值增加，通过绝对值比较，可以选出价值增加最大的项目。但是净现值方法的局限性在于折现率的确定。折现率的不同，对净现值影响较大，且折现率的确定较为复杂，不论是加权平均资本成本，还是资本资产定价模型，相关数据取值不存在绝对的标准。

在实际工作中，更多的是衡量项目的相对收益，也就是主要采用内部收益率作为投资判断指标。

二、内部收益率

（一）什么是内部收益率

前文我们介绍了净现值的概念，在这个基础上，我们提出了内部收益率（Internal Rate，IRR）的概念。IRR只是一种特殊的折现率——即投资创造的净现值等于零时所对应的折现率。

譬如，如果一笔投资将在未来第 5 年末给投资者带来 10,000 元的收入，且投资者在零时间点（t_0）支付的初始投资成本为 8,000 元，那么，这笔投资的内部收益率（IRR）等于 4.6%，即：

$$0 = -8,000 + 10,000/1.046^5$$

由于内部收益率只是导致某个投资项目净现值等于零时的折现率，因此，在计算内部收益率时，我们需要采用多次迭代的方法，直到得出这个导致净现值为零的折现率。鉴于此，采用财务计算器或电子表格软件更易于完成这种迭代。重要的是，内部收益率只是一个特殊的折现率——投资现值等于为投资所支付成本的金额。换句话说，内部收益率就是导致净现值等于 0 的折现率。

投资者往往根据不同的购买价格通过内部收益率来衡量一笔投资的收益水平。在上面的例子中，如果投资者支付的初始价格是 5,000 元，而不是 8,000 元，那么，投资的内部收益率就应该是 14.9%（如果投资者支付的是 8,000 元，则内部收益率为 4.6%）。投资者需要将预测的内部收益率与资本的机会成本进行比较，如果项目带来的内部收益率大于资本成本，有些人就会选择投资。也就是说，这与确定净现值是否大于 0 的方式相同。

除了使净现值等于 0 时的折现率这个概念来理解内部收益率，还有什么更好的理解方式吗？从另一个维度来说，内部收益率是初始投资到投资期末的复合收益率，同时也可以理解为再投资收益率，即内部收益率的隐含含义就是再投资收益率。

我们以表 7－1 现金流示例来说明。

案例 7 - 2

在初始投资为 1,000 元，之后每年现金流为 300 元的情形下，我们计算得出的结果为内部收益率约等于 15%。我们用初始投资 1,000 元来计算 5 年的复利终值，那么结果约等于 2,032 元［即 $1{,}000 \times (1+15\%)^5$］。所谓再投资收益率，是指项目收到的现金流，再以内部收益率为标准投资出去。例如，在第一年实现的 300 元现金流，就会假设再以内部收益率为标准投资出去，那么到第二年就增值为 $300 \times (1+15\%) = 346$。同理，第二年实现的 300 元现金流还要继续以内部收益率来再投资。依次类推，到第五年末，我们可以看到累计实现的收益合计是 2,032 元。这个数据和年初投资按内部收益率进行复利计算的结果是完全一致的（见表 7 - 6）。

表 7 - 6　　再投资收益率示例

指标	第 0 年	第 1 年	第 2 年	第 3 年	第 4 年	第 5 年
	-1,000	300	300	300	300	300
IRR（%）	15					
第一年收益（元）		300	346	398	459	529
第二年收益（元）			300	346	398	459
第三年收益（元）				300	346	398
第四年收益（元）					300	346
第五年收益（元）						300
合计收益（元）						2,032

理解了内部收益率其中隐含的再投资收益率概念，那么在理解内部收益率的局限性就有了比较清楚的认识。在实际业务中，再投资收益所隐含的概念就是投资人要不断地将项目产生的现金流以和内部收益率相同的内部收益率进行再投资。如果投资人在收到现金流后，并没有实现

再投资，那意味什么样的回报率呢？我们假设每年产生的现金流完全沉淀在公司，且没有任何收益，那么到第五年年末的时候，就是将每年产生的300元现金流静态求和，结果是1,500元。我们按初始投资1,000元，5年后实现的终值收益是1,500元，以此进行收益率反算，发现在这种情况下，复利由原来的15%降低为8.4%。

（二）内部收益率的局限性

内部收益率计算简单，只需要有现金流就可以计算，而且计算结果很容易和目标收益率进行比较。特别是在实际应用中，企业投资判断的主要方式是取决于内部收益率是否满足公司的门槛收益率要求。因此，在多数情况下，内部收益率就成为公司项目投资决策的主要参考指标。但是，内部收益率的应用也有一些局限性，需要特别注意。

内部收益率只适用于常规现金流分布，所谓常规现金流分布就是前期现金流出，后期现金流入，在整个项目周期内，现金流的正负号只变化一次。这里涉及数学公式求解问题，简单来说，内部收益率求解是一元n次方程，如果现金流无正负号变化，则无解，即不存在内部收益率；若正负号变化一次，则方程会有唯一解。若现金流正负号变化两次或以上时，则会存在内部收益率多解的情况，例如表7-7不规则的现金流。

表7-7　　现金流变化　　（单位：元）

年度	第0年	第1年	第2年	第3年	第4年	第5年	第6年	第7年
现金流	-2,000	1,000	-500	4,000	-1,000	6,000	0	-9,000

$$-2,000+\frac{1,000}{1+x}-\frac{500}{(1+x)^2}+\frac{4,000}{(1+x)^3}-\frac{1,000}{(1+x)^4}+\frac{6,000}{(1+x)^5}+\frac{0}{(1+x)^7}-\frac{9,000}{(1+x)^8}=0$$

按照净现值等于0的结果，我们可以列出上面的数学公式，求内部收益率的过程，也就是解一元n次方程。n次方程应该有n个解（其中包括负数根和重根），很明显，负根并无经济意义。只有正实数根才能是项目的内部收益率，而方程的正实数根可能不止一个。n次方程式的正实数根的数目可用笛卡尔符号规则进行判断，即正实数根的个数不会超过项目现金流量序列（多项式系数系列）的正负号变化的次数p（如有系数为零，则按无符号处理）。从数学结论上来说，项目的现金流求解出来的内部收益率的个数取决于现金流的序列由正转负或者由负转正的次数。

假设这个次数为P。

如果P=0（正负号变化0次），则方程无解；

如果P=1（正负号变化1次），则方程有唯一解；

如果P=2（正负号变化2次），则方程的正解<2个，依次类推。

也就是说，若项目的净现金流（p=0，1，2，…，n）的正负号仅变化1次，内部收益率方程肯定有唯一解。而当净现金流序列的正负号有多次变化（2次或2次以上），内部收益率方程可能有多解。

为了便于大家理解，根据以上现金流，我们来计算不同折现率情况下的净现值，就得到图7－3。

从图7－3中我们可以看出，随着折现率变化，曲线和横轴交叉了两次，即在计算范围内，至少存在两个折现率均可以使净现值为0，所以这就是我们所说的内部收益率多解的情况。因此，我们在工作中，要尽量避免出现现金流正负号发生两次或两次以上的变化。

针对一些实际情况，例如大修会导致当年现金流出大幅增加，如果

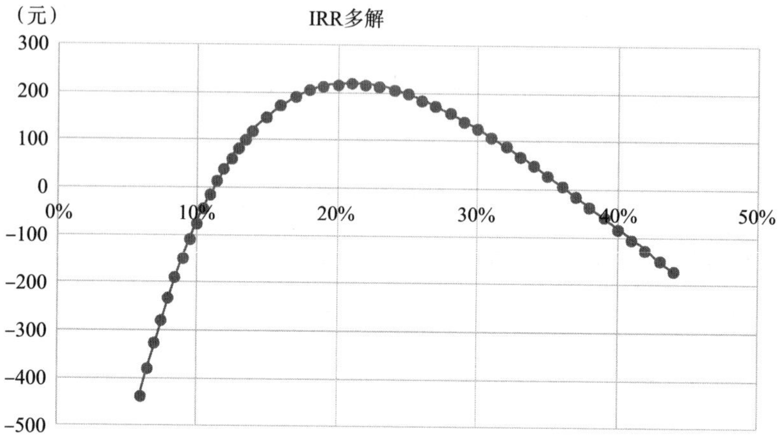

图 7－3　IRR 多解

因为大修费用导致现金流序列正负号发生变化，则建议对模型进行处理，将大修费用分摊到前面几年作为现金流支出，避免现金流的大幅波动，导致正负号发生变化。

（三）在现金流是不规则时间变化时，内部收益率采用 XIRR 函数

在 Excel 计算中，第一个单元格为假设时间起始点，第二个单元格默认为本年年末，第三个单元格则为第二年年末，其余依次类推。如果现金流属于不规则现金流，则可以采用 XIRR 函数精确地对应时间。

即使 Excel 单元格的数字每一个都对应的是年份数据，则在工作中仍然建议使用 XIRR 函数。

案例 7－3

对于某个绿地项目，假设建设期 1 年，投资 1,000 万元，后续投产后每年产生 300 万元的现金流，经营期为 5 年，则很容易写成表 7－8 的计算方式。

表 7 – 8　　**计算现金流**　　（单位：元）

年度	第 0 年	第 1 年	第 2 年	第 3 年	第 4 年	第 5 年
现金流	–1,000	300	300	300	300	300

如果按上面的现金流直接使用 IRR 计算，则可以得出内部收益率为 15%。但是在实际情况中，如果假设 1,000 万元在建设期期初投入，那么年份数字 1 仅仅代表项目刚刚投入运营，还未产生现金流。在项目运营 1 年后，才会对应产生现金流。因此，如果按照现金流在年末发生的假设，实际现金流分布应该如表 7 – 9 所示。

表 7 – 9　　**实际现金流**　　（单位：元）

年度	第 0 年	第 1 年	第 2 年	第 3 年	第 4 年	第 5 年	第 6 年
现金流	–1,000	0	300	300	300	300	300

按照 XIRR 公式重新计算一下，就会发现 IRR 此时变为 11%，远远低于刚才的 15%。因此，简单按照默认的方式计算 IRR，考虑到建设期投入和投产后产生现金流的情况，就会高估 IRR。所以，在工作中，应该使用 XIRR，将每一笔现金流对应具体时间，这样就不会发生任何现金流错配的现象。

三、 投资回收期

投资回收期就是使累计的收益等于最初的投资费用所需的时间。投资回收期就是指通过资金回流量来回收投资的年限。投资回收期的概念非常亲民，不论有没有学过财务理论知识，做投资决策的时候最先考量的就是我投资了 100 万元，什么时候可以先把本金收回来。这个收回本金的期限，就是我们所说的投资回收期。

按是否考虑时间价值，投资回收期可以分为静态投资回收期和动态投资回收期。静态投资回收期是在不考虑资金时间价值的条件下，以项目的净收益回收其全部投资所需要的时间。投资回收期可以自项目建设开始年算起，也可以自项目投产年开始算起，应在投资文档中注明。动态投资回收期，就是考虑时间价值后，以每年现金流折现后的数据来计算投资回收期。

投资回收期指标容易理解，计算也比较简便。项目投资回收期在一定程度上显示了资金的回收速度。显然，资金回收速度越快，回收期越短，风险越小，盈利越多。对于那些技术上更新迅速的项目、资金相当短缺的项目或未来的情况很难预测而投资者又特别关心资金风险的项目，进行投资回收期分析是特别有用的。

投资回收期指标也有局限性。投资回收期指标比较容易理解，且在实务中经常使用的是静态投资回收期，更为简单。不足的是，投资回收期没有全面考虑投资方案整个计算期内的现金流量，即忽略了发生在投资回收期之后的收益，只考虑回收之前的效果，无法准确衡量方案在整个计算期内的经济效果。由于这些局限，投资回收期通常作为辅助评价指标。

投资回收期的弊端就是没有衡量投资回收期后的现金流情况。例如，按下面的两个现金流分布情况来看，项目 A 投资回收期为 4 年，内部收益率为 22%；项目 B 投资回收期为 3 年，内部收益率为 17%。项目 A 投资回收期长，但是内部收益率反而更高，就是因为投资回收期之后的现金流更优（见表 7 - 10）。

表 7－10　　IRR 与投资回收期　　（单位：元）

年度	第0年	第1年	第2年	第3年	第4年	第5年	第6年	第7年
项目 A 现金流（IRR 为 22%）	－1,000	250	250	250	250	400	400	400
项目 B 现金流（IRR 为 17%）	－1,000	333	333	333	150	150	150	150

四、投资决策指标总结

现在，我们可以对投资决策指标做一个总结（见表 7－11）。对实际工作来说，最常用到的指标就是内部收益率，也是公司董事高管最关心的指标。因为只要内部收益率大于公司设定的基本收益率，那净现值就会大于0。对于在投资决策过程中，如何对项目的内部收益率进行优化，哪些因素是影响内部收益率的关键驱动因素，我们会在后续章节中进行解读。

表 7－11　　投资决策指标比较

优缺点	内部收益率	净现值	投资回收期
优点	简单，最为实用，是实际工作最常用指标	价值的绝对值衡量指标	概念简单
缺点	适用于常规现金流分布情况，否则存在 IRR 多解的情况	折现率确定较为复杂 实际工作中通常更看重投资收益率	不能体现投资回收期之后的项目收益情况 通常使用的静态投资回收期不考虑时间价值

第二节　财务杠杆、现金流与投资决策

一、财务杠杆与内部收益率

一般情况下，内部收益率大于等于基准收益率时，该项目是可行的。在项目投资决策中，根据分析层次的不同，内部收益率分为全投资内部收益率（也称为项目内部收益率，Project Internal Rate of Return，即PIRR）和股本金内部收益率（也称为资本金内部收益率或权益内部收益率，Equity Internal Rate of Return，即EIRR）。

全投资内部收益率（或称为项目内部收益率），是假设没有考虑任何财务杠杆情形下的收益率。股本金内部收益率是在考虑财务杠杆之后，投资人的股本金投入所产生的投资回报。

全投资内部收益率和股本金内部收益率及银行贷款利率，这三者之间的关系比较容易理解。举例来说，如果一个项目投入是100元，在1年后可以实现10%的回报率，在没有任何银行融资的情况下，全投资内部收益率是10%，如果投资人完全不考虑银行融资，全部用自己的资金投入，那么投资人实现的回报率也就是10%。如果投资人可以用5%的银行利率去借款50元，投资人自己投入50元，项目依然产生10元收益，不过需要先减去银行的利息成本后，剩余7.5元（即10－50×5%）才是投资人的收益。按照投资人投入的50元本金，我们发现投资人在借助财务杠杆情况下的投资回报率由10%提升为15%（即7.5/

50×100%）。如果投资人只出 10 元投资，其余 90 元依然都采用银行借款，那么一年后投资人的回报率就是 55%［即（10－90×5%）/10］。我们从简单的数据计算就可以看出来，自有资金投入越少，银行借款越多，也就是我们所说的财务杠杆越高，投资人的自有资金回报率就越高。当然，投资人借助财务杠杆可以提升回报率的前提就是项目回报率要大于银行借款成本（利率），这样才能体现资金的杠杆效应。相反，如果项目的收益率只有 10%，但是银行的借款利率要 15%，那么我们就会发现，借款越多，投资人的回报率会越低。

财务杠杆对投资人来说就是"双刃剑"。采用较高的财务杠杆，可以提升股本金回报率。但是财务杠杆越高，财务风险就越高，项目一旦出现下行风险，就很有可能出现现金流风险。

在实务中，很多公司都设置了最低的股本金回报率的要求，但是没有约定财务杠杆比例。所以，在审查项目投资建议书的时候，不仅要关注项目实现的股本投资回报率，还要看假设的财务杠杆比例。

二、自由现金流、权益现金流与股利现金流

估值方法中的收益法，也就是我们常说的现金流折现（DCF）是并购投资最常使用的方法，可以说是最终收购价格确定的基准方法。市场法往往用来作为辅助判断指标，比如说 EV/EBITDA 或其他行业类的估值指标。对投资者来说，判断一个项目是否能达到投资回报门槛的指标是内部收益率（也可以称为自有资金内部收益率、资本金内部收益率，或是股本内部收益率）。很多人可能都知道现金流折现、或是更加熟悉加权平均资本成本（WACC），但在工作中又会发现经常有人提到不同

的概念，特别是投行顾问给出的估值结果，往往同时采用自由现金流折现，权益现金流折现和股利折现三种方法，估值结果有时也大不相同。那么如何来理解这三种方法，结果相差很远的情况下，如何来做决策，每种方法适合什么项目呢？我们以案例来说明。

案例 7－4

为了方便读者理解，我们假设了一个案例情景，我们就称为橙子项目。表 7－12 中虽然所有的数据都是模拟的，并非以真实案例为背景，但是效果和真实案例是一样的。首先我们假设了计算加权平均资本的一些参数。

表 7－12　　　　假设参数

资本成本假设		项目基本参数假设		资产负债表假设	
股本比例（%）	40	销售收入（元）	37,000	现金（元）	5,000
债务比例（%）	60	增长率（%）	0	固定资产（元）	95,000
		毛利率（%）	30	总资产（元）	100,000
股权成本占比（%）	12	折旧年限（年）	20	负债（元）	60,000
债务成本占比（%）	6	贷款偿还年限（年）	15	权益（元）	40,000
所得得率（%）	25	经营期限（年）	20	负债及所有者权益（元）	100,000
加权平均资本成本	7.5	现金收益率（%）	2		

首先，我们假设投资人要求的投资回报率是 12%，就是我们常说的股本金内部收益率。这里我们没有用资本资产定价模型（CAPM）去计算股权成本，而是直接给出了我们要求的回报率水平。虽然资本资产定价模型前面简单介绍过，但是在实务当中使用的时候没有一个绝对的标准，特别是计算海外国家的股权成本的时候也没有统一的标准和方法，即使是著名的会计事务所，其计算方法也各不相同。

根据我们假设的参数，我们得出加权平均资本成本是7.5%，同时我们按照这个资本结构假设了一个初始的资产负债表，符合我们的资本结构。我们也假设了项目的基本参数。根据项目的基本假设，我们很容易模拟计算出来项目的利润表（见表7－13），这也是我们后面计算各种现金流的基础。

表7－13　　利润表

指标 \ 年度	第1年	第2年	第2年	第4年	第5年	第6年	第7年
销售收入（百万元）	37,000	37,000	37,000	37,000	37,000	37,000	37,000
增长率（%）		0	0	0	0	0	0
经营成本（百万元）	25,900	25,900	25,900	25,900	25,900	25,900	25,900
毛利率（%）	30	30	30	30	30	30	30
EBITDA（百万元）	11,100	11,100	11,100	11,100	11,100	11,100	11,100
折旧（百万元）	4,750	4,750	4,750	4,750	4,750	4,750	4,750
息税前利润（百万元）	6,350	6,350	6,350	6,350	6,350	6,350	6,350
财务费用（百万元）	3,480	3,240	3,000	2,760	2,520	2,280	2,040
税前利润（百万元）	2,870	3,110	3,350	3,590	3,830	4,070	4,310
所得税（百万元）	718	778	838	898	958	1,018	1,078
净利润（百万元）	2,153	2,333	2,513	2,693	2,873	3,053	3,233

（一）自由现金流及计算公式

在展示具体的估值结果之前，我们先回顾一下几个基本的概念和计算公式。首先是自由现金流。自由现金流代表的是归属股东和债权人的现金流，因此折现采用的折现率也是加权平均资本成本（WACC），自由现金流的计算公式如下：

自由现金流＝息税前利润×(1－所得税率)＋折旧摊销－营运资本增加－资本性支出
＝息前税后利润＋折旧摊销－营运资本增加－资本性支出

需要特别强调的一点是，自由现金流折现的结果是包括股东和债权人共享的价值，所以也是企业价值。如果要在自由现金流折现的基础上计算股权价值，还需要根据企业价值和股权价值的推导公式进行计算。

企业价值＝股权价值＋净负债＋少数股东权益＋优先股

其中，净负债＝有息负债－现金及等价物

根据上面的公式，我们很容易得出股权价值的公式：

股权价值＝企业价值－净负债－少数股东权益－优先股

（二）权益现金流及计算公式

权益现金流则是在自由现金流的基础上减去支付给债务人的利息和还本的义务之后，完全归属于股东所支配的现金流，所以折现率自然也应该采用股本成本的折现率。通常，我们以净利润为基准，来推导权益现金流。

权益现金流＝净利润＋折旧摊销－银行还本－营运资本增加－资本性支出

延伸阅读：利息收入是否包括在权益现金流计算中

投资很常见的一种情况就是企业账面有大量现金，但是由于亏损或其他原因，不能派发股利。在做项目财务模型的时候，通常也会因折旧而沉淀大量资金。从正常情况来看，在财务模型中考虑沉淀的现金的利息收入并体现在利润表中，应该是符合实际情况的。如果财务模型采用股利折现的方式，这种计算也完全没有问题。但是如果估值是采用权益现金流折现或自由现金流折现的方式，在这种情况下，项目产生的现金流都会在产生的时间点纳入估值并进行折现，并不会再产生多余的现金利息收入。所以，在采用权益现金流计算股权价值时，是不需要将资金的利息收入纳入计算的。

（三）股利现金流

股利是实际派发的股利，也是完全支付给股东的部分，所以对股利折现来说，也是采用股本成本作为折现率来计算股权价值的。股利派发取决于两个条件，一是当年有可分配的净利润，二是账面上要有现金可以分配，二者缺一不可。

折旧摊销不是现金支出，所以计算现金流的时候要在净利润的基础上加回折旧摊销。特别是对项目投资来说，资本性支出往往是一次性的，营运资本通常也保持稳定。贷款偿还完成以后，现金流基本上就是净利润加回折旧摊销，但是分配的股利只能基于净利润分配，所以在这种情况下，多余的现金就沉淀在企业内部而无法向投资者进行分配。对于相同的项目来说，当年派发的股利就会小于当年产生的现金流，两者的差异就在于折旧。在实际中，企业可以通过现金归集的方式，用这部分现金去发展新的项目，但是对于单一项目投资决策的估值来说，自然不能再假设这笔闲置资金去投资额外的项目。在这种情形下，可以假设闲置资金产生存款的利息收入。在我们的案例中，我们假设现金存款利息率是2%，按照上一年期末现金进行计算，并直接加入到股利现金流中。

为了计算方便，我们在案例中假设营运资本变化和新增资本性支出都是零，这不会影响我们的结论。

（四）不同现金流折现的对比

自由现金流折现的结果是企业价值，我们要通过企业价值和股权价值的推算关系，从企业价值中推导出股权价值。权益现金流折现的结果加上账面的现金，就是我们说的股权价值。因为权益现金流折现是未来的现金流，不包括现有的账面现金，从股权价值的概念上来说，还需要在权益现金流折现的基础上加上账面现金。对于股利折现，因为账面现金已经参与到后续股利支付的过程中了，所以股利折现的结果就是股权价值，不需要做任何处理。我们可以看到，基于相同的股权成本，三种现金流折现的结果完全不同（见表 7－14）。

表 7－14　　计算结果　　（单位：万元）

自由现金流折现		权益现金流折现		股利折现	
企业价值	96, 975	股权价值	37, 139	股权价值	29, 564
负债	60, 000	负债	60, 000	负债	60, 000
现金	5, 000	现金	5, 000	现金	5, 000
股权价值	41, 975	企业价值	92, 139	企业价值	84, 564

从上面的结果我们可以看出，自由现金流折现股权价值最高，为 41, 975 万元，权益现金流为 37, 139 万元，股利折现现金流计算出的股权价值最低，只有 29, 564 万元。从这个数据可以看出，不同方法之间的差距还是很大的。真是不算不知道，一算吓一跳。

自由现金流的折现率，也就是加权平均资本成本，这个方法最大的问题就是折现率项目全寿命期保持不变，也就是资本结构保持稳定。但是对任何一个项目投资决策来说，实际情况都是假设银行贷款逐步偿还，也就是单一项目的资本结构随着贷款的偿还，负债比例越来越低，权益比例越来越高，资本结构是在不断发生变化的。因为债务成本低，股本成本高，所以单一项目实际的资本成本在后期逐步向股本成本靠近。在项目贷款全部偿还完成后，项目的资本成本就等于股本成本。自由现金流按照资本结构不变的假设来进行计算，没有考虑到后期资本结构比例变化导致资本成本升高的情形，在这种情况下，以自由现金流折现的结果而推导出来的股权价值肯定要大于权益现金流折现计算的股权价值（见表7－15）。

表7－15　　自由现金流折现　　（单位：万元）

指标	第0年	第1年	第2年	第3年	第4年	第5年	第6年	第7年
息前税后利润		4, 763	4, 763	4, 763	4, 763	4, 763	4, 763	4, 763
折旧		4, 750	4, 750	4, 750	4, 750	4, 750	4, 750	4, 750
流动资金变化								
资本性支出								
自由现金流		9, 513	9, 513	9, 513	9, 513	9, 513	9, 513	9, 513
企业价值	96, 975							

当然，另外一种方式就是自由现金流折现也采用每年变化的折现率，这种方式肯定就是折现率越往后越高，因为权益比例越来越高。这种方式的计算结果就会与权益现金流折现的结果非常接近。

对权益现金流折现来说，一直都是采用股本成本，因此是最符合项目权益现金流特点的估值方式，也是现金流折现的主要方式（见表7－16）。

表 7-16　　　　权益现金流折现　　　　（单位：万元）

指标	第0年	第1年	第2年	第3年	第4年	第5年	第6年	第7年
净利润		2,153	2,333	2,513	2,693	2,873	3,053	3,233
折旧摊销		4,750	4,750	4,750	4,750	4,750	4,750	4,750
贷款还本		4,000	4,000	4,000	4,000	4,000	4,000	4,000
流动资金								
资本性支出								
权益现金流		2,903	3,083	3,263	3,443	3,623	3,803	3,983
权益现金流折现	32,139							
现金	5,000							
股权价值	37,139							

对于股利折现来说，因为有大量的现金沉淀在企业，不能作为当期投资者的回报，虽然闲置现金会产生利息收入，但是现金存款利率小于投资者要求的回报率水平，这是导致股利折现值较小的原因（见表 7-17）。

表 7-17　　　　股利折现　　　　（单位：万元）

指标			第1年	第2年	第3年	第4年	第5年	第6年	第7年
净利润			2,153	2,333	2,513	2,693	2,873	3,053	3,233
期初未分配收益			0	0	0	0	0	0	0
本年可分配股利			2,153	2,333	2,513	2,693	2,873	3,053	3,233
本年股利			2,153	2,333	2,513	2,693	2,873	3,053	3,233
期末未分配收益			0	0	0	0	0	0	0
期初现金			5,000	5,750	6,500	7,250	8,000	8,750	9,500
本年可用于分配的现金流			2,903	3,083	3,263	3,443	3,623	3,803	3,983
本年可用于分配的现金			7,903	8,833	9,763	10,693	11,623	12,553	13,483
本年派发股利			2,153	2,333	2,513	2,693	2,873	3,053	3,233
期末现金		5,000	5,750	6,500	7,250	8,000	8,750	9,500	10,250
股利现金流			2,153	2,333	2,513	2,693	2,873	3,053	3,233

续表

指标			第1年	第2年	第3年	第4年	第5年	第6年	第7年
现金利息收入			100	115	130	145	160	175	190
期末现金释放			0	0	0	0	0	0	0
股利现金流合计			2,253	2,448	2,643	2,838	3,033	3,228	3,423
股权价值	29,564								

对于单一项目估值来说，特别是预测时间比较长，贷款需逐渐偿还的项目，权益现金流折现是比较好的方式。对于上市公司估值，预测期比较短，通常为5~7年，资本结构假设不发生变化的情况下，自由现金流方式较为合适。对于参股类型项目，投资人无法控制现金流，则采用股利折现的方式比较合适。不同估值方法适用情形见表7-18。

表7-18　　不同估值方法适用情形

估值方法	自由现金流	权益现金流	股利现金流
适用情形	上市公司估值，预测期限为5~7年，资本结构保持稳定	单一项目投资估值，预测期限为15~30年，项目贷款逐步偿还	参股项目，投资人无法控制和支配现金流

三、ESG与企业估值

（一）什么是ESG

ESG是“Environment，Social and Governance”的缩写，是指“环境、社会和公司治理”。ESG强调的是企业不仅要关注财务绩效，也要从环境、社会及治理角度衡量企业价值，使企业履行社会责任的表现可量化、可比较，并可持续改善。环境（Environmental），是指考虑企业对环境的影响，例如企业环保政策、员工环保意识、生产废弃物排放措施等。社会（Social）是指考虑企业对社会的影响，例如企业社区关系、员工健康、职场性别平等；治理（Governance）是指考虑企业的公司治理，例如内部权力争夺、管理层的有效监督、高管腐败等。

ESG的兴起，源于全球共识和自身独特的禀赋。一方面，随着全球气候、环境、人权等问题日益受到重视，可持续发展已成为全球共识；另一方面，随着信息化程度和市场有效性的不断提高，传统的金融基本面和定量定价信息的应用趋于成熟和拥挤，而ESG体系为投资者开辟了全新的投资评估工具和资本投资渠道。

从发展渊源来看，ESG投资行为可以追溯到道德投资（Ethical Investment），其投融资活动深受西方宗教教义和教会基金的影响。早在16世纪，就出现了价值观驱动的道德投资形式，这一理念后来被后人奉为圭臬，如反对制造核武器、投资军事的和平女神世界基金就诞生于20世纪中后期。20世纪60年代，在获取回报的同时兼顾社会责任、道德行为、环境保护等理念的道德投资演变为早期的社会责任投资。20世纪90年代，社会责任投资的概念进一步发展为可持续责任投资，ESG投资框架逐渐形成。2004年，联合国全球契约出版物《在乎者即赢家》正式提出了“ESG投资”的概念。随着“ESG投资”的正式提出，ESG的概念也得到了公众的认可。2014年以来，ESG资产管理规模以每年25%的速度增长。目前，越来越多的公司、投资者，甚至是监管机构都开始关注ESG，全球范围内各大证券交易所也已在ESG方面布局。随着2022年5月《提高央企控股上市公司质量工作方案》的发布，按照国资委的部署安排，将推动更多央企控股上市公司披露ESG

专项报告。

从参与主体来看，ESG 产业生态圈可分为 ESG 治理实践和 ESG 投资实践，其中 ESG 投资是建立在企业 ESG 治理实践基础之上的。狭义上，ESG 投资是关注环境、社会、治理等非财务绩效的企业价值和风险的系统方法论，可以引导资本进行可持续投资，在较长的时间维度上获得正收益。广义上讲，ESG 投资是一种兼顾经济、环境、社会和治理效益可持续协调发展的价值观，是一种追求长期价值增长的投资理念。

（二）ESG 对估值的影响

绝对估值现金流模型中，ESG 相关风险和机遇可以通过影响企业未来的自由现金流（分子端）、资本成本（分母端）以及现金流的预期增长率等传导机制来影响企业估值。其中，ESG 因素对自由现金流的影响可以通过成本收入等基本财务指标分析。资本成本可以拆解成股权成本和债权成本，ESG 相关风险传导影响系统性风险和 Beta 值，进而影响股权成本，企业绿色转型带来的贷款利率优惠等机遇可以影响债权成本。预期增长率可以通过企业所在市场的 ESG 相关政策、行业趋势，以及企业自身发展战略进行综合分析。

未来现金流折现模型（即 DCF 模型）是以企业未来预期的净现金流量贴现现值并加总的方法对企业进行估值。DCF 模型的原理是关注企业持续运营到未来无限期的预期盈余。ESG 整合策略，就是将 ESG 因素对公司现金流、贴现率的长期影响纳入考量。根据 DCF 模型，公司 ESG 表现对股票估值的影响主要可以拆解为分子端（现金流量）和分母端（资本成本）两个部分。

1. ESG 对自由现金流的影响机制

自由现金流的计算公式如下：

自由现金流 = 息税前利润 ×（1 - 所得税率）+ 折旧摊销 - 营运资本增加 - 资本性支出

使用上述公式分析 ESG 因素对现金流的影响机制时，可分别从企业的经营利润、资产负债等角度分别考虑。需要注意的是，由于身处不同行业、不同地区的企业面临的市场及监管因素各具特点，各行业具有财务重要性的 ESG 因素也各不相同。因此，分析 ESG 因素影响现金流的传导机制，还需要考虑具体行业和不同市场的特异性。下面是列举了 ESG 对自由现金流可能的一些影响（见表 7 - 19）。

表 7 - 19　　ESG 对自由现金流的影响

息税前利润	ESG 能够通过影响企业声誉作用于企业财务绩效。良好的 ESG 表现可以提升企业声誉和品牌形象，有助于吸引更多消费者，增加需求黏性，使企业获得充足而稳定的现金流。ESG 还可以直接作用于企业的盈利能力，可以创造差异化的竞争优势，并获得更高的产品溢价，进而提升企业收入。比如客户对可持续贴标（如可持续生产的棕油、LEED 认证的楼房）的产品有需求偏好，会影响营收
资本性支出	企业对 ESG 的有关投入往往意味着各利益相关者以及短期和长期利益之间的权衡。提升 ESG 的表现需要在前期通过增加资本开支投入新设备等固定资产。比如制造业公司为降低污染建造超低排放改造烧结机，完工当期借记固定资产，贷记预计负债，资本支出增加 ESG 表现不好的公司会面临罚款诉讼等争议事件，如果在前期不重视 ESG 也会增加后期的资本性支出，比如钢铁行业“先污染，后治理”的发展模式，导致后期治理成本上升，支出增加

续表

降低税费	为支持企业 ESG 发展，有相关政策从税务规定入手，比如根据生态环境部 2020 年关于环保税的新规，重点排污单位环境保护税实行“多排多缴、少排少缴、不排不缴”，比如环境保护改造专用设备、节能节水专用设备投资额可以按一定比例抵免部分应纳税额
折旧摊销	因前期增加资本开支，导致前期的折旧摊销增加
营运资本变动	如果 ESG 纳入运营考量，可以实现降本增效，降低营运成本，比如在采掘行业中，通过规划生产、提高矿山设计效率、优化选矿流程，实现降低能源消耗和减少水资源浪费，从而降低运营成本 部分企业对上下游的合作企业提出碳排放达标等要求，因此合作企业可能会调整营运策略以满足供应链的特殊需求，可能会导致运营成本的增加

2. ESG 对折现率的影响机制

在未来现金流折现模型中，折现率一般采用 WACC（加权平均资本成本）的方法，分别计算股权成本和债权成本，并结合公司资本结构上的差异来计算最终资本成本。在其他因素不变的情况下，公司的 WACC 折现率越低，意味着被投公司的风险越低，估值也会相应提升。我们这里重点介绍一下 ESG 对 WACC 计算中的股权成本和债权成本的影响。

根据 CAPM 模型，股权成本取决于三个因素：无风险收益率 rf、市场风险收益率 rm 和系统性风险系数 β。股权成本可以通过重点分析 ESG 对企业 β 值的影响，即影响公司盈利能力的不确定性的维度去考虑。ESG 水平高的公司更不容易受到系统性风险的影响，一般有相对完善的风险应对措施，从而使系统性风险较低。例如，供应链管理系统完善的公司受供应商原产地原材料价格变化的影响较小，因此其股价受相关系统性市场风险的影响也较小，可以降低股权投资者的不确定性，降低股权成本和资本成本，提高估值。

债权成本可以通过分析 ESG 因素对企业的贷款利率和税务优惠的影响进行衡量。ESG 表现良好的企业往往有更强的信息披露意愿，提高了企业信息的透明度和风险管理能力，可以降低违约风险，提高信用；结合相应的可持续挂钩贷款原则实现贷款利率降低、税务优惠；投资者的利益也能得到更好的保护，降低了投资者面临的不确定性，从而降低债权成本和资本成本，提高估值。在“双碳”目标下，银行与金融市场的投资者倾向给予 ESG 表现较好的企业更多资金支持，以此体现 ESG 对企业风险管理和信用表现提升的肯定作用。因此，企业提升 ESG 表现有助于其获取更多金融资源，缓解融资约束。

第八章
资本成本及预测

本章学习重点

◎ 理解资本结构的基本理论假设，包括有效资本市场理论、MM理论、权衡理论、优序融资理论；理解掌握资本资产定价模型的推导过程，掌握其基本定义。

◎ 掌握资本成本的定义与计算，包括债务成本、权益成本、加权平均资本成本等，并掌握资本成本的应用。

◎ 理解经济附加值的概念，并掌握经济附加值的计算方法。

第一节　资本结构理论

一、有效资本市场假说

1970年，尤金·法玛提出了有效市场假说（Efficient Markets Hypothesis，EMH），这个假说的奠基人是一位名叫路易斯·巴舍利耶的法国数学家。他把统计分析的方法应用于股票收益率的分析，发现其波动的数学期望值总是为零。资本资产定价模型（CAPM）、套利定价理论（APT）以及期权定价模型（OPM）都是在有效市场假设之上建立起来的。

根据尤金·法玛的描述："有效市场是这样一个市场，在这个市场中，存在大量理性的、追求利益最大化的投资者。他们积极参与竞争，每个人都试图预测单个股票未来的市场价格，每个人都能轻易获得当前的重要信息。在一个有效市场上，众多精明投资者之间的竞争导致这样一种状况：在任何时候，单个股票的市场价格都反映了已经发生的和尚未发生，但市场预期会发生的事情。"

其对有效市场的定义是：在法律健全、功能良好、透明度高、竞争充分的股票市场中，价格完全反映了所有可以获得的信息，那么这样的市场就称为有效市场。总结来看，有效市场假说有以下几个前提条件（见表8-1）。

表 8－1　　有效市场假说的前提条件

前提条件	具体分析
在市场上的每个人都是理性的	在市场上的每个人都是理性的，而且是金融专家。金融市场上每只证券所代表的各家公司都处于这些理性人的严格监视之下。他们每天都在进行基本分析，以公司未来的获利性来评价公司的股票价格，把未来价值折算成今天的现值，并谨慎地在风险与收益之间进行权衡取舍
没有交易成本	因为没有交易成本，证券的价格反映了这些理性人供求的平衡，想买的人正好等于想卖的人，即认为证券价格被高估的人与认为证券价格被低估的人正好数量相等。假如有人发现这两者数量不等，即存在套利的可能性的话，则他们立即会用买进或卖出证券的办法使证券价格迅速变动到能够使二者相等为止。一旦有某个股票的利好消息，证券的价格也能充分反映该资产的所有可获得的信息，不会因交易成本而使价格无法达到内在真实价格
没有信息壁垒	所有人可以同时获得该市场一切能获得的信息，这意味着没有信息壁垒，黑幕交易很难达成，并且所有人享有一样的时效性。证券的价格也能充分反映该资产的所有可获得的信息，即“信息有效”。当信息变动时，证券的价格就一定会随之变动。一个利好消息或利空消息刚刚传出时，证券的价格就开始异动，当它已经路人皆知时，其价格也已经涨或跌到适当的价位了

有效市场理论只是一种理论假说，实际上，并非每个人都是理性的，信息也并非在每一时点上都是有效的。概括来说，衡量证券市场是否具有外在效率有两个标志：

（1）价格是否能自由地根据有关信息而变动；

（2）证券的有关信息能否充分披露，使每个投资者在同一时间内得到相同的信息。

有效市场是资产的现有市场价格能够充分反映所有有关和可用信息

的资本市场。根据证券价格对信息的反应程度，有效市场分为弱型有效市场、半强型有效市场和强型有效市场三种形式（见表8－2）。

表8－2　有效市场假说的三种有效市场形式

市场形式	定义	推论
弱型有效市场	债券价格反映了所有历史信息，包括股票的成交价、成交量、卖空金额、融资金额等	如果弱有效市场假说成立，则股票价格的技术分析失去作用，基本分析还可能帮助投资者获得超额利润
半强型有效市场	债券价格反映了所有公开信息，包括历史信息和预期到的与未来有关的信息	如果半强有效市场假说成立，则在市场中利用技术分析和基本分析都将失去作用，内幕消息可能获得超额利润
强型有效市场	债券价格反映了所有信息，包括公开信息和内幕信息	在强有效市场中，没有任何方法能帮助投资者获得超额利润，即使基金和有内幕消息者也一样

三种有效假说的检验就是建立在三个推论之上的。强型有效假说成立时，半强型有效假说必须成立；半强型有效假说成立时，弱型有效假说亦必须成立。

二、MM理论

MM理论（Miller－Modigliani Irrelevance Theorem）是莫迪格利安尼（Modigliani）和默顿·米勒（Miller）所建立的公司资本结构与市场价值不相关模型的简称。MM理论是现代资本结构理论的起点。资本结构理论是关于资本结构、公司资本成本率和公司的价值三者之间关系的基本理论。它是企业筹资方式选择的核心，企业应综合考虑相关因素，确定自身最佳的资本结构。MM 理论建立在严格的假设条件基础上，所谓的假定的理想市场上。MM 理论具体假设如下。

（1）资本市场是完善的，股票和债券无交易成本；

（2）有相同经营风险的企业处于同一风险级上；

（3）所有债务均无风险，债务利率为无风险利率；

（4）投资者对企业未来的收益和收益风险的预期相同；

（5）企业增长率为 0，即投资者预期的息税前利润（EBIT）固定不变。

（一）无税 MM 定理

美国经济学家莫迪格利安尼和米勒于 1958 年出版的《资本成本、公司财务和投资管理》一书中提出了最初的 MM 理论（无税 MM 理论），这时不考虑所得税的影响，得出的结论为企业的总价值不受资本结构的影响。

一个企业的市场价格决定于它未来能创造的价值。无论用股票融资还是用债券（或者其他方法）融资，价格都不受影响，这叫作“Irrelevance of Capital Structure”，即资本结构无关论。因为当公司增加债务时，剩余权益的风险变大，权益资本的成本也随之增大，与低成本的债务带来的利益相抵消，所以，公司的价值不受资本结构影响。资本结构无关论还有两个推论。

推论一：企业的资本结构与企业价值无关，在相同风险等级下，有债企业价值等于无债企业价值，因此，有负债企业的加权平均资本成本等于无负债企业的资本成本；有负债企业的加权平均资本成本无论债务有多少，都与风险等级相同的无负债企业的权益资本成本相同。

推论二：有负债企业的权益资本成本随着财务杠杆的提高而增加，有负债企业权益资本成本等于无负债企业权益资本成本加上风险溢价。

风险溢价公式为：

风险溢价 =（无负债企业股权成本 − 税前债务成本）×（债务总值/权益总值）

（二）有税 MM 定理

在提出了最初的 MM 理论后，莫迪格利安尼和默顿·米勒又对该理论做了修正（即有税 MM 理论），加入了所得税的因素，由此得出的结论为：企业的资本结构影响企业的总价值，负债经营将为公司带来税收节约效应，因此有了下面两个推论。

推论一：

在相同风险等级下：

有债企业价值 = 无债企业价值 + 债务利息抵税现值

企业的债务利息为税前成本，贷款利息可以税前抵扣，降低企业缴纳的所得税，所以税务抵扣可额外增加企业价值，增加的部分等于抵税收益的年净现金流的现值，债务利息率为贴现率。由于债务利息可在税前抵扣，形成了债务利息的抵税收益，相当于增加了企业的现金流量，增加了企业的价值，随着负债比率的提高，企业价值随之提高，理论上，在全部融资来源于负债时，企业价值达到最大。

推论二：

有相同风险等级下：

有负债企业的权益资本成本 = 无风险企业的权益资本成本 + 风险溢价

风险溢价公式为：

风险溢价＝（无负债企业股权成本－税前债务成本）×

（债务总值/权益总值）×（1－税率）

风险溢价取决于企业的债务比例以及所得税税率。无论有税还是无税，有负债企业的权益资本成本会随着财务杠杆的提高而增加。

在考虑所得税的情况下，企业使用债务时，给投资者（股东/债权人）的现金流要比无债务时的多，多出的部分就是利息抵税。根据有税 MM 定理，有负债企业的加权平均资本成本（WACC）低于无负债企业的加权平均资本成本，理论上，在全部融资来源于负债时，加权平均资本成本最小。

小结：关于有税 MM 定理和无税 MM 定理，有不同的推论以及推演等式，如表 8－3 所示。

表 8－3　　有税 MM 定理和无税 MM 定理的对比

定理	推论以及推演等式	
有税 MM 定理	企业的资本结构与企业价值无关，企业加权平均资本成本与其资本结构无关	有负债企业的价值＝无负债企业的价值 有负债企业的加权资本成本＝等风险的无负债企业的权益资本成本
	有负债企业的权益资本成本随着财务杠杆的提高而增加	有负债企业的权益资本成本＝无负债企业的权益资本成本＋风险溢价
无税 MM 定理	随着企业负债比例的提高，企业价值也随之提高，在理论上全部融资来源于负债时，企业价值达到最大	有负债企业的价值＝等风险的无负债企业的价值＋债务利息抵税收益的现值
	有负债企业的权益资本成本随着财务杠杆的提高而增加，有负债企业的加权平均资本成本随着财务杠杆的提高而降低	有负债企业的权益资本成本＝等风险的无负债企业的权益资本成本＋风险溢价

如果债务比例上升，在不同理论下，会引起不同的相关变化；反之亦然。总结如表 8－4 所示。

表 8－4　　在 MM 理论下债务上升对企业价值及资本成本的影响

类别	有税 MM 理论	无税 MM 理论
企业价值	上升	不变
加权平均资本成本	下降	不变
权益资本成本	上升	上升
债务资本成本	不变	不变

三、权衡理论

针对 MM 理论的假设所存在的问题，如果将 MM 理论的“无风险债务假设”改为“风险债务假设”，并不能改变 MM 理论的结论。1977 年，美国学者米勒与莫达格里安等人将破产费用、代理费用和风险债务三者同时引入 MM 理论，其结论发生变化，破产仅发生于负债的企业。

负债给企业带来利息抵税收益的同时也给企业带来了陷入财务困境的成本，具体财务困境的成本如表 8－5 所示。债务越大，固定的利息费用越多，盈利下降的可能性越大，破产的可能性也就越大。现金流与资产价值稳定程度低的企业，因违约无法履行偿债业务而发生财务困境的可能性较高。

表 8－5　　财务困境直接成本与间接成本

财务困境直接成本	企业因破产、进行清算或重组所发生的法律费用和管理费用等
财务困境间接成本	引发企业资信状况恶化以及持续经营能力下降而导致的企业价值损失，如企业客户、供应商、员工的流失，投资者的警觉与谨慎导致的融资成本增加，被迫接受保全他人利益的交易条款等

总之，企业在考虑负债带来节税利益的同时，必须考虑负债带来的财务危机成本，所以就有了权衡理论（Trade - off Theory）。在权衡理论下，负债比例增加会带来税盾效应，从而提升企业价值，但是负债比例过大时，会带来破产成本，并降低企业价值。

有负债企业的价值 = 无负债企业的价值 + 利息抵税收益现值 - 财务困境成本现值

在平衡债务利息的抵税收益与财务困境成本的基础上，实现企业价值最大化的最佳资本结构，此时：

债务比率 = 债务利息抵税收益的边际价值

= 增加的财务困境成本的现值

四、 优序融资理论

1984 年，弗兰克·哈伯曼（Frank H. Bestow）、斯图尔特·C. 迈尔斯（Stewart C. Myers）和尼可拉斯·R. 格林登伯格（Nicholas R. Grindstaff）研究提出：企业知道投资者所不知道的信息，因此在融资和投资决策中，根据该信号（企业选择投资或融资这一信号）传递的原理推出了他们的优序融资假说。其假设条件是：除信息不对称外，金融市场是完全的。

优序融资理论（Pecking Order Theory）放宽 MM 理论完全信息的假定，以不对称信息理论为基础，并考虑交易成本的存在，认为权益融资会传递企业经营的负面信息，而且外部融资要多支付各种成本，因而企业融资一般会遵循内源融资、债务融资、权益融资这样的先后顺序。内源融资主要来源于企业内部自然形成的现金流，它等于净利润加上折旧减去股利。由于内源融资不需要与投资者签订契约，也无须支付各种费用，所受限制少，因而是首选的融资方式；其次是低风险债券，其信息不对称的成本可以忽略；再次是高风险债券；最后在不得已的情况下才发行股票。

第二节 资本资产定价模型

一、资本市场线与证券市场线

（一）资本市场线

资本市场线（Capital Market Line，CML）是指表明有效组合的期望收益率和标准差之间的一种简单的线性关系的一条射线。它是沿着投资组合的有效边界，由风险资产和无风险资产构成的投资组合。

$$E_p = r_f + \frac{\sigma_p}{\sigma_m} \cdot [E(r_m) - r_f]$$

算式中 E_p、σ_m 分别为有效组合 p（有效组合是指由风险资产和无风险资产构成的资产组合）的期望收益率和标准差，r_f 为无风险利率，$E(r_m)$、σ_m 分别为市场组合 M 的期望收益率和标准差。图 8－1 中的直线为 CML，曲线为市场投资组合线，曲线的右侧包含全部证券的风险投资组合，资本市场线与市场组合的切点为市场均衡点 M。

（二）证券市场线

证券市场线（Security Market Line，SML）。它主要用来说明投资组

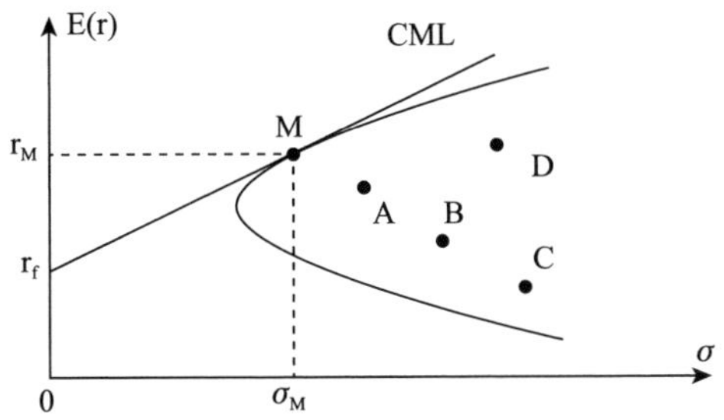

图 8－1　资本市场线（CML）

合报酬率与系统风险程度 β 系数之间的关系。SML 揭示了市场上所有风险性资产的均衡期望收益率与风险之间的关系。

$$E(R_i) = r_f + \beta_i \cdot [E(r_m) - r_f]$$

算式中 $E(R_i)$ 为期望收益率，r_f 为无风险利率，$E(r_m)$、σ_m 分别为市场组合 M 的期望收益率和标准差。R_m 为资产 i 的要求报酬率，可将估算的市场期望收益率作为要求报酬率；β_i 为系统风险。

对比 CML 和 SML 的两个公式，具有类似的形式，都是把资产的期望回报率表示成两部分：

期望收益率 = 资金的时间价值（公式里为无风险利率）+ 风险溢价

其中的风险溢价等于风险的程度$\left(\text{公式里为}\frac{\sigma_p}{\sigma_m}\text{和 }\beta_i\right)$乘以风险的价值［公式里为 $E(r_m) - r_f$］。

CML 和 SML 都成立，但是适用的对象不一样。SML 对所有资产都成立，所以图 8－2 中，A、B、C、D 四个资产都处在 SML 上。而 CML 只对那些由所有资产（包括无风险资产及风险资产）组合起来的“有效组合”成立，即 SML 是一条对所有资产都成立的定价方程，而 CML 只是用来描述有效投资组合的辅助线，CML 是 SML 的特例。

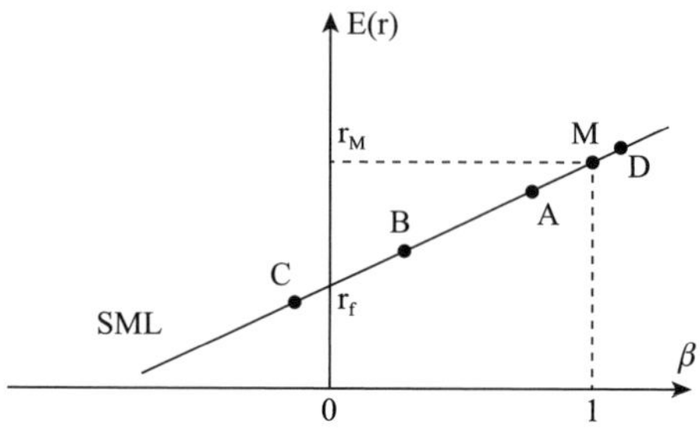

图 8-2　证券市场线（SML）

二、CAPM 模型

资本资产定价模型（Capital Asset Pricing Model，CAPM）是由威廉·夏普（William Sharpe）、约翰·林特纳（John Lintner）和詹姆斯·托拜恩（Jack Treynor）等人于 1964 年在资产组合理论和资本市场理论的基础上发展起来的，在近 50 年都被视作风险定价的基础。金融理论家通常更偏好使用 CAPM 来估计权益资本成本，CAPM 已经成为使用最广泛的估计权益资本成本的方法。和其他模型一样，在得到 CAPM 时也做了一些假设，那些假设代表了局限性。尽管有一些缺点，CAPM 依然是使用最广泛的估计权益资本成本的方法，尤其是对成熟的大型公司，甚至是对在扩张和调整期的小型公司和未上市的公司。

CAPM 为投资者提供了评估投资风险和预期回报的理论基础，也为会计和财务决策提供了重要的参考。这个模型考虑了资产风险与市场整体表现之间的关系，帮助投资者作出理性的投资决策。资本资产定价模型以 CML 和 SML 两个理论为基础，并基于以下假设。

（1）投资者行为理性：所有投资者都是理性的，追求最大化效用。

（2）市场是完全竞争的：所有投资者收到的信息是相同的，并且可以自由买卖任何数量的证券，没有交易费用。

（3）投资期限是相同的：所有投资者的投资期限相同。

（4）风险厌恶：投资者是风险厌恶的，追求在给定风险水平下的最大化效用。

（5）无套利机会：不会存在无风险成本的套利机会。

根据 CAPM 的假设条件，结合 CML 和 SML，投资者选择的投资组合和资产配置都是最优的，可以推导出并简化出 CAPM 公式：

$$K_e = r_f + \beta \cdot [E(r_m) - r_f] = r_f + \beta \cdot RP_m$$

其中，K_e 表示权益资本成本，r_f 表示无风险利率，RP_m 表示权益风险溢价（也被称为 ERP，等于预期市场收益水平减去无风险利率），β 表示对市场变动敏感度的贝塔系数。

市场敏感系数（β）度量单一资产（或者投资组合）的超额收益对市场超额收益的敏感性，在市场指数方面，国际上常常选用标普 500 指数或者纽约证券交易所综合指数，在国内通常选择上证综合或者对应综合市场的指数。在理论上，β 的计算公式为：

$$\beta = Cov(R_i, R_m) / Var(R_m)$$

其中，β 表示贝塔，R_i 表示证券的收益，R_m 表示市场组合的收益，$Cov(R_i, R_m)$ 表示证券 i 的收益和市场收益 R_m 之间的期望协方差，$Var(R_m)$ 表示整个股票市场的超额收益的期望方差。

协方差衡量了一个特定证券的收益和整个市场收益一起变动的程度。协方差不是变动性。协方差是衡量两个变量同向和等量变动的趋势。我们可以使用 β 系数来区分资产，因为 β 系数代表了系统性风险。$\beta > 1$ 的资产被称为攻击性资产，当市场上涨时，这些资产的上涨幅度大于市场的上涨幅度。$\beta < 1$ 的资产被称为防御性资产，当市场下跌时，

这些资产的下跌幅度小于市场的下跌幅度。$\beta=1$ 的资产被称为中立性资产，这些资产随着市场上涨或下跌。

CAPM 简单且实用，它将资产价格影响因素简单化并创造性地提出了定价公式，投资者可以通过了解资产的属性，在不同的市场形势下选择相应的资产。模型可以帮助投资者确定预期收益率，从而为投资决策提供参考。另外，CAPM 基于单一市场指数，假设所有投资者都以该指数为基准，这忽略了其他因素对资产价格的影响，只考虑了与市场相关的系统性风险，从而忽略了非系统性风险。CAPM 模型是建立在非常严格的假设前提下的，而这些前提在实际生活中是难以实现的。投资者很难精确地计算出资产的 β，有时会低估低 β 股票的收益率，同时高估高 β 股票的收益率。此外，CAPM 是一个以市场资产组合存在为前提的一般均衡理论模型，但市场组合是一个不明确、不能预测的概念，所以无法以此为基础来进行验证，而且 CAPM 的结果依赖于市场组合的选择，而市场组合的选择可能会影响到 CAPM 的有效性。

第三节　预测资本成本

一、资本成本的定义与基本特征

（一）资本成本的定义

Richard Brealey 认为，资本的机会成本是金融里一个非常重要的概念。一方面，项目投资者需要知道一项投资的要求报酬率；另一方面，个人投资者同样需要知道其所持有的投资组合的期望报酬率。这体现了资本成本的重要性。不同学者可能对资本成本有不同角度的理解，譬如，Shannon P. Pratt 和 Roger J. Grabowski 认为，资本成本是指企业筹集资金，要达到满足市场所要求的期望回报率。McKinsey 表示，资本成本是投资者在投资时，对公司未来现金流所产生的风险要求的回报率。而在 Roge Ibbotson 看来，资本机会成本等于一项风险与流动性类似的投资项目的回报率。

从直观上看，从公司的角度来说，资本成本指的是公司筹集和使用资本付出的代价；而从投资者的角度来说，资本成本可以被简单定义为在预期的风险水平下，投出资金的预期回报率。它通常被看作折现率、预期回报率或者要求回报率。

资本成本的重要用途之一在于投资估值。

（二）资本成本的基本特征

1. 资本成本的前瞻性

资本成本是基于投资者对未来发生某种预期的，所以是一个“前瞻性”的概念。具体来说，资本成本是将未来预期的经济效益（收入）贴现到估值日的折现率。这意味着资本成本是分析师在投资估值过程中要求的未来必要回报率。“预期”体现于分析师需要在估值日对项目未来可能的现金流状况做出估计预测，并根据概率进行加权，得到未来的期望现金流（见图 8－3）。

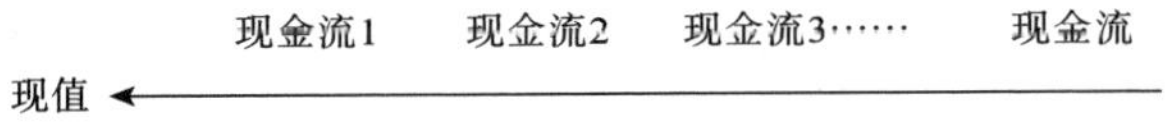

图 8－3　估值贴现

2. 资本成本的估计往往基于历史数据

由于未来事项具有风险性，而风险以不确定性为特征。这意味着分析师往往难以准确地对未来事项及其可能发生的情况做出准确的预测和估计。但分析师可以找到一种替代和可行的方法，即分析师可以通过回顾过去（比如分析历史市场数据）来尝试预估未来会发生的情况。

举例来说，股权风险溢价是一个估计权益资本成本时的关键变量，定义为投资者投资股票市场相对于投资无风险资产的超额收益。一个估计股权风险溢价的普遍方法就是检验权益收益和无风险收益之间的历史差别，并且假设过去的关系会持续到将来。理论上来说，这种基于历史数据来估计股权风险溢价的方法有一个前提假设，即要求股票的风险收益特征保持不变。用通俗的话来讲，只有在“历史会重复”的情况下，基于历史来预测未来这种估计方法才有用，而在现实世界中这个假设未必完全成立，因此估计结果可能存在一定偏差。

在投资估值过程中，过去的收益和现金流数据会提供一些关于未来情况的指引与启发（在给定一个预期风险水平的条件下）。因此，“分析过去来作为将来会发生什么的提示”这种分析方式存在一定合理性，尤其是在对比于其他不考虑过去来预测未来的方法时。

3. 资本成本是投资的特征

资本成本是投资的一个特征，而不是单个投资者的特征。换句话说，一个投资者的风格并不会直接改变其正在分析的投资的特征。换言之，资本成本的估计不在于单个投资者想要获得何种水平的回报率，而在于投资项目风险特征所决定的市场必要回报率。具体来说，资本成本来自市场，市场由大量投资者对特定资产的风险定价组成，所以市场代表了这群参与特定市场投资的投资者所达成的共识。市场代表了广大理性参与一项投资的投资者。

4. 资本成本基于市场价值

对一项投资进行估值的定义，是估计一个项目的特定标准价值（公允市场价值，即公允价值）。这种估计是基于市场基准的概念，而不是依靠这项投资的面值、账面价值。这是因为：资本成本是通过市场数据估计得来的。如前文所说，资本成本是给定风险水平后不同项目投资的预期收益率。投资者会基于市场价值而不是账面价值来比较这些不同的投资。

具体来看，在债券报价过程中显示的到期收益率是基于债券的市场收盘价，而不是它的面值。对应的，一个公司股票的隐含权益成本也是基于它的交易股价，而不是这个公司的每股账面价值。

5. 资本成本通常为名义资本成本

“名义资本成本”意味着计算得到的资本成本中包含了投资者对未来通货膨胀的预期。投资者往往要求项目的必要回报率补偿预期的通货膨胀率。换句话说，投资者会对预期未来因为通货膨胀从而被削弱的资产价值索要补偿。

6. 资本成本基于公开市场

资本成本是基于公开市场的。值得注意的是，对一个非公开交易的投资的预期未来现金流折现（例如一个非上市公司），使用基于公开市场估计出的资本成本可能会导致估值不准确，因为投资者需要考虑在非公开交易投资中的额外风险。例如：当估计一个非上市公司的权益资本成本时，目标公司的风险和选取的样本参照公司的风险不同，估值分析师必须对权益资本成本的估计做出额外的调整。

7. 静态资本成本的假设

我们评估一项投资，其实是我们在估计伴随这项投资的期望未来经济收益或者收益的现值。正如所有估值一样，资本成本也应该反映未来的预期。理论上，当处理预期期间的多期情况时，不同时间段，未来现金流的风险状况也会一直变化。所以，按理说，任何投资的资本成本也是在不同期间内发生变化的。作为简化，研究人员通常估计一个单期的资本成本，并且在预测中把它应用于每个期间。

二、 加权平均资本成本

加权平均资金成本（Weighted Average Cost of Capital，WACC）是指在金融活动中用来衡量一个公司的资本成本。因为融资成本被看作一个逻辑上的价格标签，它在过去被很多公司用作贴现率。WACC 反映了一个公司通过股权和债务融资的平均成本，项目的收益率必须高于这个加权平均资金成本，这样该项目才具有投资价值。

$$WACC = K_e \cdot W_e + K_p \cdot W_p + K_d(1-t) \cdot W_d$$

其中，K_e 表示权益资本成本，W_e 表示普通股在资本结构中的权重，K_p 表示优先股资本成本，W_p 表示优先股在资本结构中的权重，$K_d(1-t)$ 表示税后债务成本，W_d 表示债务资本在资本结构中的权重。

计算加权平均资金成本（WACC）时，先算出构成公司资本结构的各个资金来源（如普通股、优先股、公司债及其他长期负债）的资金成本或要求的最低回报率，然后根据各种资金在资本结构中的比重，算出该公司加权平均的资金成本。

（一）资金来源与构成

资本成本是投资时使用这部分资金的成本，是投资要求的最低收益率。在“资本成本”中，“资本”代表了整个资本结构的组成部分。资本结构是指公司各项资本的构成及其比例关系。公司通常通过以下方式筹集资金：（1）发行普通股；（2）发行优先股；（3）发行债券。

一个资本结构可以包含以上三种方式的组合，每一种方式也都有它们各自的成本。当评估整个公司的经营时，这三种资本成本混合在一起组成了一个“加权平均资本成本”，即 WACC。

最基本的三种资本成本的形式如下：

1. 普通股

权益资本成本就是普通投资者（股票）的期望收益。普通股是持有权益最常见的方式，也是对大多数人来说最熟悉的投资股权的方式。普通股持有者希望通过股价的上升和股利的分配来获得收益。普通股的股利通常是在优先股股东股利发放之后再分配。在清算和破产的情况下，普通股投资者也是被放在最后一位考虑。普通股的风险通常来说比优先股和债券投资工具都高，但是长期来看可能带来更大的收益。

2. 优先股

优先股成本就是优先股投资者的期望收益。优先股通常支付固定的股利，并且是在支付普通股股东的股利之前支付。因为优先股的股利通常是固定不变的，它就像付息债权一样交易，且它的价格会随着市场利率而波动。另外，一些种类的优先股（比如可转换优先股）有跟普通股相似的特点。优先股通常没有普通股风险高，但是比债券投资工具的风险高。

3. 债券或银行债务

债券或银行债务资本成本是债券投资者或银行的期望收益率。这里需要考虑税盾效应，即债务利息在税前可以抵扣。债务资本通常比优先股和普通股的风险小。

（二）WACC 的计算

根据定义，WACC 的公式要求我们计算资本结构内的各个部分的权重（占总体的百分比）。理论上，债务资本、权益资本或者其他组成部分的相对权重是基于每个部分的市场价值，而不是基于账面价值。然而，在实际中，为了简化分析，大部分估值分析师倾向于假定资产负债表里债务资本的账面现行价值是它的市场价值的可信代表指标。值得注意的是：尽管这种方法在实践中广泛使用，但当账面价值明显偏离市场价值时这么做会扭曲资本成本的计算。

资本结构里各部分的权重计算公式如下：

$$W_e = \frac{M_e}{M_e + M_P + M_d}$$

$$W_P = \frac{M_p}{M_e + M_P + M_d}$$

$$W_d = \frac{M_d}{M_e + M_P + M_d}$$

其中，W_e 表示普通股在资本结构中的权重，W_p 表示优先股在资本结构中的权重，W_d 表示债务资本在资本结构中的权重，M_e 表示普通股的市值，M_p 表示优先股的市值，M_d 表示债务资本的市值。

案例 8-1

假设一家公司普通股的市值为 90 万元，优先股市值为 15 万元，而债务资本的市值为 60 万元，于是可以计算得到资本机构中各部分的权重，计算如下：

$$普通股权重\ W_e = \frac{M_e}{M_e + M_P + M_d} = \frac{90}{90+15+60} \times 100\% = 54.55\%$$

$$优先股权重\ W_p = \frac{M_p}{M_e + M_P + M_d} = \frac{15}{90+15+60} \times 100\% = 9.09\%$$

$$债务资本的权重\ W_d = \frac{M_d}{M_e + M_P + M_d} = \frac{60}{90+15+60} \times 100\% = 36.36\%$$

WACC 是基于资本结构中去掉公司层面的税收影响的各个部分的成本。因为我们对税后的现金流感兴趣，估值分析师通常把这个 WACC 的公式称作税后的 WACC。

计算一个由三个部分构成资本结构的公司的税后 WACC 的基本公式如下：

$$WACC = K_e \cdot W_e + K_p \cdot W_p + K_d(1-t) \cdot W_d$$

其中，WACC 表示加权平均资本成本（税后），K_e 表示普通股资本成本，W_e 表示资本结构中普通股的权重，K_p 表示优先股资本成本，W_p 表示资本结构中优先股的权重，K_d 表示债务资本成本（税前），t 表示所得税率，W_d 表示资本结构中债务资本的权重。

案例 8-2

用一个资本结构成分的权重计算之前的一个例子（$W_e = 55\%$，$W_p = 9\%$，$W_d = 36\%$），并且假设理论上的权益资本成本是 16%，优先股资本成本为 10%，债务资本成本（税前）为 6%，税率为 25%，WACC 的计算如下：

$$WACC = (k_e \cdot W_e) + (k_p \cdot W_p) + [k_d(1-t) \cdot W_d]$$

$$WACC = (16\% \times 55\%) + (10\% \times 9\%) + [6\% \times (1-25\%) \times 36\%]$$

$$WACC = 8.8\% + 0.9\% + 1.3\% = 11.0\%$$

延伸阅读：资本成本的局限性

资本成本最大的局限性在于可能存在的估计偏差。毕竟，未来事项无法用任何方法来准确估计，因为未来真正的收益是不可观测的，在抱有过去会不断重复的预期时，我们一般通过历史数据来估计未来的收益率，但这种方法也存在不精确性，甚至可能出现重大的偏误。即使资本成本的估计是无偏的，因为存在估计误差，由此估计的投资或公司的价值是有偏的（被低估或者高估）。这可能需要估值分析师对估值做出另外的调整来使一项投资或者公司的估值是无偏的。当我们假设未来将永续增长，并估计终值时，这个终值在大多数情况下是投资或者公司价值的重要组成部分，因此对终值的无偏估计是重要的。

（三）关于资本结构的考量

1. 资本结构的考虑

传统观念认为最优资本结构是一个公司应该增大资本结构中债务的占比，直到 WACC 达到最小，这样公司的价值就是最大。但是，这一理念忽略了一个重要的问题，即增加债务带来的税收好处和破产风险之间存在一个权衡。不同公司的偿债能力存在显著差别。比如，当盈利能力上升时，偿债能力也会随之上升；反之亦然。此外，有高企业税的公司也会倾向于举债更多，因为相对于负担更低税率的公司来说，高负债带来的“税收效应”（利息带来的税盾效应）的好处更加明显。

WACC 公式的机械应用忽略了财务困境的成本。所以，高杠杆公司自然低估了它们的 WACC。当资本结构中的债务比例上升时，公司的资本成本会线性地下降。对于债务资本成本的计算没有考虑当负债被加进资本结构中时，由于潜在负担债务的能力在下降所导致的债务成本会逐渐增加。

许多估值分析师利用 WACC 的算法在面对杠杆很高的时候很容易出错。WACC 模型经常给出资本成本随杠杆增加而减少的结果，在债务超过某个水平时这就是错误的。一个可能的解决办法就是，在从现在的杠杆水平到最优或目标水平的过程中，随着资本结构的变化，债券的成本也相应地进行改变。

2. 不同的资本结构假设

当我们进行估值时，我们评估的是某项投资的未来经济利益或收益的现值。这使用来估值分析的资本结构应该能反映未来的预期。换句话说，相对权重应该基于公司在长期计划的期间内的目标资本结构的组成占比。目标资本结构是公司打算在长期内运作所需要的债务、优先股和普通股的综合考虑。

在选择资本结构假设的时候通常有两个问题：（1）应该用实际的还是理论（假想）的资本结构；（2）应该假设一个持续不变的还是可变的资本结构。

对于第一个问题，如果一个公司要求在需要假设资本结构保持现状的情况下进行估值，那么就需要用公司实际的资本结构。下面看一个简单的例子——非控股和控股的例子。如果一个非控制股权需要估值，那么使用估值日当天公司现有的债务水平是合适的做法，因为非控制股权几乎没有权利来改变资本结构。如果对控制股权进行估值，使用理论的资本结构会更好，因为控制人有权利改变资本结构。估值的案例需要根据具体情况决定哪一个是合适的。

对于第二个问题，在应用收益法时，为了简化处理，大多数分析师会使用单一的折现率（例如 WACC）。这意味在计算 WACC 时，有一个前提假设是单一的资本结构。如果假设目标公司长期以跟参照公司相似的风格经营公司，估值分析师们会经常采用目标公司所在行业的参照公司的资本结构的平均水平或中位数水平。

虽然这是普遍的情况，但是也存在资本结构的改变被认为是合理的情况。如果公司的资本结构随着时间发生改变，那么用不变的资本结构和不变的 WACC 来进行现金流折现，则会错误估计公司的价值。当处理有过高杠杆的公司时，债务的占比预期会随着时间下降，如果仅使用最开始的资本结构的 WACC，会低估这项经营活动（假定已经进行了合适的调整来增加债务和权益的成本，以反映现在过高的债务水平，这会导致现在的 WACC 高于最优的目标 WACC）。而实际在这种情况下，WACC 会随着时间而下降，因为债务成本会随着债务占比的下降而下降，并且财务困境的影响也会从权益资本成本中被移除。

三、债务成本

如果资本结构里包含债务资本，分析师们就应该为整个资本结构中的债务成本（Cost of Debt）估计一个当前的市场利率。这个利率应该基于目标公司的营业利润率与目标公司的经营状况。如果公司目前有上市的长期债券，则可以使用到期收益率法计算债务的税前资本成本。到期收益率是使下式成立的 K_d。

$$P_0 = \sum_{t=1}^{n} \frac{利息}{(1+K_d)^t} + \frac{本金}{(1+K_d)^n}$$

其中，P_0 是债券的市价，K_d 是到期收益率（即税前债务成本），n 是债务的期限（以年为单位）。如果需要计算债务资本成本的公司没有上市的长期债券，也没有准确的贷款利率，就需要找一个拥有可交易债券的可比公司作为参照物。计算可比公司长期债券的到期收益率，作为本公司的长期债务资本成本。可比公司应当与目标公司处于同一行业，且具有类似的商业模式以及接近的评级，两者的规模、负债比率和财务状况最好也比较类似。由于债务的利息均在税前支付，具有抵税功能，企业实际负担的债务成本为 $K_d \times (1-税率)$。

四、 权益资本成本

（一）优先股资本成本

如果资本结构里包含公开发行的优先股，市场收益率（股利/市场价格）可以被用作优先股资本成本。其原因在于优先股资本成本是公司以优先股方式筹集资金所支付的各项费用，而公司发行优先股筹集资金要支付的费用主要包括筹资费用和固定股息。换言之，在不考虑筹资、发行费用的情况下，固定股息费用是发行优先股的唯一成本。优先股资本成本的计算公式如下：

$$R_E = \frac{D}{P_0}$$

其中，D 表示固定股利，P_0 表示优先股当前每股价格。

如果考虑优先股发行的筹资费用，那么在优先股资本成本的计算过程中还需要加入筹资费用或筹资费率，即需要在优先股每股价格中扣除筹资费用。

$$R_E = \frac{D}{P_0 \times (1-f)}$$

其中，D 表示固定股利，P_0 表示优先股当前每股价格，f 表示优先股每股筹资费率。

（二）股权资本成本

股权资本成本是投资者投资企业股权时所要求的收益率。所有估计权益资本成本的方法都有一个共同的基本框架：以“无风险利率”开始，然后给“风险”加一个溢价。具体来说，权益资本成本等于无风险利率加相应的风险溢价。

权益资本成本 = 无风险利率 + 风险溢价

最常用的两个估计权益资本的方法就是累加法和资本资产定价模型（CAPM）。两个方法都是基于基本框架进行预测。在实践中，CAPM 是最常用来估计权益资本成本的方法，具体而言：

$$K_e = r_f + \beta \cdot [E(r_m) - r_f] = r_f + \beta \cdot RP_m$$

其中，K_e 表示权益资本成本，r_f 表示无风险利率，RP_m 表示权益风险溢价（也被称为 ERP，等于预期市场收益水平减去无风险利率），β 表示对市场变动敏感度的贝塔系数。

在应用经典资本资产定价模型来计算资本成本的过程中，一个核心的问题是对贝塔进行估计。与资本成本一样，贝塔同样是一个前瞻性概念。估计贝塔的方法通常用历史数据，并且假定未来会充分相似。然而，研究显示，在实际应用过程中，贝塔是随着时间变化的。当经济情况变动时，用基于样本期间的历史方法可能不能提供一个可靠的预期贝塔，现在或者未来预期的经济情况可能和过去追溯期的经济情况不同，所以，用过去的数据估计出来的贝塔可能无法反映未来。

需要注意的是，因为未上市公司通常没有市场价格，它们的贝塔不能直接进行估计。所以，用CAPM法来估计一个未上市公司的资本成本时，有必要为这个项目估计一个替代贝塔值。这通常使用一个行业组贝塔的平均数或中位数，或者选取具体的作为参照的上市公司，然后使用它们贝塔的一个复合值，目标就是把目标估值项目的风险和所选的参照上市公司的风险进行匹配。

如果我们修正CAPM以使其反映规模溢价，我们可以得到扩充的权益资本成本公式：

$$K_e = r_f + \beta \cdot RP_m + RP_s$$

在修正的CAPM模型中，风险溢价被分成了三个部分：

第一，权益风险溢价（RP_m）是投资者需要的用来补偿他们投资于分散化的股票组合而不是无风险证券的额外收益。权益风险溢价有时被叫作“市场风险溢价”。

第二，规模溢价（RP_s）代表了实际历史超额收益和由贝塔预测的超额收益之间的差别。“规模效应”通常基于实际的经验观察，即规模越小的公司伴随有更高的风险，所以它有更高的资本成本。在估值手册中的所有规模溢价都是贝塔调整的，意味着已经被调整为移除了可归咎于贝塔带来的超额收益部分，只留下了规模影响带来的超额收益。

第三，贝塔（β）。贝塔衡量一只股票的系统性风险，换言之，贝塔衡量了股票价格随市场变动的趋势。在CAPM的概念下，贝塔被用作ERP（股权风险溢价）的修正。在纯粹的CAPM模型下（经典资本资产定价模型框架），贝塔是唯一衡量权益资本风险的。目标公司的权益贝塔乘以市场的超额回报等于目标公司的估计风险溢价。

五、资本成本的应用

（一）投资决策

资本成本是企业进行投资决策时必须考虑的一个重要因素。企业在评估投资项目的可行性时，会将项目的预期回报率与资本成本进行比较，以此分析项目的可行性。如果项目的预期回报率高于资本成本，或者说项目的内部收益率（IRR）高于资本成本，那么项目的净现值（NPV）就是正的，是值得投资的。

（二）筹资决策

资本成本是企业筹资决策的重要依据。企业在选择资金来源和确定筹资方案时，会力求选择资本成本最低的筹资方式。资本成本也用于确定最佳的资本结构，即通过计算不同资本结构下的加权平均资本成本（WACC），企业可以找到最优的资本结构，以最小化资本成本，从而提高企业价值。

（三）营运资本管理

资本成本也用于营运资本管理，帮助企业评估短期资金的使用效率和成本。

（四）企业价值评估

资本成本可以用于企业价值评估，采用现金流折现法，以企业的资本成本作为贴现率，根据企业未来的现金流评估企业的整体价值。

（五）业绩评价

资本成本是衡量企业经营成果的尺度，即经营利润应高于资本成本（后文中 EVA 的概念），否则表明该企业的收益无法覆盖投资时的资本成本。

（六）风险评估

资本成本还可以用来评估投资的风险。资本成本反映了资本提供者对企业的期望回报率，较高的资本成本意味着资本提供者对企业的风险较高。

第四节　经济附加值

一、经济附加值的定义

20 世纪 90 年代初，为了克服传统指标的缺陷从而准确反映公司为股东创造的价值，美国思腾思特咨询公司（Stern & Steward）提出并实施了一套以经济附加值理念为基础的财务管理系统、决策机制、激励报酬制度和财务业绩评价指标来适应企业经营环境的巨大变化。经过发展，以可口可乐、IBM、索尼、沃尔玛为代表的一些世界知名跨国公司都青睐 EVA 指标评价企业业绩。

经济附加值（Economic Value Added，EVA），又称经济利润、经济增加值，是指从税后净营业利润（NOPAT）中扣除全部投入资本成本

（包括股权成本和债务成本）后的所得，核心在于企业的盈利只有大于资本成本时才会为股东创造价值。

经济附加值是考核企业经营者有效使用资本和为股东创造价值能力的工具，表示净营运利润超出或低于投资者用同样资本投资其他风险相近的有价证券的最低回报的数量。正的经济附加值表明公司获得的收益大于为获得此项收益而投入的资本成本，即公司为股东创造了新价值；相反，如果经济附加值为负，则表明股东的财富在减少。

经济附加值填补了会计报表没有全面考虑资本成本的缺陷，它能够帮助管理者了解公司的运营情况，从而向管理者提出更高且更明确的要求。

二、经济附加值的功能

经济附加值具有强大的经济功能和实际应用价值，主要表现在以下三个方面。

（一）激励性功能

以经济附加值为核心设计的经营者激励机制有利于规范经营者行为，从而得以维护股东的合法权益。首先，经济附加值扣除了全面的资本成本，即考虑了资金的时间价值和风险因素，因而有利于经营者行为长期化；其次，经济附加值关注经济利润而不是会计利润，并且经济附加值的计算涉及财务报表的调整，这意味着进一步加强监督力度，虚瞒伪报的必要性随之下降；最后，经济附加值评价体系有利于使管理层与股东的目标趋于一致，进一步强化风险承担意识，从而缓解委托代理问题。

（二）全面性功能

基于经济附加值理论，全面成本管理的理念被提出，成本不仅包括在账面上已经发生的经营成本，还包括极易被忽视的账面上并未全部反映的资本成本。忽视股权资本成本，意味着既容易忽视股东利益，也容易忽视资本的使用效率。基于经济附加值和可持续增长率为核心构建的综合财务分析系统和财务战略矩阵是公司决策的高效工具，其中所显示的目的手段关系链能够帮助管理层厘清思路，全面指出为增加经济附加值可采取的对策和途径。

（三）文化性功能

经济附加值不但是一种计量方法，更重要的它是一种被先进企业青睐的管理理念和企业文化。根据国外实践经验，经济附加值力求简便易行，对其的培训应渗透到每个员工，考评方面至少落实到每一位部门经理。考评期不是一年一度，而是每季度甚至每月。只有经过长期不懈的艰苦努力，以形成全体员工认同的经济附加值企业文化和组织氛围，企业才能与经济附加值管理机制与时俱进、相辅相成！

三、 经济附加值的计算

经济附加值和会计利润有很大的不同。经济附加值是公司扣除了包括股权成本在内的所有资本成本之后的沉淀利润（Residual Income），而会计利润没有扣除股权资本成本。股权资本属于机会成本，持股人投资 A 公司也就意味着他放弃了将同样资本投资给其他公司的机会，即投资者如果投资于与 A 公司相同风险的其他公司，所应得到的回报就是股权资本成本。

EVA =税后净营业利润 - 资本成本

=税后净营业利润 - 总资本 × 资本成本

（1）税后净营业利润 = 息税前利润 ×（1 - 所得税）

（2）总资本 = 债务资本 + 股本资本 - 在建工程净值

（3）资本成本率 = 债务资本成本 ×（债务资本/总资本）×（1 - 税率）+ 优先股资本成本 ×（优先股资本/总资本）+ 普通股资本成本 ×（普通股资本/总资本）

注：在建工程因为资本投入还未产生效益，因此，在计算经济附加值的时候，如果有在建工程，可以从资本投入中进行扣除。

四、 经济附加值的优缺点

（一）经济附加值的优点

1. 真实反映经营业绩

财务会计只考虑债务资本成本，没有将权益资本成本从营业利润中扣除，因此会计利润既不能真实评价公司经营业绩，还会导致经营者误认为权益资本是一种免费资本从而不重视资本的有效使用。经济附加值将权益资本成本也计入成本，有利于减少传统会计指标对经济效率的扭曲，从而准确地衡量全要素生产率。经济附加值是管理者权衡利弊做出正确选择的指向标，他们能更自如地进行进取性投资以获得长期回报，从而明智地利用资本以强化企业竞争力，为股东创造价值。

2. 准确反映创造价值

在传统业绩评价体系下，以利润作为衡量企业经营业绩的主要指标，容易导致经营者为粉饰业绩而操纵利润。计算经济附加值需要对财务报表的相关内容进行适当调整，管理层没有虚增账面利润的动机，既可以调整稳健会计的影响（如研发费用资本化、先进先出法），也可以防止盈余管理（如不计提坏账准备），还可以消除过去的会计误差对决策的影响（如防止资产账面价值不实）等。

3. 注重可持续发展

传统的年度奖励计划通常会对长期的激励计划造成损害，因为它大多只基于年度绩效的评估，而对来年的报酬没有影响。为消除这种短视行为，扩展决策者的视野，经济附加值着眼于企业的长远发展，不鼓励以牺牲长期业绩的代价来夸大短期效果，鼓励经营者进行能给企业带来长远利益的投资决策，如新产品的开发研究、人力资源的培养等。因此，应用经济附加值有助于从整体上增进企业的核心竞争力与加快社会产业结构的调整。

（二）经济附加值的缺点

1. 历史局限性

虽然采用经济附加值指标相较于传统会计指标能更加有效地防止管理层的短期行为，但管理层在企业都有一定的任期，为了自身的利益，他们极可能只关心任期内各年的经济附加值，然而股东财富最大化依赖于企业在未来各期创造的经济附加值。若仅仅以实现的经济附加值作为业绩评价标准，企业管理层会对保持或扩大市场份额、降低单位产品成本以及进行必要的创新性研发投资缺乏积极性，然而这些举措正是保证企业未来经济附加值持续增长的关键因素。因此，在评价企业管理层经营业绩以及确定他们的报酬时，不但要考虑当期经济附加值指标，还要考虑市场份额、单位产品成本和研发支出等超前指标，这样才能更有效地激励管理层将自己的决策行为与股东的利益保持一致。同样，当利用经济附加值进行证券分析时，也要充分考虑影响该企业未来经济附加值增长势头的这些超前指标，从而更为准确地评估股票的投资价值。

2. 信息局限性

经济附加值指标属于一种经营评价法，虽然相较于传统会计利润评价指标，经济附加值更为真实且纯粹地反映了企业的经营情况，但是该指标仅仅关注企业当期的经营情况，既不能提供产品、员工、客户以及创新等方面的非财务信息，也没有反映出市场对公司整个未来经营收益预测的修正。在短期内，公司市值会受到诸如宏观经济、行业发展、资金供给等多重因素的影响。如果仅仅考虑经济附加值指标，有时候会失之偏颇。对于经济附加值未包含的非财务信息，可引入平衡记分卡（BSC）综合考察；对于经济附加值未包含的市场信息，可有机结合股票价格作为较为准确反映公司经营业绩及其未来发展前景的评价体系。

第九章
公司融资工具与股利政策

本章学习重点

◎ 理解并掌握各类股权融资工具的定义、特点及相关计算，包括风险投资、私募投资、首次公开发行、二级市场交易、增发、配股权、优先股等。

◎ 理解并掌握各类债权融资工具的定义、特点及相关计算，包括银行贷款、公司债券、融资租赁和项目并购时涉及的贷款（股东贷款、过桥贷款、长期项目贷款）。

◎ 理解并掌握各类债权融资工具的定义、特点及相关计算，包括可转债、可交换债券。

◎ 理解公司股利的概念、股利相关理论，政策对股东当前收益与公司未来发展的影响，以及影响股利政策的主要因素。

第一节 公司融资工具

一、股权融资工具

（一）早期股权融资——风险投资与私募股权

风险投资（Venture Capital，VC）是私募股权投资的一种形式，是投资者向初创公司和被认为具有长期增长潜力的小型企业提供的一种融资方式。风险资本一般来自富裕的投资者、投资银行和其他金融机构，也会被称为天使投资人。风险资本并不总是钱。事实上，风险资本通常以技术或管理专长的形式出现。风险投资通常分配给具有卓越增长潜力的小公司，或那些快速增长并有望继续扩张的公司。

风险投资为无法进入股票市场且没有足够现金流承担债务的新企业提供资金。这种安排对双方都有利，因为企业获得了启动运营所需的资金，而投资者则获得了有前途公司的股权。

风险投资还有其他好处。除投资资本外，风险投资公司还经常提供指导服务，帮助新公司建立自己的业务，并提供网络服务，帮助它们寻找人才和顾问。强大的风险投资后盾可以为进一步的投资提供杠杆作用。另外，接受风险投资支持的企业可能会失去对其未来发展方向的创造性控制。风险投资公司的投资者可能会要求获得很大份额的公司股权，他们也可能开始对公司管理层提出要求。许多风险投资者只寻求快速、高回报的回报，可能会向公司施压，要求快速退出。

私募股权投资（Private Equity，PE）是指以非公开的方式向特定的投资者募集资金，于具有高成长性的非上市企业进行股权投资，投资目的不在于享有被投资企业的经营权和分红权，而是通过公开募集股票或其他方式从企业退出实现收益。

私募股权投资的风险，首先源于其相对较长的投资周期。因此，私募股权基金想要获利，必须付出一定的努力，不仅要满足企业的融资需求，还要为企业带来利益，这注定是个长期的过程。再者，私募股权投资成本较高，这一点也加大了私募股权投资的风险。此外，私募股权基金投资风险大，还与股权投资的流通性较差有关。

股权投资不像证券投资可以直接在二级市场上买卖，其退出渠道有限，而有限的几种退出渠道在特定地域或特定时间也不一定很畅通。一般而言，私募股权投资成功退出一个被投资公司后，其获利可能是3～5倍，而在我国，这个数字可能是20～30倍。高额的回报，诱使巨额资本源源不断地涌入私募股权投资市场。

一般而言，私募股权基金中有一支专业的基金管理团队，具有丰富的管理经验和市场运作经验，能够帮助企业制定适应市场需求的发展战略，对企业的经营和管理进行改进。但是，私募股权投资者仅仅以参与企业管理，而不以控制企业为目的。

融资轮次的划分为种子轮、天使轮、A轮、B轮、C轮、D轮、E轮等，但根据实际情况，有些项目也会进行PreA轮、A+轮、C+轮融资。种子阶段的融资人，通常处于只有想法但没有具体产品的初始状态。投资人一般多是亲朋好友或创业者自己。等到天使阶段，公司通常有初建团队以及产品初步的商业规划，此时公司就有可能会获得风险投资机构的投资。公司再发展，就是进行 A 轮融资，或者 A 轮之前有“Pre A”，大概只有 10% 的初创公司可以走到 A 轮，此时公司基本已经有了成形的商业模式，也会接触更多的风险投资机构，哪怕公司处于亏损状态，有潜力的项目也会有很多风险投资机构想参与到 A 轮融资中。B 轮融资时，公司的商业模式基本已经被验证，可能还有新的业务需要发展，此时可能会说服上一轮风险投资机构跟投，或寻找新的风险投资机构加入，又或是吸引私募股权投资机构（PE）加入。后续还有 C 轮、D 轮、E 轮融资等，此时公司或项目已经非常成熟，基本就是在为后续的上市做准备。

（二）公开发行

首次公开募股（Initial Public Offering，IPO）是指一家企业第一次将它的股份向公众出售。通常，上市公司的股份是根据中国证监会出具的招股书或登记声明中约定的条款通过经纪商或做市商进行销售。一般来说，一旦首次公开上市完成后，这家公司就可以申请到证券交易所或报价系统挂牌交易。

公司公开发行证券需要遵守大量的管制规定，中国证监会与三大证券交易所会发布关于主板、科创板、创业板上市门槛的规定。此外，上市还有比较复杂的流程。首先是需要进行上市筹备，如选定中介机构进行企业内部尽职调查、制订上市方案、召开董事会、监事会等；其次要接受 3 个月至两年的上市辅导；再就是准备各类申请文件，然后提交申报并进行审核，在企业取得中国证监会核准后，企业就可以在刊登招股说明书、上市公告后，完成首次公开发行新股。

尽管上市的流程及制度复杂，但是仍有很多公司会想尽办法上市，除了可以帮助企业获得稳定的融资渠道以外，上市还可以提升企业的品牌价值和市场影响力、吸引优秀人才、提高员工效能、提高企业的公信力等。

已经发行并流通的股票就会在二级市场进行交易，二级市场的主要功能就是集中资金和分配资金，且能够引导资金的流向，成为投资者和融资者之间融通的一个重要渠道。股票交易的价格则由市场供求关系决定，因此价格的波动幅度较大。二级市场上的股票交易情况，既是当前市场经济形式的表现，也能够对社会经济的发展产生重要的作用。由于交易所每日定时开放，且交易对象较多，投资者可以更自由地选择买入和卖出时机，如果投资者在适当的时机买入股票或债券，并在价格上涨时卖出，就可以实现盈利。

除了 IPO 之外，公司还可以通过“买壳上市”或“借壳上市”将其股份向公众出售。“买壳上市”是非上市公司作为收购方通过协议方式或二级市场收购方式，获得壳公司的控股权，然后对壳公司的人员、资产、债务实行重组，向壳公司注入自己的优质资产与业务，实现自身资产与业务的间接上市。借壳上市是指一间私人公司（Private Company）通过把资产注入一间市值较低的已上市公司（即“壳”，Shell），得到该公司一定比例的控股权，利用其上市公司地位，使母公司的资产得以上市。通常，该壳公司会被改名。实现借壳上市，或买壳上市，必须首先要选择壳公司，要结合自身的经营情况、资产情况、融资能力及发展计划。选择规模适宜的壳公司，壳公司要具备一定的质量，不能具有太多的债务和不良债权，具备一定的盈利能力和重组的可塑性。接下来，非上市公司通过并购，取得相对控股地位，要考虑壳公司的股本结构，只要达到控股地位就算并购成功。

（三）其他股权融资工具

除了风险投资、私募股权投资、公开发行以外，还有几项常见的股权融资工具。

1. 定向增发

定向增发，简称定增，法律名称叫非公开发行股票，是指上市公司采取非公开的方式，向特定对象发行股票的行为。换句话说，由于融资的需要，上市公司可通过发行股票、邀请投资者来认购的方式使投资者取得上市公司相应数量的股票。上市公司拿到钱后就去做各种各样的事情，比如收购公司、新建厂房，或干脆用来补充流动资金等。比如 A 公司原本有 10,000 股的数量，因为计划并购公司所以有了融资需求，于是通过定向增发增加 3,000 股，募集到了足够的资金，定增后总股份就变为 13,000 股。

定增对象的数量有限，中国证监会规定定向增发发行对象不得超过 35 人。能够参与定增的基本上都是机构投资者，比如银行、信托、基金公司等金融机构，以及原有大股东。定增中的定价政策是市场最关注的，中国证监会规定发行价不得低于市价的 80%，如果定价太低，会稀释现有股份价值，损害原中小股东和散户利益；如果定价太高，则机构投资者可能就不会有兴趣参与。

2. 配股权

配股是指上市公司根据公司发展需要，依照有关法律的规定和相应的程序，向原股东按其持股比例、以低于市价的某一特定价格配售一定数量新发行股票的融资行为。配股因其发行简便、快捷，被上市公司广泛使用，同时也是我国上市公司最早采用的再融资工具。配股的一个特点是，为了鼓励股东出价认购，新股的价格是以股票市价作一定折价处理确定的。原股东可以自行选择是否配股，但配股后股票会进行除权处理，股价将向下调整。若原股东放弃配股，可能会因持仓股数不变、股价调整下降，从而导致一定损失。

3. 优先股

优先股，即优先股票，是一种既有股票特征又有债券特征的金融工具。优先股具有优先权，即在公司分红、清算和破产的情况下，优先股持有者比普通股民优先获得分红或者资产分配，且一般还会有固定的分红率，可以享受固定的股息收益。如果暂时无法支付优先股的股息，可以累计拖延。

优先股通常是没有表决权的，也就是说，优先股持有者无法参与公司的决策和管理，只是能优先享受分红权利。优先股不能退股，但可以通过赎回条款将股票回售给企业。普通股票也不能退股，且普通股票只能在二级市场卖出。

优先股分为有累计分红权和无累计分红权两种。有累计分红权的优先股在企业未支付相应股息时，股息会累积到之后一起支付，直到公司支付完所有欠款。无累计分红权的优先股的股息则不具有累计性质。优先股还可以分为可转换优先股和不可转换优先股。可转换优先股就是持股者可以在一定条件下，按照约定的价格和比例，将优先股转换成普通股票，可转换优先股票的股息率往往略低于其他种类的优先股票。不可转换优先股就是无法转换成普通股票的优先股。优先股按照优先等级可分为一级优先股、二级优先股等。不同级别优先股，在股息分配时优先权有所不同。一般来说，一级优先股会比其他等级优先股更有优先权。

二、 债务融资工具

（一）银行贷款

商业银行的贷款按期限分类，可分为活期贷款和定期贷款。活期贷款也称为通知贷款，是指没有确立贷款期，银行可随时通知收回或借款人可以随时偿还的贷款。相对于银行来讲，活期贷款流动性好，银行可视银根松紧随意发放或收回，是银行营运资金的良好途径之一。对银行来讲，这种贷款较定期贷款灵活，只要银行资金紧张，则可随时通知借款人收回贷款；对借款人来讲，由于偿还期的不确定性，如果项目资金已被投入生产，而此时银行又突然通知收回贷款，就会给企业造成被动，影响企业的业务运营。但这种贷款的优势是其利率较低。

商业定期贷款是一种常见的商业贷款形式，用于满足企业的中长期资金需求。这种贷款有固定的借款金额、利率和还款计划。贷款期限通常在一年以上，可长达数年或更多年，通常用于资本支出、扩张计划、设备购置和其他长期商业投资。本金和利息是以事先约定的方式进行分期偿还的，可以是按月的、按季的、半年的，或者是一年的，因为这不是可循环的贷款，所以当贷款的本金用完之后，不允许再提取贷款。在某些情况下，客户会要求一定的宽限期。在宽限期内，借款人只需支付利息。定期贷款具有弹性大、速度快和筹资成本低等优点。这是因为定期贷款是由借贷双方直接协商，可以根据贷款人的特定需要灵活安排，较富弹性；无须经过相关政府部门审批，加快了融资速度；无须做广泛的宣传和广告工作，所需的正式文件也相对较少，大大降低了筹资费用。定期贷款包括固定利率贷款和浮动利率贷款两类。商业银行是定期贷款的主要贷款人，银行贷款有两种主要类型：信贷额度和贷款承诺。

银行贷款是企业获取资金的重要途径之一，可以帮助企业扩大经营规模、购买房产等。贷款一般会需要抵押物或者高信用等级的公司担保，如果是中小企业办理银行贷款，一般会被要求以其财产或资产作为担保或抵押，如果是集团型公司办理贷款，则可能需要其母公司担保。

（二）公司债券

债券，是指债务人通过发行债券筹集资金，向购买债券的持有人承诺按照合同规定支付利息和偿还本金的一种金融工具。债权代表债券投资者的权利，这种权利不是直接支配财产权，也不是资产所有权的表现，而是一种债权。拥有债权的债权人不同于公司股东，是公司的外部利益相关者。在中国，债券的分类有多种多样，比如国债、铁道债、金融债等，公司债也属于债券的种类。

公司债是指公司依照法定程序发行，约定在一定期限内还本付息的有价证券，是由中国证监会监管的中长期直接融资品种，承诺于指定到期日向债权人无条件支付票面金额，并于固定期间按期依据约定利率支付利息。公司债可以分为短期公司债券（发行期限为 1 年）、中期公司债券（发行期限为 1 ~5 年）和长期公司债券（发行期限为 5 年以上）。

公司债可以分为公募债券和私募债券；也可以分为固定利率债券、浮动利率券和累进利率债券；还可以分为记名债券和无记名公司债券等。债券的种类名日繁多，可按不同的标准划分出许多类别的债券。以下是一些常见类型的债券。

（1）浮息债券（Floating Rate Bonds）：与固定利息的债券不同，浮息债券的利率是根据公式以其他利率为基础计算得来的。国际金融市场的浮息债券一般根据 3 个月或 6 个月的伦敦同业拆放利率（Libor）加上一定的利差进行浮动，随着市场利率的变化而变化。

（2）资产担保债券（Assets – Backed Bonds）：由债券发行者指定的资产或资产组合进行担保的债券，这些资产可以是从应收账款到抵押品的任何东西。

（3）抵押债券（Mortgage – Backed Bonds）：有一系列抵押品作担保的债券。

（4）次级债券（Subordinated Bonds）：指的是偿还顺序排在其他更高级债券之后的债券，这种债券的利率通常比高级债券要高。

（5）可转换债券（Convertible Bonds）：允许投资者在特定的条件下将债券转换成发行债券公司的其他证券，通常是普通股或优先股。可转换债券综合了债务和股权的特征，因而被称作混合证券。

（6）零息债券（Zero Coupon Bonds）：买卖价格相对面值有重大折让的企业或市政债券。出现大额折让是由于债券并无任何利息。投资者在债券到期以票面值赎回时可实现利润。

（7）可提前赎回债券（Callable Bond）：在到期日之前，可以按照发行时的规定条件提前偿还部分或全部的债券本金。

（三）融资租赁

融资租赁（Financial Leasing），又称设备租赁（Equipment Leasing）或现代租赁（Modern Leasing），是指实质上转移与资产所有权有关的全部或绝大部分风险和报酬的租赁。资产的所有权最终可以转移，也可以不转移。

具体来说，出租人根据承租人对租赁物件的特定要求和对供货人的选择，出资向供货人购买租赁物件，并租给承租人使用，承租人则分期向出租人支付租金（类似于贷款的本息偿还），在租赁期内租赁物件的所有权属于出租人所有（类似于贷款的抵押），承租人拥有租赁物件的使用权。租期届满，租金支付完毕，承租人根据融资租赁合同的规定履行完全部义务后，出租人和承租人可以约定租赁期限届满租赁物的归属，对租赁物的归属没有约定的或者约定不明的，可以协议补充；不能达成补充协议的，按照合同有关条款或者交易习惯确定，仍然不能确定的，租赁物件所有权归出租人所有。这实质上是依附于传统租赁的金融交易，是一种特殊的金融工具。

相比于银行贷款和发行债券，融资租赁的筹资速度快，限制条件少，且融资期限长，一般 3 至 5 年甚至 8 年以上，还款方式相对灵活。不过，融资租赁的资本成本较高。一般来说，租赁费要高于债券利息。融资租赁有几种常见的类型。

（1）直接融资租赁：由承租人挑选所需购买的租赁物品，经出租人专业判断后提供租借服务。承租人在租赁期间拥有使用权，且需承担租赁物的维护责任。此模式常用于固定资产及大型设备购置、企业技术升级改造等环节。

（2）售后回租：承租人先将自有的或外购的财产产权出让给出租方，随后再从后者处租回来，继续利用该财产。在此过程中，资产归属变更为出租方，承租人只保留对该资产的使用权益。租赁合约到期后，承租人可选择续租或以预定价格回购此资产。这一策略有助于承租人充分利用现有资源，快捷地筹集企业发展所需的资金，适应市场变化。

（3）杠杆租赁：类似于银团贷款，旨在提供大型租赁项目的税收优惠融资。这种租赁方式由一家租赁公司担任主干公司，筹集超大型租赁项目所需的大笔资金。首先要设立一个独立于租赁公司的操作机构（专设资金管理公司），负责提供项目总金额至少20%的资金，其他资金则主要来自银行和社会游资。通过充分利用低税优势，我们可以用较少的资金撬动更多的投资，从而为租赁项目筹集大量资金。其余做法与融资租赁基本相同，只不过合同的复杂程度因涉及面广而随之增大。

（4）委托融资租赁：这种方式是拥有资金或设备的人委托非银行金融机构从事融资租赁，第一出租人同时是委托人，第二出租人同时是受托人。出租人接受委托人的资金或租赁标的物，根据委托人的书面委托，向委托人指定的承租人办理融资租赁业务。在租赁期内租赁标的物的所有权归委托人，出租人只收取手续费，不承担风险。

（5）项目融资租赁：承租人以项目自身的财产和效益为保证，与出租人签订项目融资租赁合同，出租人对承租人项目以外的财产和收益无追索权，租金的收取也只能以项目的现金流量和效益来确定。出卖人（即租赁物品生产商）通过自己控股的租赁公司采取这种方式推销产品，扩大市场份额。通信设备、大型医疗设备、运输设备甚至高速公路经营权都可以采用这种方法。

其他融资租赁类型还包括返还式租赁、融资转租赁。返还式租赁又称售后租回融资租赁；融资转租赁，又称转融资租赁等。

（四）项目并购时涉及的贷款

除了银行贷款和公司债券之外，企业并购时还会涉及一些债务融资工具。下面列举几种常见的债务融资工具。

1. 股东贷款

股东贷款，即公司股东以债权人身份向公司提供债务融资，作为股东资本金和银行借贷资金的补充。安排股东贷款的首要目的自然是解决资金问题、优化资本结构，以实现效益最大化的目的。股东贷款模式可通过约定较低利率等方式满足项目的融资需求，此外，在现金流的管理上，股东贷款也具备更强的适应性和灵活性。不同国家对股东贷款的比例、利率会有不同限制。

基于股权在常规资本结构中固有的相对于债权的劣后属性，在项目运营阶段市场波动的影响下，归属于股东的权益性现金流和收益在充分满足债权人还本付息要求之后方可实现。而股东贷款作为本质上的“债权”，具备与银行主债权类似的基本属性。若公司股东和贷款银行同时以项目公司债权人的身份出现，在债权人之间没有权利顺位约定的情况下，则难免会引起贷款人的怀疑，因此，一般情况下，股东贷款债权有天然的“劣后属性”。

在其他边界条件不变且股东贷款成本相对趋低的情况下，使用股东贷款作为出资方式，在理论上，资本金内部收益率相应提高的结果，对优化财务和经营指标大有裨益。在通常意义上，举债借款所支付的利息一般被认定为财务费用，进而可以实现税前扣除，而股东分红并不能进行税前扣除。通过筹措股东贷款，增加债务融资的比例，自然可以增加项目公司税前扣除的金额，进而实现合理避税、增加利润的目的。

2. 过桥贷款

过桥贷款在并购交易中起着“桥梁”的作用，是一种过渡性的贷款。它是一种短期融资，可以弥补借款人所需融资的时间缺口。过桥贷款的期限较短，最长不超过1年，利率相对较高，过桥贷款可以用来消除支付现金与筹集资金之间的短期现金缺口。

过桥资金具有期限短、审批速度快、风险容易控制等特点。过桥融资在跨境并购中经常可见。由于第二轮竞标需要银行出具一份融资承诺函（Commitment Letter），因此很多外资投行会帮助买家开具此类函件，同时提供一个1年期的过桥融资，以便买方尽快完成股权交割。

3. 长期项目贷款

项目贷款可为基础设施项目以及其他投资规模大、具有长期稳定预期收入的建设项目提供无追索权或有限追索权的债务融资。项目贷款是国际中、长期贷款的一种形式，一般为中长期贷款，也有用于项目临时周转用途的短期贷款。

项目贷款是一种特殊的融资方式，真正意义上的项目贷款并是不需要母公司担保，也不需要额外抵押，它以项目的资产、预期收益或权益为抵押，银行会预测项目未来的收益，作为计算贷款本金金额的基础。这种方式有助于减轻企业负债压力，实现项目的顺利推进。

三、 混合融资工具

除了股权融资工具和债权融资工具之外，还有一些融资工具兼备了两者的特点，下面列举几个常见的混合融资工具。

（一）可转换公司债券

可转换公司债券（Convertible Bond），也称可转换公司债券，是指发行公司依法发行、在一定期间内依据约定的条件可以转换成股份的公司债券。债券持有人对转换股票或不转换股票有选择权，但转换成股票之后，原债券持有人就由债权人变成了公司的股东，可参与企业的经营决策和红利分配，在一定程度上影响了公司的资本结构。

可转换债券为企业提供了一种新的流动性管理工具，为投资者提供了更多的固定收益类投资产品选择。从性质看，可转换债实际上是债券和转股看涨期权的混合体，它具有两个基本属性，在转换之前，它是债券，和纯债一样有价值回归的特点，也可以获得票面利息；转换后，它就兑换成了相应数量的股票，所以说，股市的上涨通常也会带动可转债价格上涨。在股市处于上升的通道时，可转债主要以股性为主；当股市处于下跌阶段，可转债的债性表现突出。所以说，可转债兼具债性和股性的特点，且内嵌期权。假如可转债面值是 100 元，允许按照 25 元/股的价格转股。那么，一张可转债就可以转成 4 股正股，如果股价一直没涨过 25 元/股，可转债就是个债券，投资者可获得债券的利息，但同时保留了在未来股票大涨时转股的权利。如果未来股价飙涨到 30 元/股，100 元面值的债券可以转成 4 股，可转债就至少值 120 元，这时可转债就会和股票一起上涨，体现出可转债的股性。

（二）可交换债券

可交换债券（Exchangeable Bond），全称为“可交换他公司股票的债券”，是指上市公司股份的持有者通过抵押其持有的股票给托管机构进而发行的公司债券。该债券的持有人在将来的某个时期内，能按照债券发行时约定的条件用持有的债券换取发债人抵押的上市公司股权。与可转债类似，可交换债券是一种内嵌期权的金融衍生品，同时具有债券与股票两种性质。

对比可交换债券和可转换债券，可交换债券的发行主体一般是上市公司的股东，其标的股票是其持有的上市公司的股权；而可转换债券的发行主体是上市公司本身，标的股票是上市公司自身的股权。这种不同决定了可交换债券换股成功之后，上市公司的总股本并不会增加，而可转换债券转股后上市公司的总股本则会增加。

可交换债券为发行人提供了一种新的流动性管理工具，为投资者提供了更多的固定收益类投资产品选择。对发行人来说，可交换债券可以实现低成本融资和减持，对投资者来说，可交换债券在转股前拥有债权，可以定期取得利息收入，且到期可取回本金。当二级市场上标的股票股价上涨时，投资者可以选择换股，取得换股带来的溢价收益。

四、 案例分析

近年来，中东地区的光伏项目确实引起了行业的极大关注，中东各国政府力推新能源发展计划以推动能源结构转型，设定可再生能源发电远期目标。中东地区以热带沙漠气候为主，为光伏产业提供了极为优越的自然基础，随着清洁能源发电技术的成熟和成本的降低，光伏项目相较于传统化石能源项目的优势尽显，使光伏项目更具竞争力。

中东地区的光伏项目规模庞大，例如阿布扎比 Al Dhafra 光伏项目，以 2 吉瓦的装机容量成为全球有史以来最大的单体光伏项目之一。当然，除了装机规模大之外，该项目主要是以超低电价在行业内闻名，我们以这个光伏项目为例介绍一下该项目是如何通过灵活使用融资工具而实现超低电价的。

首先介绍一下这个项目的基本情况。该项目位于阿布扎比市以南约 35 公里的 Al Dhafra 地区，占地面积超过 20 平方公里，相当于约 2, 800

个足球场。该项目采用了最先进的晶体双面光伏技术，项目与阿联酋水电局（EWEC）签订了为期30年的购电协议，项目于2023年6月30日起正式投入商业运营。项目的股权分配为阿布扎比国家能源公司（TAQA）持股40%，阿布扎比未来能源公司（Masdar）、法国电力可再生能源公司（EDF）及晶科（JinkoPower）分别持股20%。

2020年12月，该项目实现了融资关闭，最终上网电价1.32美分/千瓦时（2024年中国光伏的上网电价是0.2～0.3元/千瓦时，这个项目的电价换算成人民币不到0.1元/千瓦时）创造历史新低。这个项目之所以可以做到超低的电价，除了存在规模效应以及中东地区的光资源条件优越之外，还有一个主要原因就是融资工具的使用，比如100%的杠杆、非常规的还款方式、未来的再融资，下面我们具体介绍一下这个项目的融资。

阿布扎比Al Dhafra光伏项目的总成本约为10亿美元，项目总投资中约81%的资金采用了贷款期限仅为4年的Hard Mini Perm无追索项目融资模式，法国巴黎银行（BNP）作为牵头银行，提供无追索项目贷款的银团成员还包括中国银行、法国农业信贷银行、汇丰银行、三菱日联金融集团、三井住友银行和渣打银行。剩下19%的资金BNP为SPV公司（项目的上层公司）提供了为期4年的过桥贷款，这笔过桥贷款使本项目间接实现了100%杠杆的极限融资比例。

上文中提到的Hard Mini Perm是一种短期融资方式，就是在3～5年的贷款期限内，每年仅偿还贷款利息和极低的本金，并在贷款期截止的最后一年一次性清偿所有剩余本金，即所谓的“子弹式偿还”（Bullet Repayment）。由于Hard Mini Perm贷款的期限较短，银行可以按照短期贷款的价格报价，这有助于降低借款人的融资成本。在行业内，一般像这种有长期稳定现金流的项目会倾向使用长期贷款，但是随着行业竞争的加剧，投资者在项目的融资工具上也开始“机关算尽”，这才使该项目电价得以在激烈的电价竞争中脱颖而出。当然，100%的高杠杆也意味着高风险。4年后2吉瓦的光伏电站全部投产，如果无法偿还全部无追索贷款和过桥贷款的余额，届时项目会再次面临新一轮的融资压力。基于签署PPA项目的稳定现金流特点，除了常规的股东出资和银行长期贷款之外，该项目可以使用Hard Mini Perm来滚动贷款，也可以发债的方式从资本市场上融资。

随着中东地区能源转型步伐的加快，中国能源企业在其中扮演的角色日益重要，像阿布扎比Al Dhafra光伏项目中晶科作为投资方，中国机械设备工程股份有限公司（CMEC）作为EPC承包商，除晶科外多家中国光伏组件、支架、逆变器公司参与设备供应，中国银行也作为银团中的一员为项目提供了贷款。中国企业正在凭借各领域的核心竞争力，逐步深化与中东当地市场的融合，为该地区的能源转型贡献重要力量。

第二节　公司股利政策

一、股利概述

（一）股利种类与支付程序

股利的种类主要有以下几种：

（1）现金股利，即以现金支付的股利。公司支付现金股利除了要有累计盈余（特殊情况下可用弥补亏损后的盈余公积支付）外，还要有足够的现金。例如，如果公司 X 共发行 100 股股份，投资者 A 拥有 10 股股份，即占股 10%。公司 X 近年利润为 100 元，因此每股净利润 EPS 为 1 元/股，假设目前股价为 5 元/股，那么它的市盈率就是 5 倍。

如果公司 X 宣布利润全部派息，每股股息为 1 元，投资者 A 拥有 10 股股份，将收到 10 元的现金股息。换句话说，支付现金股息后（不考虑股息税的情况下），投资者 A 的证券账户将增加 10 元现金，而仍将持有 10 股该公司股票。

（2）股票股利：公司以增发的股票作为股利支付的方式。如果公司 X 宣布每 10 股派 10 股股票股息，那么投资者 A 拥有该公司 10 股股票，他将获得 10 股新股。换句话说，派发股票股息后，投资者 A 的证券账户中将有 20 股股票。

延伸阅读：除息与除权

除息

向股东支付现金股息时，从股价中扣除已支付的现金股息。假设 X 公司宣布每股派发 1 元现金股息。如果股息分配前股票价格为每股 5 元，投资者 A 持有 100 股，则所持股票的市值为 500 元，分红后，投资者账户多了 100 元现金，同时股价除息，股价直接变为 4 元/股，所持股票市值变为 400 元，因此投资者的总资产仍为 500 元不变。

除权

向股东派发股票股息时，股票股息将从股价中扣除。假设 X 公司宣布派发股票股息，每 10 股派 10 股。如果股利分配前股票价格为 5 元/股，投资者 A 持有 100 股，则其所持股票市值为 500 元。分红后账户多了 100 股，变成持有 200 股，但同时股价除权，股价直接变成 2.5 元/股，投资者 A 账户总资产仍为 500 元。

（3）股票回购：公司在股市中购买本公司股票后注销。如果公司 X 将 100 元的利润用于回购股票，则可以回购注销 20 股，占比 20%，公司新的股本将变成 80 股，此时投资者 A 将拥有 10 股股份，即占股 12.5%。

（4）财产股利：以现金以外的资产支付的股利，主要是以公司所拥有的其他公司的有价证券（股票、债券）作为股利支付给股东。

（5）负债股利：公司以负债支付的股利，通常以公司的应付票据支付给股东，在不得已的情况下也有以发行公司债券抵付股利的。

股利在支付过程中有几个比较重要的时间节点，整理如表 9－1 所示。

表 9－1　股利支付程序

时间节点	程序
股利宣告日	公司董事会将股东大会通过的分配方案予以公告的日期
股权登记日	即有权领取本期股利的股东的资格登记截止日期
除息日（除权日）	即领取股利的权利与股票分离的日期。从除息日起，股利权与股票分离，新购入股票的股东无权享有本次股利分配
股利支付日	公司向股东发放股利的日期

（二）股利理论

股利理论分为两个大类：一个是股利无关论，即投资者并不关心公司股利的分配，股利的支付比率不影响公司的价值；另一个是股利相关论。股利相关论有几个常见的细分理论。

（1）税差理论：税差理论认为，如果不考虑股票交易成本，企业应采取低现金股利比率的分配政策，以提高留存收益再投资的比率，使股东在实现未来的资本利得中享受税收节省。

（2）客户效应理论：边际税率高的投资者会选择实施低股利支付率的股票，边际税率低的投资者则会选择实施高股利支付率的股票。

（3）"一鸟在手"理论：股东在对待股利分配政策态度上表现出来的宁愿现在取得确定的股利收益，也不愿意将同等的资金放在未来价值不确定性投资上面的态度偏好，这被称为"一鸟在手，强于二鸟在林"。

（4）代理理论：企业中的股东、债权人、经理人员等诸多利益相关者的目标并非一致，在追求自身利益最大化的过程中有可能会以牺牲另一方的利益为代价。这种利益冲突关系反映在公司股利分配决策过程中，就表现为不同形式的代理成本。

（5）信号理论：现实条件下，经理人与外部投资者存在信息不对称情形，在这种情形下，分配股利可以被推测为一种信息传递机制，使企业股东或市场中的投资者依据股利信息对企业经营状况与发展前景做出判断。

二、股利政策概述

股利政策（Dividend Policy），是指公司股东大会或董事会对一切与股利有关的事项所采取的较具原则性的做法，是关于公司是否发放股利、发放多少股利以及何时发放股利等方面的方针和策略，所涉及的主要是公司对其收益进行分配还是留存以用于再投资的策略问题。股利政策有狭义和广义之分。狭义的股利政策是指探讨保留盈余和普通股股利支付的比例关系问题，即股利发放比率的确定。广义的股利政策则包括股利宣布日的确定、股利发放比例的确定、股利发放时的资金筹集等问题。下面列出了股利政策的几个常见类型。

（1）剩余股利政策：指企业将股利的分配与资本结构联系起来，当企业有好的投资项目时，净收益首先应满足公司的资金需求，如果还有剩余，则派发股利，如果没有剩余，则不派发股利，即股利政策不应当破坏公司最佳资本结构。

（2）稳定股利额政策：指企业将每年派发的股利额固定在某一特定水平上，并在较长的时间内不变，只有当公司认为未来盈余会显著、不可逆转地增长时，才提高年度的股利发放额。

（3）固定股利支付率政策：指企业将每年净收益的固定百分比作为股利分派给股东。该政策会导致公司股利分配额随着利润频繁变化，所以公司很少采用这个政策。

（4）低正常股利加额外股利政策：指公司事先设定一个较低的正常股利额，每年除了按正常股利额向股东发放现金股利外，还在公司盈利情况较好、资金较为充裕的年度向股东发放高于每年度正常股利的额外股利。

表9－2整理了这四种股利政策的优缺点对比及适用的公司类型。

表 9－2　　股利政策优缺点对比及适用公司

<table>
<tr><th>股利政策</th><th colspan="2">优缺点对比</th><th>适用公司</th></tr>
<tr><td rowspan="2">剩余股利政策</td><td>优点</td><td>1. 有利于公司保持理想的资本结构，使综合资金成本降至最低
2. 在企业债务比率较高、利息负担及财务风险较大的情况下，满足投资规模扩大对资金增加的需求</td><td rowspan="2">初创阶段的企业</td></tr>
<tr><td>缺点</td><td>1. 股利发放额就会每年随投资机会和盈利水平的波动而波动，从而给股东以企业经营状况不稳定的感觉，可能影响股价
2. 在实际操作过程中要加强投资机会的可行性研究和审查，权衡投资的风险和收益，否则投资决策失误将会严重损害股东利益
3. 剩余股利政策不利于投资者安排收入与支出</td></tr>
<tr><td rowspan="2">稳定股利支付率政策</td><td>优点</td><td>1. 稳定的股利向市场传递着公司正常发展的信息，有利于树立公司良好形象，增强投资者对公司的信心，稳定股价
2. 稳定的股利额有利于投资者安排股利收入和支出</td><td rowspan="2">经营比较稳定或正处于成长期的企业</td></tr>
<tr><td>缺点</td><td>1. 股利的支付与盈余相脱节
2. 不能像剩余股利政策那样保持较低的资本成本</td></tr>
<tr><td rowspan="2">固定股利支付率政策</td><td>优点</td><td>1. 使股利分配与企业盈余紧密结合
2. 保持股利与利润的一定比例关系，体现投资风险与收益的对称性</td><td rowspan="2">发展稳定或财务状况较稳定的公司</td></tr>
<tr><td>缺点</td><td>1. 公司财务压力较大，缺乏财力弹性
2. 确定合理的固定股利支付率难度很大</td></tr>
<tr><td rowspan="2">低正常股利加额外股利政策</td><td>优点</td><td>1. 股利政策具有较大的灵活性
2. 有利于稳定股票的价格</td><td rowspan="2">适用于盈利但现金流量波动的企业</td></tr>
<tr><td>缺点</td><td>1. 股利派发缺少稳定性
2. 如果公司较长时期内一直发放额外股利，股东会误认为这是“正常股利”，一旦取消，容易给公司造成负面形象，从而导致公司股价下跌</td></tr>
</table>

三、 股利政策的影响因素

股利政策既和融资决策相关，也和投资决策有关，决定公司股利政策的因素众多，主要有以下几个。

首先，法律限制是股利政策制定的基础框架，涉及资本保全、企业积累、净利润、超额累积利润以及无力偿付等多个方面的限制。这些限制确保了公司财务的稳健性和合法性。比如根据中国的会计准则，年度累计净利润大于零时才可以发放股利，如果往年有累计的亏损，则需要足额弥补，也不能用资本（包括股本和资本公积）发股利。

其次，股东因素也是决定股利政策的重要因素，股东往往期望获得稳定的收入和避税效果，同时也会关注控制权的稀释问题，以避免股权结构的过度分散。比如，如果股东的主要收入来源是股利，他们往往要求公司支付相对稳定的股利，如果股东个人所得税的边际税率较高，出于避税的考虑，股东会反对公司发放较多的股利。

再次，公司自身的因素，如盈余的稳定性、流动性、投资机会、资本成本以及债务需要、举债能力、债务合同约束等，都会对股利政策产生直接影响。这些因素反映了公司的财务状况、经营策略和未来发展潜力。公司的盈余相对稳定或是现金流比较稳定，就意味着公司具有较高的股利支付能力。公司需要评估当前和未来的投资机会，确定是否将利润用于内部投资以促进增长，或是将一部分利润分配给股东。如果公司本身正处于快速扩张期，则会采取低股利政策，用本年的盈利满足来年公司的资金需要。如果公司本身的杠杆较高，账面现金需要先用于偿还债务，降低财务成本，这样就会减少股利的支付。此外，公司的债务合同（特别是长期债务合同）往往会有限制公司现金股利的条款，这样的条款会促使公司在账面上保留足够的现金，所以公司只得采取低股利政策。

最后，还有其他的限制因素，如经济环境变化和通货膨胀等，也会对股利政策产生一定的制约作用。在高通胀的情况下，公司账面现金的购买力会下降，这样如果公司未来要重置固定资产，就会影响现金股利的支付。此外，公司还需要考虑目前及未来的市场环境以及竞争对手的做法，以保持竞争力和股东满意度。

第十章
公司信用分析

本章学习重点

◎ 了解信用分析的定义，掌握通过解读财务报表中的关键信息，了解信用风险指标，并掌握进行信用风险分析的基本方法。

◎ 掌握财务报表中的关键财务比率分析的分类及计算。

◎ 了解信用评级机构、信用评级和评级计量表。

第一节　公司信用分析基础

一、信用分析

（一）什么是信用分析概述

信用分析是一种衡量公司信用风险的行为。信用分析的实施者形形色色，他们往往会出于不同的原因而开展信用分析。因为金融圈中的大多数成员会用到信用分析，所以，作为估值分析师，必须了解信用风险到底是什么，以及应该如何开展信用分析。

公司的管理者可以利用信用分析来评估负债和股权的最佳组合，从而最大限度地降低公司的融资成本，帮助公司维持目标信用评级，并通过最大限度提高公司的财务灵活性，尽可能把握成长机会。

通过信用分析，负债投资者可以评估公司发生负债违约的可能性，从而确定他们进行负债投资所要求的最低收益率。

信用评级机构进行信用分析的目的，是确定公司或发行债券的信用评级是否合理，如果不合理的话，合理评级应该是多少。

投资银行专业人士进行信用分析，是为了确定公司在维持目标信用评级的前提下，可以发行多少新负债，以便为收购提供融资。

银行内部进行信用分析，则是为了确定需预留多少法定资本才能满足监管要求，也是他们针对客户制定贷款决策的依据。

（二）信用风险的量化

信用风险是指公司违约或未偿还负债的可能性，也被称为破产风险。信用风险的衡量既可以是针对有价证券发行人，也可以是针对一笔具体的贷款或有价证券。信用风险可通过多种方式加以衡量。最常见的方法包括信用评级、负债的信贷利差、信用衍生产品的成本。

（1）信用评级是第三方针对公司信用风险或信用水平发表的意见。信用评级的水平用字母或字母与数字组合表示。我们将在下文详细介绍信用评级的内容。

（2）信贷利差（Credit Spread）与负债投资者要求取得的最低收益

率有关。大多数债券的定价是在基准利率（如政府债券或银行贷款的基准利率）基础上增加针对不同公司设定的具体信贷利差。基准利率与信贷利差之和等于公司具体类型负债的成本，或者说，也是负债投资者的收益率。信用风险越高，信贷利差就越大。

（3）信用衍生工具（也称信用违约掉期，或表示为CDS）是一种约定公司出现负债违约时向投资者付款的期权。从本质上说，它是为投资者提供的一种信用保险。因此，这种保险成本（以期权成本衡量）是衡量公司信用风险的指标。就像商业保险一样，公司违约负债的可能性越大（以至于发行信用违约掉期的实体必须向信用违约互换的购买者进行偿付），对于信用违约互换的购买者来说，这种产品的成本就越高。

进行信用分析的目的在于确定信用风险的上述三个指标。信用风险的衡量围绕着同一个关键问题：是否存在足够的现金流来偿还公司负债？

要回答这个问题，信用分析师和负债投资者必须考虑公司面对的两个相互独立的风险：一是公司或者发行机构的业务风险；二是公司或发行机构的财务风险。

一方面，业务风险通常与资产负债表的资产方面相关，包括公司的资产组合战略、公司业务所处的行业、管理团队的质量和经验以及公司的经营流程等。例如，和拥有大量有形资产（如制造工厂和房地产）的公司相比，拥有大量无形资产（如知识产权和专利权等）企业的经营风险显然更大。这是因为，有形资产在清算中比无形资产更容易出售。因此，在拥有大量无形资产的行业（如软件）中经营的公司，往往被认为具有更高的业务风险。

另一方面，财务风险与公司的资本结构有关。比如说，更高的负债水平往往意味着更高的财务风险，因为要偿还这些负债，必然会让公司承受更大的财务压力；反之，较低的负债水平则意味着公司的财务风险较低。

信用分析的内涵就是对公司的财务风险和业务风险进行权衡，并在对两者权衡的基础上，确定公司是否能创造出足够现金流来偿还其负债。公司的业务风险水平越低，可容忍的财务风险水平越高；反之亦然。正是出于这个原因，大量使用负债融资（因而具较高的财务风险）的高杠杆收购往往发生在较为稳定且商业风险较低的行业。表10－1列出了业务风险和财务风险的具体类别。对公司业务风险和财务风险进行评估，可以确定具体负债发行人以及具体贷款或债券的信用风险。

表10－1　　　　业务风险与财务风险

业务风险		财务风险
业务风险：		财务指标：
战略规划		规模和流动性
业务多元化	信用风险	增长前景
收购策略	与现金流	现金流量的多样性
分销能力	保护	毛利率和净利润率
开发战略		成熟度和持续时间
		盈利波动
		负债期权（看涨期权与看跌期权）

续表

业务风险		财务风险
行业状况： 行业的成长情况和稳定性 市场份额 竞争态势 资产类型 进入壁垒 监管环境 周期性和季节性 市场细分程度和集中度 大宗商品及增值能力 政治和国家风险		现金流： 稳定性和可预测性 资本要求 营运资金需求 流动性 利息覆盖率
管理： 声誉和严谨性 承诺及所有权 历史业绩 和银行的关系 风险承受能力和财务政策	信用风险 与现金流 保护	资本结构： 负债的偿还 资产杠杆 负债/EBITDA 负债/现金流 负债/资本总额 股息政策 资本组合 股权质量
经营风险： 成本结构 资产的利用程度和使用效率 长期合同 技术（包括原先的技术或新技术） 对研发的依赖性		其他： 负债约定 会计质量 财务政策 财务的灵活性 资产负债表的表外项目 负债评级触发条款

其实，所采用的这些商业风险指标具有高度的主观性，因此，信用分析本身也是一种基于主观和意见性质的技术。也就是说，信用分析本身并不是严谨的科学，它没有公式方法可用来确定发行人或特定类型负债的信用风险。相反，信用分析与估值一样，中间夹杂着大量的个人判断。

延伸阅读：信用分析只是一种主观判断

和估值分析一样，信用分析是一种技术，也是一门艺术。刚入门的分析师总想着根据对财务风险的判断（即按照信用比率和财务比率），来对信用水平或负债能力做出无法推翻的判定。但这只会让他们犯错误。在实务中，进行信用分析既需要使用定性指标，也需要考虑定量指标。

为了进一步描述业务风险和财务风险，我们不妨考虑两家假设的公司：公用事业公司和高科技公司，并对它们的信用风险进行比较。

公用事业公司是一家天然气公司，在严格监管的环境中经营，这意味着，监管机构有权决定公用事业公司按投入资本可取得的盈利率。这种受到监管的环境可以为公司带来稳定的现金流。此外，由于其他公司无法将天然气管道接入公用事业公司的客户家中，公用事业公司拥有高度专一的客户群。

高科技公司是一家软件公司，主营业务是开发教育应用程序。高科技公司有一些业绩表现良好的产品，但新开发应用程序领域的竞争非常激烈，因此高科技公司为研发新软件投入了大量资源，而且其中的某些产品可能永远都无法上市。

假如对这两家公司其他方面一无所知的话，我们可以认为，公用事业公司的业务风险要低于高科技公司。这背后有多方面的原因，其中最重要的原因当然是公用事业公司拥有稳定的现金流——公用事业公司的客户群会日复一日地使用天然气。此外，竞争对手抢走客户的可能性也很低。另外，高科技公司在竞争激烈的商业环境中经营，它根本就无法保证现有客户以后还会继续是它的客户。这显然会影响其现金流的可持续性。

尽管我们可以认定，公用事业公司的业务风险低于高科技，但却无从判断公用事业公司的信用风险是否也低于高科技公司。首先，我们必须对每家公司的财务风险进行评估，这就需要分析公司的资本结构。假设公用事业公司和高科技公司具有相同的资本结构（也就是说，拥有相同的负债水平和相同的定期利息费用等），在这个前提下，我们可以得出结论，公用事业公司的信用风险也低于高科技公司。但如果公用事业公司因承担更高的负债水平而显示出较高的财务风险，那么，公用事业公司的信用风险就有可能等于甚至超过高科技公司。我们必须记住的是，信用风险是业务风险和财务风险这两个变量的函数。

（三）信用风险指标

表 10 – 2 介绍了日常经常使用的一些信用风险指标。首先是规模，规模是信用分析中需要考虑的主要因素，因为和规模较小的公司相比，大公司往往更善于应对业务中断或现金流波动这样的风险。其次是公司的经营历史，新公司的业务风险通常较高，因为他们的资产组合尚未经过市场检验，而且多样化程度较低；他们的管理层在经营公司方面缺少经验，而且业务所在行业往往竞争更加激烈。历史较长且更为成熟的公司往往经历过业务变更的洗礼，并通过实践验证了他们在现金流紧缩和业务突变环境下的适应及生存能力。最后是资本和资产，更成熟的老企业往往拥有比新公司更雄厚的资产和资本基础。

表 10－2　　信用风险指标

信用风险	业务特征
最高	资源有限 没有历史经营记录 没有资产
较高	资源有限 历史经营记录有限 资产有限 急需资金 新技术和新的市场进入者
中等	可验证的历史经营记录 拥有现金创造能力 有成长潜力
较低	可验证的历史经营记录 现金充裕，资产充足
较低	有财务弹性 涉足国际市场 拥有重要品牌
最低	有长期的可验证的历史经营记录 全球市场的领导者 现金和资产充沛 明显的财务弹性 相当可观的市值

注意：以上特征属于一般性概括，在实务中，信用分析需要对个体企业进行全方位的业务风险和财务风险分析。

当然，规模是对债权人最大的保障，会给债权人带来一种慰藉，因为大公司可以进入多个融资市场。因此，即使大公司无法从一个投资者市场（如商业票据市场）获得资金，也可以利用银团贷款市场等其他市场进行融资。而小规模公司往往没有这样的灵活性。此外，如果面临现金紧缩，大公司往往可以出售资产或业务，并以出售收入偿还负债，或是用作抵押（或担保）举借更多的负债。

需要提醒的是，尽管这些信用指标都是很有参考价值的经验法则，但它们未必适用于每一家公司。这些一般性结论有助于我们了解影响信用风险的驱动因素。

另一个应重点关注的信用风险指标是可使用现金。信用风险衡量的是公司偿还负债的可能性。即使公司具有非常高的商业风险，但如果它经常保持大量的现金储备，那么，债权人几乎就可以确定，这家公司有能力偿还其负债。比如，中国石化就是一个很好的例子。虽然中国石化是一家身处高业务风险的行业，但它拥有充裕的现金储备，因此，相对于其业务风险而言，它的信用风险要小得多。此外，虽然中国石化所处的行业本身风险很高，但中国石化的市场领导地位和企业规模让贷款人更有把握：和其他石油化工公司相比，中国石化将会按时偿还他们的负债。保险公司是另一个有说服力的例子。它们往往坐拥庞大的现金余额，因此，尽管存在较高的业务风险，但保险公司的信用风险往往很低。

二、 公司财务报表解读

信用分析可以从财务报表上的两个基本项目开始。第一项是财务的流动性。你需要分析目标公司是否具备从经营或其他领域中产生现金的流动性，确保投资者在整个贷款期间的利息及本金得到足额偿付。第二项是资产保全。资产的价值至关重要。如果公司流动性不足，无法偿还投资者的债务，贷款（或债券）的所有者必须关注那些相关资产的价值。信用分析的所有其他方面几乎都来自这两个最基本的概念。

（一）公司财务报表需要重点关注的部分

资本是公司可用来为业务提供融资的资金。一家公司的资本可划分为两种基本类型——负债和股权。我们将公司的负债和股权统称为资本结构。负债是指公司借入并承诺向贷款人支付利息的资金。股权则是投资者送给公司的资金，作为回报，公司向投资者提供公司的所有权份额（因此被称为公司的“股份”）。如果公司价值上升，股权投资者就会赚钱；如果公司价值下跌，股权投资者就会亏钱。

延伸阅读：什么是资本结构

不妨把一家公司的资产负债表看成高度相同的两列数字，其中一列代表的是资产，另一列则代表负债和所有者权益（见表 10－3）。资本结构反映的是公司为业务提供融资所采用的负债和股权组合。从理论上说，它是公司为取得资产而支付的资金。

表 10－3　　资本结构

<table>
<tr><td>现金：6%</td><td>长期应付款：19%</td><td rowspan="4">负债总额</td><td rowspan="6">资本结构</td></tr>
<tr><td>流动资产：16%</td><td>预付账款：5%</td></tr>
<tr><td>固定资产：62%</td><td>短期借款：9%</td></tr>
<tr><td rowspan="3">长期资产：16%</td><td>长期借款：25%</td></tr>
<tr><td>优先股：9%</td><td rowspan="2">所有者权益</td></tr>
<tr><td>所有者权益：33%</td></tr>
<tr><td>总资产</td><td>负债及所有者权益</td><td></td><td></td></tr>
</table>

所有影响公司负债或所有者权益的项目都会影响资本结构。比如说，支付股息、股票的发行和回购以及债券的发行或到期，都会影响资本结构。

一家公司可以在不影响资产负债表资产一侧的情况下，对资本结构的组合进行调整。在表 10－3 中，如公司发行新的长期债券，并以发行收入赎回优先股，即可将9%的优先股和25%的长期借款组合调整为5%的优先股和29%的长期借款组合。也就是说，调整资本结构不会改变资本总额，它只会改变不同要素之间的比例。

负债通常被视为一种成本低于股权的融资方式。

负债及股权投资者都要求投资收益与风险相互匹配，而公司和投资者之间存在着与生俱来的矛盾。公司希望在保持财务灵活性的同时尽可能地降低融资成本，而投资者则希望在尽可能降低投资风险的前提下提高投资收益率。负债的市场融资成本主要依赖于公司的信用风险。

由于负债持有人不是公司股权的所有者，因此，他只关注公司能否偿还本金和利息。另外，股权投资者强调的是盈利增长和整个公司的价值，因为他们是公司的所有权持有者。表10－4对负债投资者和股权投资者的关注点进行了比较。需要提醒的是，负债投资者关注的焦点是防范负面风险，股权投资者最关心的则是成长和增值。负债持有人要面对下行风险，却没有机会分享公司的升值；而股权持有者在面临公司下行风险的同时，也享有公司升值的潜在收益。换句话说，负债持有者所能看到的最乐观情景就是在取得利息的前提下收回本金。如果公司成为下一个“阿里巴巴”，负债持有人所能得到的仍然是本金加利息，股权持有者却能取得令人咋舌的巨大回报；反之亦然，如果股票价值大幅下跌，但只要公司还能履行偿债义务，债权人就可以在取得利息的情况下收回本金，而股权持有者不仅不能得到收益，甚至会血本无归。

表10－4　　负债投资者和股权投资者的关注点

负债投资者的关注点	股权投资者的关注点
下行风险	上行潜力
现金流覆盖和可持续收益	每股收益和现金流的成长
以保守的财务政策减少破产风险	努力提高股东价值

续表

负债投资者的关注点	股权投资者的关注点
负债水平和利息覆盖率	股权收益率
以保守的负债使用方式建立稳健的资本结构，以提供足够的流动性和灵活性（股权在资本结构中的比例大于负债）	通过有效使用低成本的负债来降低资本成本（股权在资本结构中的比例小于负债）
在风险受控的情况下合理实施战略行动	在风险符合增长战略前提下扩大市场份额
不危及负债偿还义务的前提下，在财务约束的条件下，实施增长计划	通过收购维持盈利增长和股东收益的最大化

（二）非上市公司

虽然未发行公开债券的公司不太可能要求进行信用评级，但进行信用分析和负债能力分析的原理对上市公司和非上市公司都是一样的。对于未发行公开债券的公司而言，他们借入的资金可能来自银行或私人投资者。银行或投资者需要评估借款人的信用风险，并确定对非上市公司提供借款需要得到的收益率。和公开债券的投资者一样，私人投资者也会对公司的利息覆盖率和杠杆率等指标加以限制或约定。一般而言，这些制约或约定将决定私人企业可承担的最高杠杆率。当需要筹资新资本时，贷款人将根据新资产或新交易的预测重新评估公司的信用风险（与评级机构进行信用分析的方式相同），在此基础上，对新项目做出信贷决策。私营公司和上市公司之间的一个关键性区别，就是流动性以及可以利用的融资方式。不过，在某些情况下，有些私营公司也可以找到财务投资人（如私募股权基金或杠杆收购基金），从信用角度看，这些财务出资者往往有利于改善公司的信用状况，因为它起到和母公司担保一样的作用——在发生财务困境时，可以带来额外的资金来源或现金流保障。

三、关键财务比率分析

（一）信用比率

信用比率是一系列有助于我们评价公司财务风险的财务计算模型。财务指标只是我们进行信用分析所采用的诸多标准之一。但一定要牢记的是，在评估一家公司的信用风险时，必须对表 10-1 所示的所有标准进行综合性考虑，而且财务信用比率本身根本就不足以实现有效的信用分析。

信用比率通常可以划分为如下四大类。

（1）利息覆盖率：偿还利息负债需要多少现金？

（2）杠杆率：公司有多少负债？

（3）经营比率：公司的盈利能力和管理水平如何？

（4）流动比率：公司能否满足其短期现金需求？

评级机构为特定行业各类评级指标可接受的范围提供了一般性指导原则。也就是说，在业务风险既定的情况下，评级机构在每个评级类别上只能接受特定水平的财务风险。比如说，如果一家已达到其目标评级 BBB+，那么，公司就必须想方设法维持其负债水平，以确保信用比率始终维持在实现 BBB+评级所需要的允许范围内。如果一家公司想提高信用评级（比如说，从 BB+提高到 BBB-），那么，它就必须加强负债水平的管理，通过减少负债来提高信用比率，从而改善财务风险（比如说通过发行股票或偿还负债）。

在计算信用比率时，可能需要通过某些调整来保证被分析公司之间的可比性。资产负债表的表外融资、证券化融资、租赁和资金不足的养老金负债都属于需要调整的事项，因为在这些问题上，公司在信息披露方面有一定的裁量权，甚至可以决定不予披露。

表 10－5 列出了一些最常用的信用比率。与杠杆比率和经营比率相比，利息覆盖率是更能说明信用风险的指标，因为利息覆盖率直接代表了公司偿还负债的能力。流动性比率也非常重要，因为没有足够的流动性，公司就无法生存。流动性表现为日常现金需求，比如说，需要以现金支付的应付账款、工资、到期应付的税款以及供应商的应付账款。绝大多数破产案例的发生，不是因为公司缺少资产，而是因为公司缺乏流动性，进而导致无法偿还到期负债。

表 10－5　　常用的信用比率

利息覆盖率（1）	
EBIT 利息覆盖率（倍）	EBIT/利息费用
EBITDA 利息覆盖率（倍）	EBITDA/利息费用
现金流量利息覆盖率（倍）	（经营现金流＋利息费用）/利息费用
杠杆率（2）	
负债－资本比率	负债/（负债＋优先股＋普通股）
负债 EBIT 比	负债/EBIT
经营现金流负债比	经营现金流/负债
经营比率	
销售收益率（%）	净利润/销售收入
资本收益率（%）	净利润/（负债＋优先股＋普通股）
股权收益率（%）	净利润/普通股
EBIT 利润率（%）	EBIT/销售收入
EBITDA 利润率（%）	EBITDA/销售收入
经营比率	
应收账款周转率（倍）	销售额/应收账款
应付账款周转率（倍）	销售成本/应付账款
营运资金	流动资产－流动负债
净营运资金	扣除包括现金和短期负债的营运资金

续表

注释： ①在进行信用分析时，应同时考虑毛利率和净利息。净利息支出是指利息费用减去利息收入的差额。净利息支出在欧洲更为常用，因为欧洲企业习惯于持有大量现金余额（因而会产生更多的利息收入），而美国企业通常只留存较小的现金余额。 ②如果公司拥有资本性租赁，那么这些费用通常会被纳入到信用比率计算中的负债。

延伸阅读：拥有资产不代表拥有流动性

必须认识到，破产的发生并不是因为缺少资产，而是因为缺乏流动性，从而导致公司无法按期偿还到期负债（即到期应予以偿付的利息和本金）。因此，如果一家公司有2,500万元需要支付的利息，但手头却没有可用于支付的流动性（即现金），即使它拥有5亿元的资产，也无济于事。当然，或许这家公司可以出售部分资产来支付这2,500万元的利息。但如果公司还急需这些资产来生产商品或服务，那么，它或许根本承受不起出售这些资产的后果。这一点在近期的房地产公司中表现得非常突出，恒大、融创等都因为流动性问题而发生违约。

在对具体公司进行信用分析时，最重要的就是要参考（评级机构提供的）公司所处行业的常用信用比率。某些行业可能会经常使用其中的某个信用比率，但这个比率或许根本就不适用于其他行业。

在表10－5中，每个信用比率后面都有一个“倍”，这就是说，该比率对应的数字是一个倍数，“%”表示对应的数字是一个百分数。

延伸阅读：EBITDA不等于现金流

尽管EBITDA是代表现金流的一个指标，但它并不完全等于现金流。之所以使用EBITDA，是因为这个指标更易于计算——只需要用利润表即可得到EBITDA。另外，现金流的计算需要用利润表和资产负债表（使用这两个财务报表可以得到现金流量表）以外的信息。

EBIT是指企业在扣除利息和所得税之前的利润。EBITDA是指扣除利息、税收和折旧摊销之前的利润。而经营性现金流则是净利润和非现金费用之和，计算时还需要对营运资金变动进行调整。尽管EBITDA和现金流都需要对折旧摊销进行调整，但EBITDA无须扣除利息和税收，而现金流则是扣除利息和税收的余额。表10－6显示出EBITDA和经营性现金流之间的差异。

表10－6　　EBITDA与现金流的计算

EBITDA的计算	现金流的计算
销售收入	销售收入
减：不包括折旧摊销的经营费用	减：不包括折旧摊销的经营费用
＝EBITDA	＝EBITDA
	减：折旧摊销
	＝EBIT
	减：利息费用
	减：税收费用
	＝净利润
	加：利息费用
	加：折旧摊销
	加/减：递延税款的变动[1]
	加/减：营运资金的变动[1]
	加/减：其他经营性非现金费用
	＝经营现金流

注释1：递延税款、营运资金变动及其他经营性非现金费用的前面均为“加/减”，是因为这些变动额需要根据其会导致现金流出还是流入而做加回或扣除的调整。负债的增加体现为现金来源，而资产增加则是现金的使用。因此，在资产负债表中，如果递延所得税负债从2021年的1,000万元增加到2022年的1,500万元，这将是一笔500万元的现金来源；反映在现金流量表中，这笔递延税款将会导致现金流增加500万元。

（二）信用比率的计算

我们将使用示例公司的财务报表计算表 10－7、表 10－8 中的部分信用比率。尽管示例公司的信用比率是按 2021 年财务报表的数据计算的，但是在实务中，信用分析师不仅需要计算这些比率的历史数据，还要考虑未来 3 至 5 年的预测值。此外，如果流动性是公司关注的问题，还需要按季度进行信用分析，这意味着要对每个季度的负债水平和信用比率进行分析和审查。从事信用分析的人需要了解这些比率的趋势，并关注这些比率在预测期内是否会改善或是恶化。随着时间的推移，长期趋势和日常比率同样重要，因此，必须将它们纳入公司信用质量的整体评估中。

表 10－7　示例公司的信用比率计算　（单位：百万元）

资产负债表	2020 年	2021 年
资产		
现金	200	165
应收账款	125	150
存货	150	125
其他流动资产	45	50
流动资产总额	520	490
土地、厂房及设备总额	1, 500	1, 900
累计折旧	－300	－450
固定资产净额	1, 200	1, 450
其他长期资产	300	300
商誉	250	250
资产合计 （流动资产总额＋固定资产净额＋其他长期资产＋商誉）	**2, 270**	**2, 490**
负债和所有者权益		
短期负债	125	100

续表

资产负债表	2020 年	2021 年
应付账款	100	150
应付薪酬	75	65
应纳税金	45	40
流动负债总额	345	355
递延税项负债	200	225
其他长期负债	120	120
长期负债	600	700
普通股股东持有的所有者权益	660	735
负债和所有者权益合计 （流动负债总额 + 递延税项负债 + 其他长期负债 + 长期负债 + 普通股股东持有的所有者权益）	**2, 270**	**2, 490**

在进行信用分析时，必须认真阅读财务报表的附注，关注资产负债表中的负债情况，此外，还需要更好地了解这些负债的属性。比如说，如果在阅读示例公司财务报表附注后，分析师应该注意到，有 7 亿元的长期负债将在 13 个月内到期，这就会大大影响分析师对公司信用风险的评估。尽管这 7 亿元的到期负债说明不能直接体现在资产负债表中，但通常会列示在财务报表的附注中。

表 10 – 8　　示例公司的信用比率计算（续）　　（金额单位：百万元）

利润表（截至年底）	2021 年
收入总额	1, 000
销售成本	– 400
利润总额	600
销售及一般行政费用（SG&A）	– 100
利息、税收和折旧摊销之前的利润（EBITDA）	500
折旧及摊销（DD&A）	– 150

续表 1

利润表（截至年底）	2021 年
息税前利润（EBIT）	350
利息支出	-125
税前收益（EBT）	225
所得税	-90
净利润（收益）	135
基本流通股	100
稀释流通股	105
基本每股收益（EPS）	1.35
摊薄后的每股收益（EPS）	1.29
股息	50
每股股息（DPS）	0.50
普通股收益	85
现金流量表	**2021 年**
经营活动产生的现金流	
净利润	135
利息费用	125
折旧及摊销	150
递延税款的变动	25
营运资金的变动（减少）	30
经营活动产生的现金流量	465
投资活动产生的现金流	
资本支出	-400
资产及负债的其他变动	0
投资活动产生的现金流量	-400
融资活动产生的现金流	
支付的普通股股利	-50
支付的利息费用	-125
短期负债的变动	-25
长期负债的变动	100

续表2

利润表（截至年底）	2021 年
净资产的变化	0
融资活动产生的现金流量	-100
期初的现金余额	200
现金变动合计	-35
期末的现金余额	165
计算信用比率的输入变量	
短期负债	100
长期负债	700
负债合计	800
普通股股东持有的所有者权益	1,090
EBIT	350
EBITDA	500
利息费用	125
经营活动产生的现金流	465
信用比率的计算	
利息覆盖率	
EBIT 利息覆盖率：EBIT/利息费用	
EBIT	350
/利息费用	125
=EBIT 利息覆盖率	2.8 倍
EBITDA 利息覆盖率：EBITDA/利息费用	
EBITDA	500
/利息费用	125
=EBITDA 利息覆盖率	4.0 倍
现金流覆盖率（经营活动现金流量）/利息费用	
经营活动现金流	465
/利息费用	125

续表 3

利润表（截至年底）	2021 年
= 现金流利息覆盖率	3.7 倍
杠杆比率	
负债总资本比：负债/（负债 + 所有者权益）	
负债	800
/（负债 + 所有者权益）	1,890
= 负债总资本比	42%
负债 - EBITDA 比：负债/EBITDA	
负债	800
/EBITDA	500
= 负债 - EBITDA 比	1.6 倍
负债 - 经营现金流比：经营现金流量/负债	
经营现金流	465
/负债	800
= 负债 - 现金流比	0.58
经营比率	
销售利润率：净利润/销售收入	
净利润	135
/销售收入	1,000
= 销售利润率	13.5%
资本收益率：净利润/（负债 + 所有者权益）	
净利润	135
/（负债 + 所有者权益）	1,890
= 资本收益率	7%
股权收益率：净利润/所有者权益	
净利润	135
/股权	1,090
= 股权收益率	12%
息税前收益率：息税前利润（EBIT）/销售额	
EBIT	350

续表 4

利润表（截至年底）	2021 年
/销售收入	1,000
=息税前利润率	3.5%
EBITDA 利润率：息税折旧摊销前利润/销售额	
EBITDA	500
/销售收入	1,000
=EBITDA 利润率	50%
流动比率	
应收账款周转率：销售收入/应收账款	
销售收入	1,000
/应收账款	150
=应收账款周转率	6.7 倍
应付账款周转率：销售成本/应付账款	
销售成本	400
/应付账款	150
=应付账款周转率	2.7 倍
营运资金：流动资产－流动负债	
流动资产	490
－流动负债	355
=营运资金	135
营运资金净额：流动资产（不包括现金）－流动负债（不包括短期负债）	
流动资产（不包括现金）	325
－流动负债（不包括短期负债）	255
=营运资金净额	70

（三）负债能力的计算

负债能力取决于当前的市场环境、公司的目标资本结构及公司当前信用等级或目标信用评级。一旦确定了目标评级，公司管理层就可以与目标评级对应的目标比率进行比较。负债能力分析的核心，就是根据既定的目标评级和目标信用比率，找到公司允许举借的最大负债金额，然后，再将这些数字纳入针对公司业务风险和财务风险的总体性分析中。

不妨考虑一个完全按信用比率计算负债能力的基础示例，与此同时，了解一下分析中需要考虑的其他定性因子——包括当前的市场环境。我们假设一家公司每年可创造出 17 亿元的息税前利润（EBIT）。目前，该公司尚有未偿还的负债 50 亿元，股权的账面价值为 700 亿元。

这 50 亿元负债的每年税前利息支出为 4 亿元。评级机构已告知这家公司，必须维持 EBITDA 利息覆盖率在 3.0 倍以上，或是保持不超过 50% 的负债和资本比；否则，就可能出现信用评级被下调的风险。

要计算负债能力，我们首先需要确定目标信用比率。然后，使用基本代数求出总的负债能力。未使用的负债能力是总负债能力减去现有负债的数额。负债能力的具体分析如表 10－9 所示。

表 10－9　　负债能力分析　　（金额单位：百万元）

对税前交易制定的假设		根据覆盖率限制推出的隐含负债能力	
EBITDA	1,700	EBITDA 利息覆盖率最低限（1）	3 倍
利息费用	400	EBITDA	1,700
负债	5,000	隐含利息费用（3）	567
		负债的假设利率	8%
		＝负债能力	7,083
信用比率		－现有负债	5,000
目前的 EBITDA 利息覆盖率（1）	4.25 倍	可用的负债能力	2,083
目前的债务—资本比例	41.7%		
		杠杆率限制的隐含负债能力	
维持目标评级的目标比率		债务资本比的最高限（4）	50%
EBITDA 利息覆盖率（1）	3 倍	目前的所有者权益	7,000
债务—资本比例	50%	－现有负债	5,000
		可用的负债能力	2,000

续表

注释

①EBITDA 利息覆盖率 = EBITDA/利息费用。

②负债 - 资本比 = 负债/(负债 + 所有者权益)。

③EBITDA 利息覆盖率最低限 = 3 倍。

x = 利息费用	y = 总的负债能力
3.0 = 1,700/x	利息费用 = 总负债 × 利率
3x = 1,700	567 = y × 8%
x = (1,700/3)	y = 567/8%
x = 567	y = 7,083

在新举借负债利率为8%的情况下，如果 EBITDA 利息覆盖率的最低限为3倍，那么，这家公司可额外筹集2,083亿元的负债（7,083亿元 - 5,000亿元 = 2,083亿元）。如果公司计划筹集的负债超过2,083亿元，EBITDA 利息覆盖率将高于3倍（回想一下前面提到的结论：在利息覆盖率指标上，数值越高表示公司信用越好）。

④债务资本比的最高限为50%。

x = 负债总额或总的负债能力

50% = x/(x + 7,000)

50% × (x + 7,000) = x

50% x + (50% × 7,000) = x

50% x = 3,500

x = 7,000

在债务资本比的最高限50%的情况下，这家公司可额外筹集2,000亿元的负债（7,000 - 5,000亿元 = 2,000亿元）。如果该公司筹集超过2,000亿元的额外负债，其负债总资本比将大于50%。

延伸阅读：负债能力和收购可用资金

在收购情境下，必须明确独立实体的负债能力（表10-9所演示的例子）与收购可用资金之间的区别。在收购情景下考虑负债能力时，必须在考虑收购方信用风险的同时，兼顾从目标公司取得的现金流和信用风险。

（四）信用风险的变化

如果公司的信用比率超出可接受的范围，会发生什么情况呢？造成这种情况的原因可能是为收购而进行了大规模的负债融资、启动重大建设项目或仅仅是出于信用质量的下降。如果公司的信用风险发生变化，可导致评级机构采取如下三种措施：（1）信用展望（Credit Outlook）；（2）信用观察（Credit Watch）；（3）信用确认（Confirmation）信用等级的下调或上调。下面是对这三种情况的一般性描述，有关信用展望、信用观察和确认的具体定义，还需参阅各评级机构的介绍。

每个评级都有一个信用展望，它是对长期评级走向所做出的评估。信用展望未必是评级机构采取信用观察的信号，也不一定表示评级机构有可能进行信用等级的下调或上调。对于标准普尔而言，信用展望包括正面、负面或维持现状三种类型，但这显然没有实际意义。

采取信用观察意味着，评级机构已开始特别关注发行人，尤其是合并、收购或重组等短期重大事件。对标准普尔而言，负面信用观察表明评级可能会被下调（但尚未下调），而正面信用观察则意味着可能会上调信用评级（但尚未真正上调）。持续信用观察（Developing Credit Watch）表明，评级可能会下调、上调，但也可能是维持不变。

确认信用等级的上调或下调，就是确认公司信用评级是否发生了这种变化。有的时候，信用等级上调或下调确认之前会先给出信用观察，但实务中并非总是如此，尤其是导致信用等级上调或下调的事件在出现之前毫无征兆时（如大规模石油储备的发现或非常严重的工厂爆炸事故）。

在确定是否对一家公司采取信用观察还是直接确认评级上调或下调

时，评级机构都需要执行他们在首次提供评级时进行的基本信用分析程序。他们将权衡业务风险和财务风险，并根据最新情况做出决定。信用评级下调或负面信用观察会给公司带来很多影响，最重要的影响当然是借贷成本的上升以及更严厉的合同限制性。信用等级上调或正面信用观察的影响则恰恰相反——不仅有助于降低借贷成本，还会减少或放松合同的限制。

（五）企业趋势分析与经营性比率

考察潜在公司在不同时期的经营效果，并将其与其他公司进行比较也非常重要。在检验公司经营风险时，有些重要因素具有较高的主观性，构建比率的难度较大，例如：

（1）公司在运营中所处的整体竞争环境；

（2）公司对某些关键客户的依赖程度；

（3）行业进入壁垒；

（4）企业对经济或事件风险（如石油价格暴跌）的敏感程度；

（5）企业的资本密集程度；

（6）公司是价格接受者还是价格制定者。

我们可以设计某些特定的财务数据，以帮助分析师进行信用分析。首先，你最好关注一家公司在最近 3 到 5 年的收入及 EBITDA 的趋势，如表 10 - 10 所示。如有可能，你还应该分析最近两年的季度数据，对每个季度的数据按年进行比较（见表 10 - 11）。

表 10 - 10　　年度趋势分析范例　　（金额单位：百万元）

	第 1 年	第 2 年	第 3 年
收入	1,400	1,250	1,450
变动百分比		-10.7%	16.0%
EBITDA	220	142	171

续表

	第1年	第2年	第3年
变动百分比		-35.5%	20.4%
收益率	15.7%	11.4%	11.8%

表10-11　　季度趋势分析范例　　(金额单位：百万元)

	第2年第1季度	第3年第1季度	第2年第2季度	第3年第2季度
收入	300	305	310	325
变动百分比		1.7%		4.8%
EBITDA	60	61	64	68
变动百分比		1.9%		7.4%
收益率	20%	20.1%	20.5%	21%

趋势分析的关键在于确定企业发展的总体方向。将这些比率与公司经营所在国的经济增长情况（如国内生产总值的增长率）以及同行业的其他公司进行比较，以确认该企业在整个国家或者行业中的所处位置。另外，还必须要确定公司是否进行了收购或资产剥离活动，而这些活动会对财务数据产生某种影响。分析师可以从管理层对财务报表的讨论以及现金流量表的“投资活动”部分中获取相关信息。

如果公司进行了大规模的收购或资产剥离活动，公司通常会提供预估的财务报表。预估的财务报表通常有固定的格式，以便按年比较不同时期内发生的收购行为。

还要注意，如果一家公司有多个业务部门，在做任何趋势分析时，要对这些业务部门进行详细的划分。只有这样，你才能发现哪个部门对公司整体业绩的影响最大。对业务部门的划分通常显示在利润表或管理层对近期经营结果的讨论中，但有时也会显示在财务报表的脚注中。在其他时候，你只能在公司通过媒体发布的盈利信息中找到相关信息。有些公司并不对各子公司及业务部门做进一步的划分。

此外，在财务报表的脚注中，公司通常会将业务划分为国内业务及国际业务。这也有助于分析师知晓公司经营业绩的某些变动是源自某一具体业务领域的涨落，还是源自汇率的变动。

当分析师专门研究某一特定行业时，他会发现各个运营指标各有其特点。分析师必须熟悉这些指标，以便真正了解行业内各公司信用程度的相对表现。这方面的一些例子可能会包括：比较餐厅的上座率；比较一家能源公司所持有的天然气及石油储备的净现值。

（六）利润与费用的趋势分析

分析师可能会发现，公司对趋势分析简表中的 EBITDA 利润率进行了分解。EBITDA 利润率等于 EBITDA 除以收入，反映的是公司将收入转化为 EBITDA 的能力。如果分析师发现利润率发生了有意义的变化，那么他可能希望对成本线进行详尽的分析。

零售商与制造商所共同分析的一个项目是销货成本。在监控毛利润时，要经常使用销货成本。收入减去销货成本所得到的值即为总的毛收入，或毛利润。零售商与制造商通常会计算并分析毛利润率（毛利润/收入）。

分析利润与费用，可以让分析师了解公司的经营杠杆。经营杠杆测度的是公司的收入增长在多大程度上可以转化为现金流。一种测度方法是看公司总费用中是否具备比例较高的“固定”费用（这部分费用不随着销售收入增加而变化）。因此，EBITDA 利润率会随着收入的增加而大幅增长，这意味着较高的经营杠杆。类似的是，如果一家公司的收入下跌，固定成本不会随之下跌，利润会下跌得更快。

不幸的是，公司通常并不显示其固定成本及可变成本。分析师必须通过对不同时期内的各项费用的描述来估算这些成本的数值。与管理层的交谈也可能会帮助分析师，公司业务的报告会也可能会提供有用的信息。通过对同行业内大量公司在不同时期内的考察，分析师会对行业内公司的经营杠杆有更深的了解。这也是按行业划分证券分析师的诸多原因之一。

在比较同行业内不同公司的利润时，要注意哪家公司的利润显著高于其他公司，尽力分析其原因。利润之间的差别可能源于管理风格的不同，也可能是公司经营所在国的租金或工资偏高或偏低。规模经济是另一个常见原因。在许多行业中，一家大公司可以从供货商那里得到优惠的价格，同时对公司的最终成品也可能拥有很好的议价能力。不管怎样，要尽力注意那些导致利润差别的因素。

利润与费用的趋势分析可参考表 10 - 12。

表 10 - 12　　趋势分析简表（含年度成本）　　（金额单位：百万元）

	第 1 年	第 2 年	变动百分比	第 3 年	变动百分比
收入	1, 400	1, 250	- 10. 7%	1, 450	16. 0%
销货成本	600	580	- 3. 3%	690	19. 0%
毛利润	800	670	- 16. 3%	760	13. 4%
毛利率	**57. 1%**	**53. 6%**		**52. 4%**	
费用					
销售费用	450	400	- 11. 1%	460	15. 0%
占收入的百分比	32. 1%	32. 0%		31. 7%	
一般行政管理费用	130	128	- 1. 5%	129	0. 8%
占收入的百分比	9. 3%	10. 2%		8. 9%	
折旧与摊销	80	79		81	
经营利润	140	63		90	
EBITDA	220	142	- 35. 5%	171	20. 4%
EBITDA 利润率	15. 7%	11. 4%		11. 8%	

为了便于阅读，变动情况进行了单独列示，还有以下注意事项：

①毛利润率至少连续下跌了两年，其中一年销售收入增长，一年销

售收入下跌。即便这一变化并不大，分析师也应该注意到这一点，尽可能地进行深入研究。

②销售费用看起来波动较大，但没有收入波动得那么大。因此，看起来销售费用有一个固定部分。这部分包括销售人员的工资、营销团队的固定成本，或许也包括促销支出。

③一般行政管理费用，这部分也是相对固定的。

在某些情况下，某些公司通常会考察应付账款、应收账款及存货的周转率。这些比率可以让分析师深入了解公司管理营运资本的方式，有时，分析师还可以用这些比率来分析公司是否因流动性的收紧而延期偿还债务。应付账款的周转率通常等于供货商的采购额/平均应付账款。

之前所讨论的这些项目都是根据利润表中的经营数据得出的。至少有一部分资本支出属于定期的持续支出。此外，分析师还需要了解资本支出的规模及趋势。

（七）资本支出的趋势分析

有些行业使用与资本支出有关的特定分析指标，但是，正如我们之前对其他支出分析的那样，最常见的方式是分析资本支出与总收入的百分比。

如果分析师能求出维持性资本支出占收入的比重，并了解企业所需的再投资率（这些比率将更为有用），还可以分析不同时期的比率，并看它们是否随着收入的变化而变化。在试图对公司价值进行估值时，这些比率尤为有用。

在比较同行业的不同公司时，对公司是否具有高增长率及其投资支出是否高于一家增长率较低的公司进行检查，会让分析更加充实。公司也可能因为某种原因，在某个时期内将资本支出推迟一段时间。这会让公司在一定时间内产生较高的自由现金流（无论是从绝对的数量，还是从其占收入的百分比来看都是如此）。但公司可能出现投资不足，这会损害公司的增长。

值得注意的是，许多教科书以及对股票所做的研究都十分注重投资回报率（Return on Investment，ROI）分析或股本回报率（Return on Equity，ROE）分析。这些比率通常表示为收益（或现金流）占投入资本（或股本价值）的百分比。在估算公司价值时，这类分析确实很有帮助。这类分析还可以用来对两个不同的管理团队或是不同类型的公司资产进行比较。然而，高收益市场分析中较少使用此类分析方法。

在分析一家企业的信用程度时，经营趋势分析是十分重要的。当然，对不同的行业来说，某些分析方法是更重要的，例如，在对一家企业进行分析时，分析师还可以使用存货周转率或应收账款周转率等其他分析方法。

四、 案例分析

信用分析及评级的准确性、及时性和预警作用对于债券市场的健康发展至关重要。近年来，像评级结果虚高、评级对企业风险的区分度差以及评级的事前预警能力不足等这些问题对我国债券市场的健康发展产生了不利影响。据腾讯新闻报道，2020 年以来，AAA 评级债券的违约数量明显激增。自 2014 年债市首例违约开始，6 年间共 46 只发行时主体评级为 AAA 的债券发生过实质性违约，其中，2020 年以来就有 32 只债券发生过违约，占比近 70%，国有企业违约案例也有所增加。例如，2020 年 10 月，盛京能源进入破产重整程序，其存量债券提前到期，公司未能清偿到期债券，构成实质性违约。2020 年 11 月，AAA 主体评级的永煤控股因流动资金紧张，未能按期兑付其融资券的应付本息，构成实质违约，涉及金额约 10.32 亿元。同一个月，华晨控股宣布已构成债务违约，下面我们以华晨控股违约事件以及其 2018 年和 2019 年的数据为例，了解一下如何运用财务比率进行企业信用分析。

华晨汽车集团控股有限公司（以下简称华晨汽车）在2020年11月16日晚间发布公告，宣布已构成债务违约金额合计65亿元，逾期利息金额合计1.44亿元。华晨汽车集团是隶属于辽宁省国资委的重点国有企业，旗下拥有4家上市公司。华晨汽车旗下申华控股、金杯汽车相继发布公告称，债权人提出的重整申请是否被沈阳中院受理、华晨集团是否进入重整程序尚存在重大不确定性。若其进入重整程序，可能会对公司股权结构等方面产生一定影响。华晨汽车间接持有申华控股和金杯汽车的股份，且与这两方都有债务关系。不过，申华控股和金杯汽车均在公告中强调，公司具有独立完整的业务及自主经营能力，控股股东的重整事项不会对公司的日常生产经营产生影响。

华晨汽车违约的原因主要在于自主品牌盈利弱，盈利严重依赖华晨宝马。华晨控股的股权结构如图10－1所示：

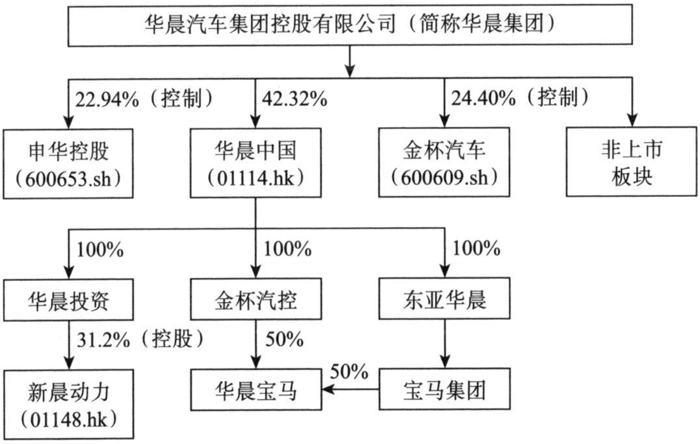

图10－1　华晨控股的股权结构

华晨汽车的自主品牌整车业务中包括“华晨中华”“华颂”“华晨金杯”等产品，产品销量不佳。华晨中国发布的财报显示，2020年上半年，华晨中国营收达 14.5 亿元，同比下降 23.85%，净利润为 40.45 亿元，同比增长 25.24%。如果去掉从华晨宝马得到的利润分成，华晨中国总体亏损达 3.4 亿元。由于华晨中国在华晨宝马中的话语权越来越小，2018 年华晨与宝马签署协议，宝马于 2022 年前从华晨汽车收购华晨宝马 25% 的股权，届时宝马和华晨汽车分别持有华晨宝马 75% 和 25% 的股份，并不再纳入华晨汽车合并范围。

根据公开数据总结的财务数据统计如表 10－13 所示。

表 10－13　　财务数据　　（单位：亿元）

项目	华晨控股（合并）		华晨宝马		华晨集团母公司	
	2018 年	2019 年	2018 年	2019 年	2018 年	2019 年
货币资金	509	557			160	123
其他应收	76	105			86	111
短期借款	193	175			307	269
长期借款	488	480			129	148
有息负债	681	655			437	418
总负债	1,195	1,447			543	523
所有者权益	514	505			(36)	(49)
资产总额	1,710	1,953			507	474
营业总收入	1,530	1,811	1,419	1,728	65	43
净利润	98	110	121	150	(4)	(10)
经营活动现金流	136	239	178	251	(11)	(10)
资产负债率	69.88%	74.09%			107.10%	110.34%
净利润率	6.39%	6.05%	8.51%	8.69%	-5.54%	-22.33%
流动比率	1.03	0.98			0.81	0.77

按合并报表收入占比情况进行行业分类，华晨集团属于汽车制造业，主营合资品牌华晨宝马和自有品牌的汽车销售，同时兼营发动机和汽车零配件的研发和销售。下属业务中，持股 50% 的华晨宝马属于其

最核心资产，由于华晨宝马的董事长和财务总监由华晨集团指派，按照我国会计准则，华晨集团可将华晨宝马计入合并报表。从财务数据看，合并报表利润主要由华晨宝马贡献。2018 年和 2019 年，华晨控股（合并）的营业总收入为 1, 530 亿元和 1, 811 亿元，其中，来自华晨宝马的营业总收入为 1, 419 亿元和 1, 728 亿元，占比分别为 92. 7% 和 95. 4%。其他的国内自主品牌（金杯汽车、中华、华颂）的经营状况远不及华晨宝马。从净利润来看，华晨控股（合并）在 2018 年和 2019 年的净利润分别为 98 亿元和 110 亿元，但是扣除自华晨宝马的净利润 121 亿元和 150 亿元后，两年都处于亏损的状态。另外，合并层面 2018 年和 2019 年的经营性现金流也基本全部来自华晨宝马，所以在华晨控股无法将华晨宝马并表之后，其剩余公司的实际经营情况将会一览无余地呈现，这也不难理解为什么华晨控股在 2020 年出现了违约事件。

根据公开信息，我们可以对比华晨控股的合并层面和母公司，2018 年到 2019 年，华晨控股（合并）的资产负债率分别是 70% 和 75%，但从母公司的报表来看，这两年的资产负债率都高于 100%，净资产为负数，处于资不抵债的状态，偿债压力较大。2018 年和 2019 年，华晨集团直接承接的有息负债分别为 437 亿元和 418 亿元，华晨集团合并报表的有息负债分别为 681 亿元和 655 亿元，所以华晨集团子公司直接承担的有息负债约为 244 亿元和 237 亿元，偿债压力主要集中在华晨集团自身，这两年华晨集团母公司的报表和合并报表营业收入差异巨大，这两年华晨集团母公司的营业收入分别为 65 亿元和 43 亿元，合并报表的营业收入分别为 1, 530 亿元和 1, 811 亿元，由此可知，华晨集团大部分收入都是由子公司和合营企业实现的，但有息负债主要由华晨集团来承担。从流动比率上看，华晨控股（合并）和母公司，2018 年和 2019 年这两年的短期偿债能力都较差，资金链紧张，面临流动性风险，承担了大量负债的母公司的流动性风险更大。

通过华晨控股这个案例分析，我们可以看出单纯分析公司合并层面的财务报表并无法完全了解一个公司的实际经营情况，评级机构依据合并报表给出了华晨集团本身的高信用评级，但是因为华晨控股的绝大部分收入和现金流都来自一个控股 50% 的华晨宝马子公司，所以针对华晨控股的信用评级，其实约等于是给华晨宝马的，但是华晨宝马内部的主导地位属于宝马集团，形成了华晨集团与宝马集团在华晨宝马内部的分割控制，这可能是这次违约事件发生的根本原因。所以说，无论是在决定投资还是企业评估之前，我们都要对所关注的公司进行整体的了解，股权结构和控制情况、潜在的财务风险也可以透过财务数据看出端倪。

第二节 评级机构与信用评级

一、 评级机构

信用评级机构在 20 世纪初已经发展成为一个重要的第三方机构，作为公司信用风险的独立性专业仲裁者，他们的作用不容小觑。每个评级机构使用自己的信用分析模型对债券或特定负债的发行人信用进行评级，并将发行人或负债的评级用一个字母表示，作为信用评级的结论。信用评级为投资者分析和比较各种负债投资的信用风险提供了一种通用语言，也是一种简便的方法。

延伸阅读：什么是“偏见”

如果将评级机构视为评价公司信用风险的无偏见独立仲裁者，谁会持有偏见呢？其他大多数机构都是有偏见的，因为他们的利益都在一定程度上依赖于公司的信用风险。比如说，一家公司的管理团队就是有偏见的，因为他们希望实现投资收益的最大化，但通常却不愿意承担过度的风险。投资银行也做不到无偏见，因为只有让公司进行交易，他们才能赚到钱。商业银行同样不能做到一碗水端平，因为在为一家公司提供贷款之后，这笔钱的命运就寄托在借款公司的信用上了。

对某一件事存在偏见未必是坏事，这只是说，你对这件事存在利益上的瓜葛。但是，在给出信用评级时，信用评级机构却不应该有任何偏见：一旦做出错误的信用分析，评级机构的声誉就会大受影响。好的信用分析应该是完全公正、不偏不倚的。否则，就会让评级机构的分析结论中掺杂着公司业务风险和财务风险以外的因素。

目前，全球有三大评级机构，他们是穆迪投资者服务（以下简称“穆迪”）、标准普尔信用评级服务（以下简称“标普”或“S&P”）以及惠誉国际（以下简称“惠誉”）。穆迪和标准普尔是最广为人知的两家评级机构。虽然评级机构都有自己的分析模型，但经验证据表明，这三家公司对相同标的给出的评级结果基本一致。

中国比较知名的信用评级机构有大公国际资信评估有限公司、中诚信国际信用评级有限公司、联合资信评估有限公司、中债资信评估有限责任公司等。

延伸阅读：评级过程

评级主要包括如下两种类型：(1) 针对发行人的信用评级；(2) 针对具体负债的信用评级。发行人评级是基于发行机构的整体信用风险做出的，评级结论还要适当考虑公司的整个负债结构。发行人是指发行负债的各种实体，包括公司、金融机构、结构化融资实体、市政当局和主权国家的政府。针对具体负债的信用评级，需要考虑发行人的信用风险以及所发行负债的具体特征。这些特征包括可能为投资者提供或多或少安全性的各个方面。具体负债特征包括：负债是担保的还是没有担保的，在清算优先权方面属于优先级还是劣后级。给一家公司做出的信用评级差异被称为评级调整（Notching）。

如果某个机构想取得一个信用评级，那么，他就需要向一家或多家评级机构提出评级申请。对公司进行首次评级，其过程要比后续评级复杂得多。一旦取得评级，公司（也是评级机构的愿望）就必须让评级机构随时了解负债的进展情况，这是被评级机构义不容辞的责任。对于新发行负债的评级，发行人感兴趣的不仅是评级机构对新负债给出的评级，还有新负债对发行人现有信用评级的影响。

通常，评级机构会指派一名信用分析师或一个信用分析团队负责某个具体公司的信用评级。信用分析师通常会关注公司所涉及的具体行业和地域。虽然信用分析师负责公司的具体评级过程，但最终评级决策往往是由评级公司的评级委员会确定，评级委员会在很大程度上决定信用分析师的意见。在信用分析中，公司管理团队是一个非常重要的业务风险要素，因此，管理团队（包括首席财务官、财务主管，有时也包括首席执行官）会定期与各评级机构的信用分析师会面。

一般来说，并不要求公司一定要获得信用评级，但很多公司确实需要信用评级。下面列示了取得信用评级的一些好处。归根结底，它的好处就是有可能降低借款成本。

（1）扩大和深化负债投资者群体的基础；

（2）从独立第三方视角得到的公司信用水平，有助于提升公司在市场中的认可度和信誉度；

（3）在市场时机和融资结构方面为公司带来更大的灵活性。

延伸阅读：评级咨询部

很多投资银行都设置了内部的评级咨询部门。该机构的投行人士均为熟悉信用分析和评级过程的专业人士，因而可协助客户与评级机构对接。如果并购交易涉及大量负债融资，那么，负责交易的并购人员就需要和来自评级咨询部的投行人员密切合作。此外，评级咨询部的投行人士还要和资本市场部门的人员并肩工作。在评级咨询部，很多人员以前都曾经供职于一家或是多家信用评级机构，因此，他们对评级机构分析信用风险的方式了如指掌。

二、 信用评级和评级计量表

评级机构为投资者提供了针对一家公司整体信用风险或信用水平的第三方意见。评级是由公认评级机构给出的结论。评级结果以评级字母和评级表表示。评级旨在针对行业、国家和财务结构方面对公司做出区分。这意味着，穆迪给出的 A1 评级代表了一定程度的信用风险——无论公司处于哪个行业或国家，都需要承受这样的风险。A1 评级已考虑了行业风险、国家风险及其他特定风险。因为评级已考虑到行业风险、国家风险以及理论上的其他诸多风险，所以，评级的用户就不必对这些风险进行信用调整。评级并不是针对收购、出售或持有证券做出的要约或建议；相反，它们只是针对具体贷款或债券发行人信用质量或信誉而给出的意见。

延伸阅读：特定行业的信用风险

在某个特定行业中，大多数公司通常会取得相近的信用评级，因为行业本身的业务风险在信用分析中扮演着重要角色。行业风险在很大程度上决定了公司信用等级的上限。在高科技等高度竞争的行业中，公司拥有的市场领导地位无疑是信用分析中最重要的决定性因素。如果一个行业有明显的周期性或涨跌性——比如大宗化学品、钢材、航空公司、石油天然气生产、采矿和零售业，那么，通常会认为这个行业具有超过平均水平的业务风险。反之，对从事消费品、零售食品和政府监管型公共事业等行业而言，即使宏观经济状况不好，也不会给它们的主营业务造成太大破坏，因此，人们通常认为这些行业的业务风险低于平均水平。

具体债券发行人或特定负债的风险水平相去甚远，既有可能非常低（标准普尔给出 AAA 的公司以及穆迪给出 Aaa 评级的公司），也有可能非常高（出现违约之前的标准普尔评级为 C－，穆迪的评级为 C3）。D 是最低的信用评级，取得这一评级的发行人已无力支付借款利息（因而处于违约状态）。对于信用评级在 AAA 到 A 范围内的公司，评级机构认为他们对负债出现违约的可能性最低。这些公司通常是规模较大而且经营状态非常良好的公司，其负债相对资产基础而言处于较低水平，有充足的流动性，完全有能力以现金履行偿债义务，而且业务本身的风险水平也相对较低。公司由信誉良好的经理人管理，几乎不会对任何一笔负债违约。按照风险和收益相匹配的原则，对于信用评级较高的公司，其违约风险也非常低，因此，他们的负债成本资本也非常低。

延伸阅读：了解评级的定义

每家评级机构会对评级类别给出专门的定义。此外，对评级的定义有可能会因为行业或负债类型的不同而有所差异。基于此，必须按各家评级机构给出的评级定义列表，查询评级结果的内涵。很多投行人士将各家评级机构的评级定义和评级列表打印出来，以便随时查阅。要了解评级机构对各评级给出的定义，可登录其官网查阅（见表 10－14）。

表 10-14　　评级机构网址

机构	网址
标准普尔	www. standardandpoors. com
穆迪	www. moodys. com
惠誉	www. fitchratings. com
中诚信	www. ccxi. com. cn
大公国际	www. dagongcredit. com
中债资信	www. chinaratings. com

随着债券发行人信用等级的下降，其债券的成本会相应上升。这是因为，在评级表上，当发行人的评级逐渐下降时，其破产风险就会增加；如果破产风险很高，那么投资者无法收回投资的概率就会增加。因此，投资者就会要求为承担这种高风险而取得更高的补偿（或者说，要求更高的收益率）。

随着时间的推移，投资者已逐渐将信用等级低于 Baa3 或 BBB - 的所有债券统统视为高收益债券（也被称为非投资级债券或垃圾债），而将信用等级超过 Baa3 或 BBB - 的债券视为投资级债券（也称为高等级债券）。需要提醒的是，在每个评级内部也存在细微的变化。譬如，标准普尔对每个字母等级后使用加号（+）和减号（-），加号表示同一信用等级中信用水平稍高一点，而减号则表示同一等级中信用水平稍低一点。比如说，公司的信用等级可以是 BBB +、BBB 或 BBB -，其中 BBB + 的信用水平要略好于 BBB，BBB 则优于 BBB -。穆迪也采用类似的评级标识方法，但使用的不是加号和减号，而是在字母等级后使用 1、2 和 3 表示同一级别内部的差异。当穆迪和标普对同一发行者、特定贷款或债券给出不一致的评级时，就会出现所谓的评级差异问题。例如，Baa3 和 BBB - 这两个评级就属于评级差异，而 Baa3 和 BBB 则是同一评级。在现实中，主要评级机构对同一发行人或特定负债证券的信用质量给出不同意见，往往是更常见的情况。

鉴于过去几年投资者对流动性关注程度的加强，穆迪采用了一种独立的评级矩阵（Ratings Grid），该模型仅用于对公司流动性进行评级。穆迪将这种评级矩阵命名为“投机级流动性评级”（SGIs），旨在衡量公司未来 12 个月内出现负债违约的概率。

如本章开头所述，评级机构只是进行信用分析的众多成员之一。银行和联合贷款机构需要代表客户制定贷款和承销决策，而这些决策的主要依据就是信用分析。信用尽职调查的详尽程度至少不亚于并购尽调。和并购尽调一样，信用尽调的主要目标是确定预计未来现金流中的内在风险。

延伸阅读：信用评级并不是静态的

一家公司的信用评级并不是一个静止不动的概念。考虑到一家公司的总体风险状况及其对财务风险的承受力受诸多因素影响，必须对该公司的信用评级进行定期评估，以反映其信用水平的变化。低信用等级并不意味着公司的财务业绩一定会很糟糕。信用等级的变化可能是这些公司所在行业的风险发生了变化，也可能是因为公司管理层认为有必要增加负债，更多地使用低成本的负债资本，而这必然会改变公司的财务风险和信用等级。归根结底，信用等级一定会随着经济形势和业务发生变化而改变。

三、 信用评级调整

同一发行人所发行不同债券的评级差异被称为评级调整。引起评级调整的原因通常是：（1）契约上的从属关系；（2）结构上的从属关系；（3）担保贷款。

（1）契约上的从属关系（Contractual Subordination）：当负债根据

书面的银行贷款协议或债券契约（贷款人和借款人之间或投资者与发行人之间签订的合同）的特征而成为从属负债时，即出现契约上的从属关系，并将其称为“初级”债务或“次级”债务。在破产情况下，只有在优先级负债清偿完毕之后，才开始偿还初级债务或次级债务。

（2）结构上的从属关系（Structural Subordination）：当债务发行人的法定公司结构对某些负债持有者提供保护时，就会出现结构上的从属关系。例如，和母公司负债的持有人相比，经营性子公司的负债持有人通常可得到更好的保护。这是因为，在一般情况下，子公司的贷款人会对负债进行限制，以防止子公司在支付自身负债之前将现金分配（或支付）给母公司。此外，子公司还可以以担保形式从母公司获得信贷支持。

在图 10－2 中，我们可以注意到，在向母公司支付股息之前（因而也是在母公司的贷款人或投资者得到偿付之前），子公司首先需要偿付对贷款人和投资者的款项。只有在子公司贷款人或投资者得到偿付后，子公司才能将现金分配给母公司。然后，母公司可以使用这笔现金对其贷款人或投资者进行偿付。因为只有在子公司的贷款人或投资者获得偿付后，母公司的贷款人或投资者才能取得偿付，所以母公司的负债在结构上（从公司的法律结构）是从属性的（属于次级转换债务）。在破产的情况下，子公司的资产首先需要用于对其贷款人或投资者进行偿付，只有子公司的贷款人或投资者得到全额偿付后，才能将剩余现金分配给母公司。在这个例子中，母公司负债的信用评级低于子公司的负债，体现出结构性的从属关系。一般而言，对于这些在结构上具有从属性的次级负债，其信用评级应按子公司负债的信用等级下调 1 个到 2 个等级（例如，子公司优先级负债的信用等级为 BBB＋，而母公司次级负债的信用等级可能为 BBB）。

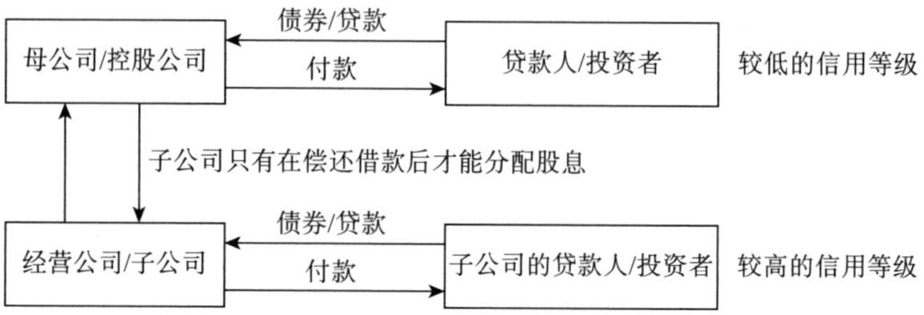

图 10－2　结构性从属

但信用评级的调整在很大程度上取决于母公司与子公司之间的经济制约。例如，如果母公司（通过法律协议）在处于财务困境时可优先使用子公司的资产或现金，那么，子公司负债在破产中得到的保护就会有所减少，此时，子公司债务的信用评级可能与母公司负债的信用评级相同。但如果子公司的现金流和资产受法律保护，那么，即使母公司陷入财务困境，子公司也是一个健康独立的信用实体，其信用评级就有可能高于母公司。在电信、天然气或电力等受政府严格监管的行业中，针对子公司的监管规定往往被评级机构视为利好因素，在这种情况下，子公司对母公司分配现金和资产必须接受第三方监管机构的强制管辖，而不是由母公司和子公司通过法律协议进行约定。

（3）担保贷款：在担保贷款中，负债由某些资产担保，如果公司拖欠负债，贷款人即可对这些资产行使索取权。

如果负债由资产提供担保（如图 10－3 中的直线所示），那么，在破产情况下，取得担保的贷款人首先对担保资产行使索取权。而无担保债权人则对任何特定资产不享有索取权，只能通过清算出售非担保性资产取得的现金获得偿付。因此，无担保负债比担保负债的风险更大，有担保负债的信用评级应高于无担保负债，因为它更有可能从公司收益或清算资产中取得偿付。住房抵押贷款就是一种典型的担保贷款，银行取消抵押品赎回权并出售止赎房屋，就是在破产或清算情景下处置担保资产的一个例子。

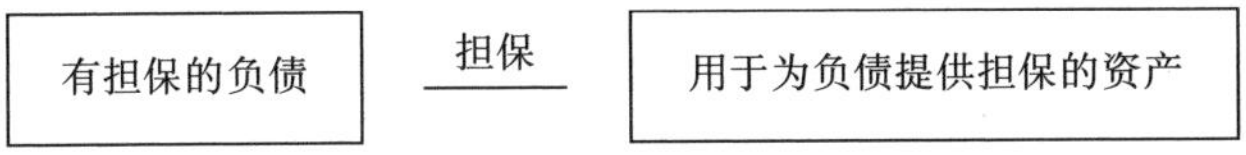

图 10－3　担保贷款

为进一步说明信用等级的调整，不妨看看表 10－15，要注意不同债券的信用等级差异以及公司信用评级与其债券信用等级之间的差异。对于一家同时在母公司层面和子公司层面发行债券的公司而言，这样的调整并不罕见。

表 10－15　信用评级的调整

企业信用评级：BBB＋	母公司	母公司无抵押债券的信用等级：BBB＋
		母公司次级债券的信用等级：BBB
	子公司	子公司有担保银行贷款的信用等级：A
		子公司有担保银行贷款的信用等级：A－

第十一章
国际公司金融

本章学习重点

◎ 了解影响国际公司金融管理的主要因素。

◎ 了解国别风险的定义，识别政治风险、经济风险、社会风险等不同类型的国别风险，掌握国别风险的应对措施。

◎ 了解汇率风险的定义，掌握货币多元化、远期合约、货币期权等管理汇率风险的策略。

◎ 了解汇率预测常见方法，掌握购买力平价理论的定义及计算。

第一节　影响国际公司金融管理的主要因素

中国不断创新对外投资方式，鼓励企业“走出去”，增加中国的对外投资与合作，中国企业也在积极响应“一带一路”倡议，中国企业近些年在海外投资、建设、运营等方面均取得了显著成就。但相比于管理国内的公司，在中国企业“走出去”后，就要面临成为跨国公司后的金融管理问题。过往有些不太成功的并购案例，往往是因为公司的国际化不足。在成为跨国公司后，公司在公司金融上需要考虑更多的风险以及应对措施。

影响国际公司金融管理的主要因素有以下六个。

一、货币不同

大多数主权国家都有自己的货币，因此，跨国公司很可能使用两种或两种以上的货币进行交易。如果是这种情况，财务经理就需要了解汇率的意外波动将如何影响公司的现金流，进而影响公司的价值。未来，汇率变动的不确定性被称为外汇汇率风险，或简称汇率风险，我们将在后面讨论。

二、语言不同

国际商务中有两个重要的交流层面：商务交流和社会交流。大多数跨国谈判和法律合同都使用英语。在全球大部分地区，英语都是国际商务的首选语言。因此，流利的英语是跨国公司高级经理人的必备技能。过去大多数企业的高管只讲自己的母语，但随着越来越多的管理人员接受外派任务，以及商科学生认识到第二甚至第三种语言的重要性，这种情况就会迅速改变。

三、文化差异

文化被定义为一个群体在社会上传播的行为模式、信仰和态度。文化观点和态度是将人们联系在一起的强大力量。不同国家的文化，甚至同一国家不同地区的文化都会有很大差异。

文化观念也影响着商业实践和人们对商业的态度。例如，在日本，隶属于一个财阀的商业公司一般都会购买其他成员公司的股份，从而在其成员公司之间形成交叉持股关系，这被视为巩固关系的一种方式。因文化而异的其他商业领域包括承担风险的意愿、管理风格、对通货膨胀的容忍度，以及对种族、性别和商业失败的态度等。

四、法律与税务不同

法律制度和税法的不同也会影响公司在外国的运营方式。

中国法律产生于古代中国特殊历史环境中。早在夏王朝，中国就进入了文明社会，形成了最初的法，又结合了中国古代政治、经济、文化和民族习惯等因素的相互作用，形成了独具一格的具有中国特色的法律体系。其他亚洲国家的法律体系也同样历经数百年演变，强调道德教化和法律规定的惩罚。而美国、加拿大和印度等一些国家的法律体系源自英国法系，法国、德国和意大利等西欧国家的法律体系则源自法国《拿破仑法典》。

世界各国的法律体系和税法是由不同的体系拼凑而成的，这些体系在不同的国家会有很大的差异，进而会影响跨国企业在特定国家境内的待遇。在一些简单的问题上，如开业、选址和雇用员工的要求，以及在一些复杂问题上，如公司和股息的征税、所有权的权利、法律责任以及商业冲突的解决等，法律制度都有所不同。因此，法律和税收方面的差异会影响关于购置何种资产、选择什么类型的投资、采用何种资本结构等一系列的财务决策。

五、经济系统不同

经济体系决定了一个国家如何调动资源生产社会所需的商品，以及如何生产与分配的。在20世纪，有两种基本的经济制度在政府的支持下竞相发展：（1）中央计划经济；（2）市场经济。在中央计划经济中，资源是在中央政府的领导下组织、生产和分配的，如苏联的经济系统就是中央计划经济。这些经济体没有金融市场或银行系统来分配资本，中央政府制定利率和外汇汇率，金融管理人员无须担心资本的预算与成本，因为资本资源是集中分配的。在市场经济中，资源的生产和分配是由市场力量决定的，事实证明，市场经济在生产商品和提供服务方面的效率会更高一些。

六、国别风险不同

主权国家通常可以自由设置或取消对企业的限制。在极端情况下，一国政府甚至可以征用或接管企业在其境内的资产。这类行动显然会影响企业的现金流，从而影响企业的价值。国家风险，是指与特定国家有关的政治不确定性。我们将在本章后面更详细地讨论国家风险。

第二节　国别风险与汇率风险

一、国别风险概述

目前国际形势日趋复杂，国别风险研究的意义更加凸显。2023年，国际金融市场在地缘冲突博弈加剧、美欧相继加息的环境下，国际资本大量流向美国，新兴经济体货币兑美元普遍贬值，多个币种汇率创下近年或历史新低，高利率和流动性收紧导致国际金融市场在出现了硅谷银行、签名银行等的破产关闭风波，全球经济下滑，黄金价格走高。短期看，目前许多国家面临经济衰退、结构变革和债务风险，国别风险监测体系可为实体和金融投资出谋划策。长期看，中国企业在“走出去”的过程中，既迎来多边合作机制的利好，又面临各国价值链的重构风险，如何运筹帷幄、甄别风险，提高全球经营水平和跨国投资能力，是长期发展的关键。

国别风险，是指由于某一国家或地区的政治、经济、社会变化及事件，导致该国或地区的债务人没有能力或者拒绝偿付债务，或使投资人在该国或地区的商业存在遭受损失的风险。国别风险可能由一国或地区的经济状况恶化、政治和社会动荡、资产被国有化或被征用、政府拒付对外债务、外汇管制或货币贬值等情况引发。

二、 国别风险的主要类型

国别风险的主要类型包括转移风险、主权风险、传染风险、货币风险、宏观经济风险、政治风险等。

（一）转移风险

转移风险，是指债务人由于多种因素而无法获得所需外汇以偿还其境外债务的风险。这种风险通常涉及本国的外汇储备不足或者外汇管制等问题。外汇储备不足是一种常见的转移风险情况。当一个国家的外汇储备不足以支付其境外债务时，债务人将面临无法按时偿还债务的困境。外汇储备是一个国家持有的外汇资产的总额，用于应对国际贸易支付和其他外汇需求。如果一个国家的外汇储备低于其债务偿还需求，那么债务人将面临转移风险，因为他们无法获得足够的外汇来偿还债务。外汇管制也是导致转移风险的因素之一。在某些情况下，国家可能会实施外汇管制政策，限制债务人将资金转移到国外以支付债务。这可能包括限制外汇交易、限制资本流动或实施固定汇率制度等措施。债务人在面临外汇管制的情况下，可能无法获得足够的外汇来偿还其境外债务，从而增加了转移风险。

（二）主权风险

主权风险，是指外国政府无法或不愿意偿还其直接或间接外币债务的可能性，这可能导致债权人面临损失。主权风险通常涉及政治、经济和法律等多个因素。政治因素是主权风险的一个重要方面。当一个国家发生政治动荡、政权更迭或政治冲突时，可能导致政府无法或不愿意履行其债务承诺。例如，一国政府的不稳定可能导致财政紧缩、资金流失或者优先偿付其他债务，而无法满足外币债务的偿还需求。经济因素也是主权风险的重要组成部分。当一个国家经济衰退、财政困难或面临外汇储备不足时，其偿债能力可能受到压力。经济衰退可能导致财政收入减少，而财政困难可能使政府难以尽到其债务偿还义务。此外，外汇储备不足也可能阻碍政府获得足够的外币来偿还债务。法律因素也对主权风险产生影响。某些情况下，国际法或国内法可能允许政府在特定条件下违约或者通过重组债务来减轻其债务负担。政府可能会利用这些法律机制来推迟或减少对外币债务的偿还。例如，政府可能会寻求进行债务重组，通过重新安排债务偿还时间表或降低利率来减轻其债务负担。

（三）传染风险

传染风险，是指一个国家的不利状况可能导致该地区其他国家的评级下降或信贷紧缩，尽管这些国家并未经历相同的不利状况，并且它们自身的信用状况也未出现恶化。这种风险通常是由金融市场的互联互通和投资者的担忧而引发的。传染风险的产生机制主要有两个方面：市场情绪和金融连锁反应。市场情绪是指投资者的情绪和信心对整个地区或特定国家的评级和信贷条件产生影响。当一个国家遭遇经济衰退、财政危机、政治不稳定或其他不利状况时，投资者可能会担心该地区的其他国家也会受到影响，导致对其他国家的评级下降或信贷紧缩。金融连锁反应是指金融机构和市场参与者之间的相互依赖关系，一国的不利状况可能通过金融渠道传播到其他国家。当一个国家的金融系统面临风险和压力时，金融机构可能会收紧信贷条件，担心在其他国家出现类似问题。这种信贷紧缩可能导致其他国家的融资成本上升，评级下降，甚至触发一系列金融市场的动荡。

（四）货币风险

货币风险，是指由于汇率的不利变动或本国货币贬值，导致债务人持有的本国货币或现金流不足以支付其外币债务的风险。这种风险通常涉及国际贸易、外汇市场和经济政策等多个因素。汇率不利变动是货币风险的一个主要方面。当一个国家的本国货币相对于外币贬值，或者汇率剧烈波动，债务人在偿还外币债务时将面临困难。债务人需要将本国货币兑换成足够的外币来偿还债务，如果汇率变动不利，他们可能需要支付更多的本国货币来购买所需的外币，从而增加了货币风险。本国货币贬值也会增加货币风险。当一个国家的本国货币贬值，债务人持有的本国货币价值下降，可能导致他们无法购买足够的外币来偿还外币债务。这种情况下，债务人需要支付更多的本国货币才能满足债务偿还需求，从而增加了货币风险。

（五）宏观经济风险

宏观经济风险，是指由于宏观经济大幅波动而使债务人违约风险增加的风险。它涉及国家或地区的整体经济状况、通货膨胀、利率、就业水平、产业周期等因素的不稳定性和波动性。宏观经济风险可能对债务人的偿付能力产生负面影响。在经济衰退或衰退迹象下，债务人可能遭遇以下情况：一是收入减少。经济下滑导致企业和个人的收入减少，这可能使他们难以支付债务。例如，在经济衰退期间，企业的销售额下降，个人的薪水减少或失业率上升，这会增加债务人违约的风险。二是资产贬值。宏观经济不稳定可能导致资产价格下跌，如房地产市场的崩溃或股市崩盘。这会减少债务人的资产价值，使他们无法通过出售资产来偿还债务。三是利率上升。宏观经济波动可能导致利率上升。如果债务人的债务利率是浮动的或可调整的，利率上升将增加债务负担，使债务人难以支付债务利息。四是供求失衡。在宏观经济动荡的情况下，供求关系可能失衡，导致价格波动和不确定性。这可能使企业难以规划和经营，从而影响其偿债能力。

（六）政治风险

政治风险，指的是债务人因所在国发生政治冲突、政权更替、战争等情况，或者债务人的资产被国有化或征用等情况而承受的风险。这种风险主要源于政治环境的不稳定性和不可预测性。政治风险可能对债务人的偿债能力和资产安全性产生重大影响。以下是一些常见的政治风险的例子：一是政治冲突和不稳定。当一个国家发生政治冲突、社会动荡、示威抗议或恶化的民众不满情绪时，债务人可能面临安全风险和经营环境恶化。例如，政府的不稳定性和社会动荡可能导致基础设施破坏、交通中断和供应链中断，从而影响债务人的业务运营和现金流。二是政权更替。政权更替可能导致政策和法规的变化，对企业经营和市场环境产生不确定性。新政府可能采取不同的经济政策，如税收改革、贸易政策调整等，这可能对债务人的财务状况和商业前景产生负面影响。三是资产国有化或被征用。政治风险还包括债务人的资产被国有化或征用的风险。当一国政府采取行动将私人资产转为国有或将其征用时，债务人可能面临资产流失和财务损失。这种情况下，债务人可能无法获取其资产的收益或价值，从而影响其还债能力。

（七）间接国别风险

间接国别风险，是指当某一国家或地区发生上述各类国别风险（如政治风险、经济风险等）增加时，导致在该国或地区有重大商业关系或利益的本国债务人的还款能力和还款意愿下降的风险。虽然债务人所在国家并未直接受到不利状况的影响，但由于其与受风险国家或地区之间的商业联系或经济依赖关系，间接国别风险可能对其产生负面影响。

三、 国别风险的应对措施

（一）综合评价国别风险

在综合评价国别风险时，我们需要综合考虑多个维度，比如关注宏观经济状况、金融风险状况、政府财政状况、外部评价指标、资本市场监测指标等主要维度，此外，还需要关注国际收支状况、外债状况、公共治理状况等。

宏观经济状况是评估国别风险的基础。经济实力、经济增长的稳定性和潜力、通货膨胀水平以及就业状况等都是反映一国宏观经济健康状况的重要指标。当经济增长稳定且潜力较大、通胀控制在合理水平且失业率较低时，国别风险相对较低。金融风险状况也是评估国别风险的重要方面。货币深化程度、金融发展状况、信贷扩张程度和信贷风险状况等反映了金融系统的稳定性和潜在风险。若金融系统发展健全、信贷扩张有序且风险可控，则国别风险相对较低。政府财政状况同样对国别风险有重要影响。财政赤字率和债务负担等指标反映了政府的财政稳健性和偿债能力。若政府财政状况良好，债务负担可控，则国别风险较低。资本市场监测指标则提供了对金融市场风险的直接观察。利率风险、股市风险、外汇风险和短期资本流动情况等，都是评估金融市场稳定性和风险的重要指标。若资本市场运行平稳且风险可控，则有助于降低国别风险。外部评价指标也是评估国别风险的重要参考。国际机构的经济展望变动情况和评级机构的主权信用评级变动情况等，都反映了外部对一国经济前景和风险水平的看法。若外部评价积极且稳定，则有助于降低国别风险。

国际收支状况和外债状况是衡量国家经济开放程度和债务偿付能力的重要指标。经常项目差额、外资依赖程度、外汇储备以及外债的体量、结构和偿债率等，共同反映了国家经济的外部稳定性和偿付能力。若国际收支平衡、外债结构合理且偿债能力强，则国别风险较低。公共治理状况，如政府被选举、监督和更替的过程、政府制定和实施政策的能力以及政府与公民之间的互动尊重等，都反映了国家治理的效率和稳定性。若公共治理状况良好，则有助于降低国别风险。

（二）购买覆盖国别风险的保险

中国企业购买境外投资保险的渠道通常有以下两种。一是官方出口信用保险机构（Export Credit Agency，ECA），作为履行国家职责、鼓励本国企业出口业务的金融机构，一般可以为本国企业“走出去”项目提供长期的国别信用保险，由于ECA机构在国际市场上享有主权级评级，有国家财政作为支持，信誉较好且保险时间一般可达15～20年，因此该种保险能够被银行的评审和风险管理部门广泛接受，简化了贷款发放的担保条件。中国企业可以根据业务类型投保中国出口信用保险公司所对应的海外投资保险，用以规避部分国别风险。二是购买多边投资担保机构的国别信用险（Multilateral Investment Guarantee Agency，MIGA）。MIGA隶属于世界银行集团的具有广泛国际影响力的多边担保机构，于1988年依据《多边投资担保机构公约》成立，总部设在美国华盛顿，共有181个成员国，其中，发达国家25个，发展中国家156个。MIGA成立的宗旨是促进会员国之间的互相投资，特别是对发展中国家的投资项目予以支持。

此外，除各国的ECA机构和世界银行集团下属的MIGA，某些项目还可以使用商业保险公司的国别险覆盖风险。与ECA机构和MIGA的保险相比，商业性的国别信用保险在时效性和灵活性上的优势明显。

（三）在收益率中考虑国别风险因素

如上文中提到的，计算权益资本成本的公式为 $K_e = r_f + \beta \cdot RP_m + RP_s$，其中，$r_f$ 表示无风险利率，β 表示对市场变动敏感度的贝塔系数，

RP_m 表示市场风险溢价，RP_s 表示规模溢价。在针对高国别风险的国家时，我们可以考虑在资本成本的公式中增加国别风险溢价 RP_c，那么公式就变为 $K_e = r_f + \beta \cdot RP_m + RP_s + RP_c$。$RP_c$ 代表与"无风险"的国家相比，投资于政治或金融风险更高的特定国家所需的溢价。国家风险溢价需要综合考虑国家的评级情况、货币风险、政治风险、经济风险和法律风险等。对于国别风险较高的国家，可以在计算现金流时额外考虑国别风险保险的费用。在针对某些跨国项目时，需要考虑一个综合的国别风险，如一个项目实际位于国家 A，但将其电力出售给国家 B。在这种情况下，可以使用各个国家/地区的风险评分来生成"混合"风险评分，然后将其转化为该项目的适当混合的 RP_c。

第三节　汇率风险与汇率预测常见方法

一、汇率风险

汇率是各种货币之间相互交换时换算的比率，是综合反映一国或地区经济状况的重要指标。通常，一个国家或地区需要根据自身经济和金融发展水平，选择适当的汇率制度安排，没有适用于所有经济体或任何发展阶段的汇率制度。

汇率风险，指的是汇率波动导致资产、负债或收入的价值发生不确定性变化的风险。这种风险对跨国企业、投资者以及政府机构等主体都具有显著影响。汇率风险主要源于货币之间的相对价值变动。在全球化的今天，各国经济紧密相连，汇率的波动不仅受到国内宏观经济政策的影响，还受到国际政治、经济事件等多种因素的冲击。

按汇率制度划分为固定汇率和浮动汇率。固定汇率（固定比价）指两国货币比价基本固定，其波动被限制在一定幅度内。浮动汇率（可变汇率）指可以由货币行政当局自主调节或由外汇供求关系自发影响其涨落的汇率。如果一个国家或地区的本币汇率挂钩了外币（固定汇率），那么不存在任何汇率风险，例如中国香港的港币兑美元采取固定汇率制度，就没有任何汇率风险；相反，人民币采取一篮子货币挂钩的浮动汇率制度，汇率可升可跌不固定，存在汇率风险。企业在全球化的过程中难免会面临汇率风险。根据影响方式的不同，汇率风险可以分为交易风险、折算风险和经济风险。

（1）交易风险：是指企业以外币计价的合约现金流的本国货币价值，可能会因汇率变化而产生变动。具体来说，企业与贸易伙伴或金融机构签订各种合约，不论签订的是哪一种合约，只要以外币作为计价单位，产生外币计价的合约现金流，就会面临汇率变动引致的交易风险。

（2）折算风险：又称会计风险、换算风险。每个会计年度结算时，企业需编制合并财务报表，如果一家企业有境外子公司，就会承受会计风险。具体来说，企业先将子公司以外币编制的财务报表，转换为以本企业所在地货币编制的财务报表，再进行合并，由于涉及汇率换算，合并报表上的利润会因为汇率变动而产生变化。

（3）经济风险：又称经营风险，是指汇率波动对企业的产品竞争力、盈利能力、偿债能力、跨境并购战略决策等造成的中长期影响。例如，当人民币升值时，出口型企业的产品竞争力有下滑风险，间接造成企业经营能力下降；相反，当人民币贬值时，进口成本会上升，影响国内销售或以该进口商品为原材料的生产成本。

有效管理汇率风险对企业至关重要。受汇率波动影响较为严重的企业主要有三个特点：一是依赖外币作为单一结算币种；二是多数为纯出口型企业；三是未使用包括外汇衍生品在内的金融工具规避汇率波动风险。

企业可以通过多种策略来降低汇率风险，如选择合适的货币进行交易、使用金融工具进行套期保值、调整财务结构以及加强风险管理，把汇率波动纳入日常的财务决策，聚焦主业，尽可能降低汇率波动对主营业务以及企业财务的负面影响等。这些策略需要根据企业的具体情况和市场环境来制订，以确保企业在面临汇率风险时能够保持稳健的财务状况和竞争力。

二、 汇率风险的应对措施

（一）经营对冲

经营对冲，是指企业通过经营活动、匹配自身收支币种和周期进行自然对冲。企业根据自身经营状况可采取不同方法。打个比方，在墨西哥的发电公司向市场售电的主要收入币种为墨西哥比索，但是该公司在建设初期的贷款均为美元贷款，所以本息都是美元，为了降低因墨西哥比索兑美元汇率波动所带来的汇率风险敞口，该发电公司签署了很多以美元结算的购电协议，从而增加收入中美元的占比，进而降低汇率风险。

（二）金融对冲

对于机构投资者来说，一般会运用金融衍生品（Financial Derivatives）及外债等工具。衍生品对冲，是指利用外汇市场衍生品对冲汇率风险，是金融对冲的主要手段，运用的衍生工具包括外汇远期、外汇期权、外汇互换及其他外汇衍生品。外债对冲，是指通过持有相同币种的外币债务或债权、调整收支周期，将外币债权与债务相抵来降低企业外汇风险敞口，包括调整外债和经营对冲等方式。在一定支出成本之上，汇率波动的风险可以被完全对冲。下面是关于外汇远期、外汇期权、外汇互换这三个概念的解析。

外汇远期汇率，是指买卖双方在达成外汇交易意愿后，并不立即完成交易，而是约定一个未来的时间，在这个特定的时间进行交割时所使用的汇率。远期外汇交易合约到期时，无论即期汇率如何，双方都必须（是义务）要按照合约规定的汇率执行交易。

外汇期权，是买方有权（但不是义务）在未来某个时点以一个预先协商的价格购买（看涨期权）或出售（看跌期权）一定数量的外汇。外汇期权类型包括欧式期权、美式期权等。欧式期权是最常见的外汇期权类型之一，它规定了只有在到期日时才能行使权利。美式期权与欧式期权不同之处在于，美式期权的买方在任何时候都可以选择行使权利，而不仅限于到期日。

货币互换，是交易双方同意按一定的汇率交换一定数额的两种货币，在协议到期时，双方按同样的汇率换回相同金额的货币。在此期间，双方根据交换的金额相互支付利息。

（三）在预测现金流时考虑汇率因素

在计算股权自由现金流（FCFE）和企业自由现金流（FCFF）时，货币的选择会因为汇率的波动而影响估值的结果，在估值中建议使用硬货币，硬货币的特点包括：（1）可长期自由交易；（2）可自由兑换和转移出任何国家；（3）具有充足流动性；（4）有长期的对冲工具，如欧元、美元等。在估值模型中，使用预测的汇率假设将 FCFE 和 FCFF 从当地货币转换为硬货币，从而在收益测算中提前考虑潜在的汇率风险的负面影响。

三、汇率预测常见方法

（一）购买力平价理论

购买力平价理论（Purchasing Power Parity，PPP）最早由 20 世纪初瑞典经济学家古斯塔夫·卡塞尔提出。购买力平价是一种汇率决定理论，其思想基础是如果一国的货物相对便宜，那么人们就会购买该国货币并在那里购买商品。实际上是一价定律在国际市场上的应用，即在自由贸易和不考虑运输成本等交易费用的情况下，同一种可贸易商品在各国以同种货币表示的价格应该是相等的。它认为如果国际套利交易是可能的，那么任何一种通货在每个国家都有相同的购买力。

购买力平价成立还需要一些其他的条件：一是经济的变动来自货币方面；二是价格水平与货币供给量成正比；三是国内相对价格结构比较稳定；四是经济中如技术、消费倾向等实际因素不变，也不对经济结构产生实质影响。

购买力平价存在两种形式：（1）绝对购买力平价，即两国货币的兑换比率等于两国价格水平的比率；汇率等于两国物价水平之比（$e = Pi_d/Pi_f$，其中，Pi_d 为本国 i 商品的价格，Pi_f 为外国 i 商品的价格，e 为直接标价的汇率）。（2）相对购买力平价，指两国货币兑换比率的变动等于两国价格水平变动的比率。相对购买力平价是从动态的角度考察了汇率变动的决定因素，该理论认为，汇率的变化率等于两国物价水平的变化率（即通货膨胀率）的差额，公式是 $e_t/e_0 = (P_{dt}/P_{d0})/(P_{ft}/P_{f0}) = P_{dT}/P_{fT}$，其中，$P_{dt}$ 和 P_{d0} 分别为本国基期和当期的价格水平，其中，P_{ft} 和 P_{f0} 分别为外国基期和当期的价格水平，e_t/e_0 为直接标价的汇率在 t 时间段内的变化值），P_{dT}、P_{fT} 表示本国和外国的价格指数，即 1 + 通货膨胀率。

经过事实的验证，购买力平价理论在短期内是失效的，从长期来看，购买力平价比较合适长期的汇率预测，尤其是在通货膨胀十分高涨的时期（恶性通货膨胀），购买力平价的有效性较为显著。在实际应用中，往往短期的（3～5 年内）汇率假设参考权威机构预测值；远期汇率参考购买力平价理论，根据两国间预测未来通胀率的差异进行计算。

（二）利率平价理论

利率平价理论是 20 世纪初由凯恩斯和保罗·艾因齐格提出的，该理论认为在同一时期，两国利率只要存在差异，投资者即可利用套汇或套利赚取利差，这种行为会影响两国货币的供求关系，两国货币汇率因此发生波动，直至利差消失。利率平价理论的核心原理是无套利条件。如果利率差异大于汇率预期变动，投资者就会倾向于将资金转移到利率较高的国家，导致该国货币升值；反之，如果利率差异小于汇率预期变动，投资者就会倾向于将资金转移到利率较低的国家，导致该国货币贬值。当货币可以在各国间自由兑换时，货币持有者会选择持有收益率高的货币，这种选择所引起的各国货币间不断兑换的结果使汇率的预期变化率就会等于两国国内利率之差。简化后的公式是 $e_t/e_0 = (1 + R_d)/(1 + R_f)$。其中，$R_d$ 和 R_f 分别为本国货币和外国货币的利率，e_t/e_0 为直接标价的汇率在 t 时间段内的变化值）。